Mme Bindle

Quelques incidents de la vie domestique des Bindle

Herbert George Jenkins

Writat

Cette édition parue en 2024

ISBN : 9789359940359

Publié par
Writat
email : info@writat.com

Contenu

CHAPITRE I

MME. VERROUILLAGE DE BINDLE

je

"Eh bien ! Qu'est-ce qu'il y a maintenant ? Pendant ton travail ?"

Une main posée sur le bord du seau à côté duquel elle était agenouillée, Mme Bindle leva les yeux, un regard de défi dans les yeux. L'apparition inattendue de Bindle alors qu'elle lavait la toile cirée de la cuisine la remplit d'appréhension.

"Il y a une grève dans le chantier", répondit-il d'un ton qui, malgré ses efforts pour le rendre décontracté, sonnait comme un aveu de culpabilité. Il connaissait Mme Bindle ; il connaissait aussi son point de vue sur les grèves.

"Un quoi?" s'écria-t-elle en se levant et en s'essuyant les mains sur le tablier de toile grossière qui recouvrait la jupe soigneusement festonnée autour de ses hanches. "Un quoi?"

"Une grève", répéta Bindle. "Ils ont renvoyé Walter 'Odson, alors nous sortons tous."

"Oh ! vous l'avez fait, n'est-ce pas ?" cria-t-elle, ses lèvres fines disparaissant de façon inquiétante. "Et quand rentres-tu, j'aimerais savoir ?" Elle le regardait avec un regard qui, il le savait, signifiait la guerre.

"Je ne peux pas le dire", répondit-il en remplissant sa pipe dans une boîte à tabac en fer-blanc. "Cela dépend de l'Union", a-t-il ajouté.

"L'Union!" s'écria-t-elle avec une colère grandissante. "J'aurais aimé les avoir ici. Je leur donnerais l'Union, je mettrais les hommes au chômage, avec de la nourriture au prix que cela représente. Qu'est-ce qui va nous arriver ? Pouvez-vous me le dire ?" » demanda-t-elle, sa diction devenant un peu effilée sur les bords, à cause de l'intensité de ses sentiments.

Bindle resta silencieux. Il s'est rendu compte qu'il était confronté à une crise.

"C'est bien que tu viennes chez nous à onze heures du matin en disant calmement que tu as frappé", continua-t-elle avec colère. "Vous n'êtes que des fainéants paresseux et bons à rien, vous tous, c'est ce que vous êtes. Quand vous êtes fatigué du travail et que vous voulez des vacances, vous faites grève et passez votre temps en public-' Nous, les femmes, parions, buvons et jurons, et nous, les femmes, travaillons matin, midi et soir pour vous garder. Supposons que je fasse grève, et alors ?

Elle défit son tablier de toile et, d'un mouvement court et saccadé, se mit à le plier et à le placer dans le tiroir de la commode. Elle laissa ensuite tomber les festons dans lesquels sa jupe avait été rassemblée autour de ses hanches discrètes.

Mme Bindle était une femme pointue, au visage de hache de guerre, avec des yeux trop rapprochés pour satisfaire un artiste.

L'étroitesse de sa tête était soulignée par la façon dont ses cheveux fins et couleur sable étaient tirés derrière chaque oreille et fermement vissés en un nœud à l'arrière.

Ses lèvres étaient fines et légèrement marquées, et lorsqu'elle était agacée, elles avaient tendance à disparaître complètement.

"Comment allons-nous vivre ?" » a-t-elle demandé. "Réponds-moi à ça ! Toi et tes frappes !"

Bindle frappa une allumette et fut absorbé par l'allumage de sa pipe.

"Qu'est-ce que tu vas faire comme nourriture ?" Elle ne devait pas être niée.

"Nous allons toucher des indemnités de grève", a-t-il répliqué, saisissant l'occasion.

« Indemnité de grève ! » s'écria-t-elle avec mépris. "Cela fera beaucoup de bien. Une livre par semaine, je suppose, et tu manges comme un—comme un——" elle fit une pause pour une comparaison satisfaisante. "Me manger à la maison et à la maison", a-t-elle amendé. « « Indemnités de grève ! Je leur donnerais une indemnité de grève si j'en avais les moyens. »

"Ça va aider", suggéra Bindle.

"A l'aide ! Oui, cela vous aidera à découvrir à quel point vous pouvez avoir faim," rétorqua-t-elle sombrement. "J'aimerais avoir cet homme Smillie ici, je lui donnerais un peu de mon avis."

"Mais ce n'est pas fait", a protesté Bindle, un sens du fair-play l'incitant à défendre le leader absent. "'E est un mineur. Nous n'appartenons pas à 'is Union."

"Ils sont tous mis dans le même sac", s'écria Mme Bindle, "des bons à rien et des paresseux. Ils vous tournent autour de leurs petits doigts, puis se moquent de vous dans leurs manches. Je les connais," » ajouta-t-elle sombrement.

Bindle se dirigea vers la porte. Il n'était pas favorable à la grève ; maintenant, c'était encore moins populaire auprès de lui.

"Je suppose que vous allez dans votre petit pub pour boire et fumer et vous dire à quel point vous avez été intelligent", a-t-elle poursuivi. "Alors tu reviendras en espérant trouver ton dîner prêt à être mis dans ta bouche."

Les paroles de Mme Bindle étaient prophétiques. Bindle *se* rendait à l'Autruche Jaune pour rencontrer ses camarades et discuter des dernières nouvelles de la grève.

"Tu ne me ferais pas une jambe noire, Lizzie, n'est-ce pas ?" Il a demandé.

"Ne me parle pas de choses pareilles", rétorqua-t-elle. "Je suis une femme qui travaille dur, je tente de garder la maison respectable, pendant que vous et vos petits compagnons refusez de travailler. J'aurais aimé les avoir tous ici, je leur donnerais des grèves." Sa voix tremblait de passion réprimée.

Réalisant que le sort était contre lui, Bindle battit une sombre retraite et tourna ses pas en direction de l'Autruche Jaune.

A une heure, il revint à Fenton Street, un peu dubitatif ; mais très faim.

Il ferma le portail doucement, Mme Bindle détestait le claquement des portails. Soudain, il aperçut un morceau de papier blanc épinglé sur la porte d'entrée. Un instant plus tard, il lisait l'annonce stupéfiante :

> "J'ai frappé aussi.
>
> " E. BINDLE. "

Les mots, écrits au dos de l'annonce d'un marchand de charbon, semblaient danser sous ses yeux.

Il était conscient qu'à la fenêtre de chaque côté, un visage l'observait attentivement. À Fenton Street, le drame était la propriété commune de tous.

Avec une expression perplexe dans les yeux, Bindle regardait le morceau de papier et son message inquiétant, sa main droite se grattant la tête à travers la casquette de cricket bleue et blanche qu'il portait habituellement.

"Eh bien, je suis époustouflé", marmonna-t-il, tandis que Mme Grimps, qui vivait au n°5, se présentait à sa porte et le regardait avec sympathie.

A la vue de sa voisine, Mme Sawney, qui occupait le n° 9, apparut également, les mains retroussées dans son tablier et les bras fumants. Elle était occupée à l'arrière-cuisine lorsque «'Arriet», qui devait surveiller les événements, s'est précipitée depuis la pièce de devant pour annoncer la nouvelle de l'arrivée de M. Bindle.

"C'est bien pour vous", a déclaré Mme Sawney. "Vous les hommes", ajouta-t-elle, comme pour retirer de ses mots toute suggestion selon laquelle ils étaient censés être personnels. Bindle était très populaire auprès de ses voisins.

"Ça vous frappe, quand vous n'avez pas envie de travailler", a répété Mme Grimps, "Je vous connais."

Bindle les regarda tour à tour. Pour une fois, il avait l'impression qu'il n'y avait rien à dire.

"Et puis il y a les enfants", dit une femme à l'air sale, à la bouche dure et aux cheveux poussiéreux, qui venait de surgir de deux portes plus loin. "Vous vous en souciez beaucoup. C'est à nous de souffrir."

Il y eut un murmure des autres femmes, renforcées par deux voisines de l'autre côté de la rue.

"Elle représente ma sympathie", a déclaré Mme Sawney, "même si je ne peux pas dire que je l'aime en tant qu'amie."

Pendant ces remarques, Bindle cherchait sa clé, qu'il tirait maintenant et insérait dans la serrure ; mais, quoique le loquet répondît, la porte ne céda pas. Elle était boulonnée à l'intérieur.

"Eh bien, je suis époustouflé !" marmonna-t-il encore, trop surpris de cette nouvelle phase de la situation pour être plus que vaguement conscient des remarques de ceux qui l'entouraient.

"L'homme de ma sœur a frappé il y a trois mois", a déclaré l'un des nouveaux arrivants, "et il en attendait le cinquième. Crool, je l'appelle. Ils devraient les avoir eux-mêmes, c'est ce que je dis. Cela apprendrait" pour qu'ils frappent."

Un murmure d'approbation s'échappa des autres à cette déclaration énigmatique.

« C'est très bien pour eux », s'écria Mme Sawney ; "Mais c'est à nous de souffrir, nous et les enfants, bénissez-les. 'Arriet, laisse-moi te surprendre en train de te balancer sur cette porte encore, ma belle, et je t'écorcherai."

La dernière remarque s'adressait à la petite fille, qui avait profité du moment de préoccupation de sa mère pour se livrer à une joie illicite.

Sans un mot, Bindle se tourna et descendit le chemin dallé jusqu'à la porte, puis le long de Fenton Street en direction de The Yellow Ostrich, laissant derrière lui un groupe de femmes intéressées, qui trouveraient dans sa tragédie matière à potins pour une semaine.

Sa gaieté habituelle l'avait abandonné. Il se rendit compte qu'il était confronté à une crise intérieure qui le laissait franchement perplexe – et qu'il avait faim.

Alors qu'il ouvrait la porte battante hospitalière de L'Autruche Jaune, il fut accueilli par une nouvelle phase encore plus déconcertante de la situation.

"'Eh bien, Bindle," cria une voix en colère, "que fait ta miss en clignement des yeux ?"

"Vous pouvez me fouiller", fut la réponse lugubre de Bindle, alors qu'il se dirigeait vers le bar et commandait une pinte de bière, du pain et "un peu de fromage qui fait fonctionner l'ascenseur".

"Vous étiez contre nous, les gars, en train de frapper", a poursuivi l'orateur qui avait accueilli Bindle à son entrée, un homme au front criminel, à la bouche lâche et au foulard sale.

"Quelle est ta plainte, mon pote ?" » demanda Bindle avec indifférence, tandis qu'il soulevait son étain du comptoir et tirait une gorgée qui le vidait à moitié de son contenu.

"Qu'est-ce que ta jolie demoiselle a fait ?" » demanda l'homme avec agressivité.

"Ecoute là, 'Enery, vieux sport," dit doucement Bindle, alors qu'il s'essuyait les lèvres avec le dos de sa main, "tu n'es pas jolie, et tu n'es pas bonne; mais essaie de garder ta bouche. propre quand vous parlez de Mme B. Vous voyez ?

Un murmure d'approbation s'éleva des autres hommes, auprès desquels Bindle était populaire et Henry Gilkes ne l'était pas.

"Qu'est-ce qu'elle veut dire en allant voir ma femme et en lui demandant de me faire sortir ?"

« Envoyez-vous dehors ! » s'écria Bindle avec une expression perplexe. "De quoi parles-tu ?"

"Quand je vais dîner chez moi", répliqua la colère, "il y a un ticket sur la porte clignotante disant que ma miss est frappée. Je vais la frapper!" » ajouta-t-il avec méchanceté. "La dame d'à côté me dit que c'est votre femme qui a fait ça."

Bindle regarda un instant son compagnon de souffrance, puis il se frappa la cuisse avec l'air d'un homme qui vient de voir une grande plaisanterie qui lui échappe depuis quelque temps.

"'Enery," sourit-il, "elle me l'a fait aussi."

"Qu'est-ce que tu as fait ?" » demanda Henry, qui, en tant que Père de la Chapelle, se sentait un homme d'une certaine importance.

"M'a enfermé dehors, d'avant *en* arrière", expliqua Bindle, appréciant la perplexité de son compagnon. "Qu'en est-il de la solidarité du travail maintenant, vieux sport ?" il a demandé.

Henry Gilkes avait un sujet de conversation : « la solidarité du travail ». Ceux qui travaillaient avec lui trouvaient fatiguant d'entendre ses opinions sur le capitaliste pléthorique et sur la façon dont il allait être vaincu. Ils préféraient discuter de leurs propres projets de paris et des perspectives des équipes de football de Chelsea et de Fulham.

"Je te l'ai fait !" répéta Gilkes d'un ton sourd. "Qu'est-ce qu'elle a fait ?"

"Je me suis baladé pour dîner un peu", a expliqué Bindle, "et il y avait les deux portes verrouillées, et une note disant que Mme B. avait frappé. Personnellement, moi-même, j'appelle ça un lock-out", a-t-il ajouté avec un sourire.

Plusieurs de ses auditeurs commençaient à manifester des signes d'inquiétude. Ils n'étaient pas rentrés chez eux depuis tôt le matin.

"Je vais lui casser la mâchoire si ma femme m'empêche d'entrer", grogna un homme à la barbe épaisse, connu sous le nom de "Ruddy Bill" en raison de l'intensité de son langage.

"C'est le genre de chose que vous feriez", dit Bindle avec générosité. "Tu as un caractère doux, Bill, malgré tes moustaches."

Ruddy Bill grogna quelque chose dans sa barbe, tandis que plusieurs autres hommes vidèrent leurs étains et s'éclipsèrent, avec l'intention de découvrir si leur propre bonheur domestique était menacé ou non par ce danger nouveau et inattendu.

À partir de ce moment-là, le bar public de L'Autruche Jaune bourdonnait de propos colériques et de menaces sur ce qui arriverait si les seigneurs, qui s'y glorifiaient et buvaient profondément, retournaient dans leurs foyers et trouvaient des manifestations de rébellion.

Deux des hommes, partis enquêter sur l'état de leur propre baromètre domestique, étaient de retour au bout d'une demi-heure avec la nouvelle qu'eux aussi avaient été exclus de leur maison et de leur beauté.

Vers trois heures, Ruddy Bill revint, des flots de grossièretés coulant de ses lèvres. Se retrouvant expulsé, il avait enfoncé la porte ; mais il n'y avait personne. Il se trouvait désormais confronté à une menace d'expulsion de la part du propriétaire, qui avait entendu parler des dommages intentionnels causés à sa propriété, ainsi que du coût d'une nouvelle porte.

Plusieurs fois dans l'après-midi, le propriétaire de L'Autruche Jaune, lui-même considéré comme un épicurien en matière de « langage », a jugé nécessaire de prononcer la phrase stéréotypée : « Maintenant, messieurs, s'il *vous* plaît », qui, pour lui, signifiait que le la conversation devenait impropre au gaillard d'avant d'un paquebot.

II

Livrée à elle-même par le départ de Bindle pour L'autruche jaune, Mme Bindle était restée pendant un certain temps à côté de l'habilleuse, plongée dans ses pensées. Elle avait ensuite essoré les flanelles, vidé le seau, les avait placées sous l'évier et était revenue à la commode. Une méditation de cinq minutes a été suivie d'une action rapide.

Elle prit d'abord son bonnet dans le tiroir de la commode, puis décrochant un imperméable marron foncé derrière la porte, elle se mit à faire sa toilette extérieure devant le miroir de la cheminée.

Elle chercha alors une bouteille d'encre et un stylo, et écrivit son défi avec une plume rongée par l'encre. Ceci accompli, elle verrouilla la porte d'entrée de l'intérieur, en y joignant d'abord son préavis de grève. Sortant de la maison par la porte donnant accès à l'arrière-cuisine, elle la ferma à clé, emportant la clé avec elle.

Son visage était sombre et sa démarche était déterminée, alors qu'elle se dirigeait vers la cour dans laquelle Bindle était employé. Là, elle a demandé à voir le directeur et, après quelques difficultés, a été admise.

Elle commence par lui faire des reproches et lui ordonner d'arrêter la grève. Cependant, lorsqu'il lui eut expliqué que la grève était entièrement due à l'action des hommes, elle termina en lui faisant part de sa propre action drastique et de sa détermination à poursuivre sa grève jusqu'au retour des hommes.

Le directeur l'a surprise en se penchant en arrière sur sa chaise et en riant aux éclats.

"Madame Bindle", s'écria-t-il longuement en essuyant les larmes de ses yeux, "vous êtes un génie ; mais je suis désolé pour Bindle. Maintenant, voulez-vous mettre fin à la grève dans quelques heures ?"

Mme Bindle le regarda avec méfiance ; mais, consciente de l'admiration très évidente avec laquelle il considérait son acte, elle s'abandonna suffisamment pour écouter ce qu'il avait à dire.

Dix minutes plus tard, elle quittait le bureau avec une liste des noms et adresses des grévistes, y compris celle du secrétaire organisateur de la branche du syndicat. Elle avait décidé de lancer une contre-offensive.

Son premier appel fut chez Mme Gilkes, une petite femme tranquille qui avait été soumise à la douceur par la « solidarité du travail ». Ici, elle a dû admettre son échec.

« Je sais ce que vous voulez dire, ma chère, » dit Mme Gilkes ; "mais vous voyez, M. Gilkes n'aimerait pas ça." Il y avait un tremblement de peur dans sa voix.

"Je n'aimerais pas ça !" répéta Mme Bindle. "Bien sûr qu'il n'aimerait pas ça. Bindle n'aimera pas ça quand il le saura," ses mâchoires se rencontrèrent sombrement et ses lèvres disparurent. "Tu as peur", ajouta-t-elle d'un ton accusateur.

"C'est ça, ma chère, je le suis", fut la réponse déconcertante. "Je n'ai jamais eu le courage de me battre, c'est pourquoi M. Gilkes 'est venu sur moi comme 'e' as. Ma sœur, Mary, disait seulement hier dernier - non, ce n'était pas le cas, c'était nous. Ce jour-là, je m'en souviens parce que c'était le jour où nous avons proposé des saucisses dont M. Gilkes disait qu'elles n'étaient pas fraîches. "Amelia", dit-elle, "tu n'as pas de coeur de lapin, sinon tu l'aurais." "Je ne supporte pas ce que vous faites", et, levant les yeux vers le visage de Mme Bindle, elle ajouta: "C'est vrai, Mme Gimble, même si je ne l'ai pas reconnu à Mary, j'étais ma sœur et je suis tellement hautaine. à sa manière. »

"Eh bien, vous serez désolé", fut le commentaire de Mme Bindle alors qu'elle se tournait vers la porte. "Je ne serai l'esclave de personne."

"Vous voyez, je n'en ai pas le cœur, Mme Gimber."

"Bindle!" » lança Mme Bindle par-dessus son épaule.

"Je suis désolé, Mme Spindle, mon erreur."

Mme Bindle marcha le long du passage, franchit la porte d'entrée et sortit, laissant Mme Gilkes murmurer d'un ton désapprobateur qu'elle "n'avait pas le courage de se battre".

Même si elle n'en était pas propriétaire, Mme Bindle fut découragée par l'échec de sa première tentative de briser la grève. Sans sa chance de rencontrer Mme Hopton lors de sa deuxième aventure, elle aurait même pu renoncer au rôle de Lysistrata et être rentrée chez elle pour préparer le dîner de Bindle.

C'est avec une certaine appréhension qu'elle frappa au n° 32 de la rue Wessels. Ce sentiment s'accentua lorsque la porte fut ouverte très brusquement par une femme extrêmement grande, au menton carré, aux yeux combatifs et très peu de cheveux.

Les bras sur les hanches, un coude touchant chaque côté du passage, comme imprégnée des sentiments d'Horatius Cocles, Mme Hopton se tenait la bouche bien fermée face à son interlocuteur. Cependant, dès que Mme Bindle eut fait connaître sa mission, les manières de Mme Hopton subirent un changement complet. Ses mains tombèrent de ses hanches, son expression fixe se détendit et elle se tint à l'écart d'une manière invitante.

"Je suis ta femme", cria-t-elle. "Vous entrez, Mme——"

"Bindle!" » a incité Mme Bindle.

" Entrez, Mme Bindle, vous avez la femme que vous voulez en Martha 'Opton. Nous, les femmes, avons supporté ce genre de choses assez longtemps. Je l'ai toujours dit. "

Elle nous conduisit dans un petit salon sans air, dans lequel une caisse de fruits en cire, un chien en peluche poussiéreux et un étendoir suspendus avec les familiarités de la lessive de Mme Hopton, frappèrent pour la première fois l'œil.

"J'ai toujours dit", continua Mme Hopton, "que nous, les femmes, étions à moitié trop douces et douces dans notre façon de prendre les choses. Mon homme est un imbécile", ajouta-t-elle avec conviction. "Ils sont si facilement dirigés par ces arbitres, c'est comme ça que je les appelle, qu'ils me font faire ce qu'ils veulent, des gars sales et paresseux. Ils n'ont jamais fait une journée de travail de leur vie, ils n'ont pas fait ce qu'ils veulent." , pas l'un d'entre eux.

"C'est ce que je dis", s'écria Mme Bindle, trouvant pour une fois dans sa vie un esprit sympathique en dehors des murs de la chapelle d'Alton Road. "J'ai fermé ma maison à clé", a-t-elle poursuivi, "et j'ai mis une note sur la porte que j'ai également frappée."

L'effet de ces paroles sur Mme Hopton fut saisissant. Sa tête se retourna comme celle d'un poulet qui boit, ses mains remontèrent jusqu'à ses hanches et son énorme corps tremblait et palpitait comme s'il contenait un moteur-moteur de grande puissance. Mme Bindle la regardait avec des yeux écarquillés.

"Elle-elle-elle!" » sortit des gutturales profondes et liquides des lèvres de Mme Hopton. "Elle-elle-elle!" Puis sa tête redescendit et Mme Bindle vit que ses lèvres sinistres étaient entrouvertes, laissant apparaître des dents très jaunes et peu attrayantes. Mme Hopton montrait de l'amusement.

Sans autre commentaire, Mme Hopton quitta la pièce. En son absence, Mme Bindle a résumé son caractère à partir des preuves que contenait sa maison. Le résultat fut défavorable. Elle venait de décider que son hôtesse était sale et en désordre, sans aucun sens de décence ni de religion, lorsque Mme Hopton rentra. Elle tenait dans une main un morceau de papier, dans l'autre un petit encrier d'où sortait un porte-plume orange qui dressait sa longueur cannelée.

Faisant un espace sur la table en désordre, elle se pencha et, les coudes carrés et les doigts à l'étroit, se mit à griffonner les mots : « J'ai frappé aussi. M. Hopton.

Puis, se redressant, elle rejeta de nouveau la tête en arrière, et un autre flot de « Her-her-her's » jaillit vers le plafond.

"Maintenant, je viens avec toi", dit-elle enfin. Sans attendre d'enfiler sa cape ou son bonnet, elle entreprit d'épingler l'avis sur la porte d'entrée, qu'elle verrouilla à l'intérieur. Elle sortit ensuite par la porte de l'arrière-cuisine, la fermant à clé, tout comme Mme Bindle l'avait fait, et emportant avec elle la clé.

Bien que Mme Bindle ait estimé qu'elle souffrait socialement d'être vue avec la lourde et désordonnée Mme Hopton, elle considérait cela comme un sacrifice pour une juste cause. Mais elle ne tarda pas à découvrir qu'elle avait recruté, non pas un lieutenant, mais un chef.

Saisissant la liste de noms et d'adresses des mains de son compagnon, Mme Hopton y jeta un coup d'œil et se tourna en direction de la rue dans laquelle habitait la timide Mme Gilkes. Pendant qu'ils marchaient, Mme Bindle raconta l'histoire de la lâcheté de Mme Gilkes, tirant de l'Amazone Mme Hopton les mots significatifs « Laissez-le-moi ».

"Maintenant, rien de tout cela", fut sa salutation à Mme Gilkes alors qu'elle ouvrait sa porte d'entrée. « Vous venez et rejoignez les briseurs de grève. Aucune de vos bêtises ou… » elle fit une pause significative.

Mme Gilkes a protesté contre sa lâcheté, elle a rampé, elle a entraîné sa sœur Mary et le courroucé Gilkes ; mais en vain. Presque avant de réaliser ce qui s'était passé, elle marchait entre Mme Hopton et Mme Bindle, la clé de la porte arrière serrée dans une main, s'efforçant d'attacher les cordons de son bonnet sous un menton visiblement trop superficiel pour cet usage. Dans son cœur régnait une grande terreur ; pourtant elle éprouvait un frisson étrange et non désagréable à la pensée de sa propre audace. Elle se réconforta avec la promesse de protection de Mme Hopton contre la colère de son seigneur.

La personnalité écrasante de Mme Hopton était trop forte pour les autres épouses. Les uns ou les deux qui ont fait un vaillant effort pour se démarquer ont été submergés par son ridicule pesant, qui confinait à l'intimidation.

"'Eh bien, prends une plume et de l'encre", criait-elle et, avant que la ménagère réticente ne réalise ce qui s'était passé, elle avait annoncé qu'elle aussi avait frappé, et que l'armée de Mme Hopton avait été augmentée par une autre recrue.

Dans une maison, ils trouvèrent le mari sur le point de s'asseoir pour un dîner matinal. Cela a donné sa chance à Mme Hopton.

" Espèce de fils de paresseux, gourmand et bon à rien, putain de fainéant ! " » cria-t-elle, sa voix grave palpitant de passion. " Vous vous appelez un homme ? Vous êtes un bon genre d'homme, laissant votre femme travailler et esclave pendant que vous frappez et remplissez votre ventre de bœuf et de bière. J'ai vu de meilleures choses que vous avez jetées dans l'évier, que j'ai vu. "

Dès la première attaque, l'homme s'était levé de table, abasourdi. Alors que Mme Hopton vidait sur lui les fioles de sa colère, il s'était lentement retiré vers la porte de l'arrière-cuisine. Elle fit un mouvement brusque dans sa direction ; il se retourna, ouvrit la porte et s'enfuit.

"Je suis désolé de vous interrompre, Mme——"

"Bolton", dit la jolie petite femme.

"Je suis désolée, Mme Bolton", a déclaré Mme Hopton; "mais nous allons briser ça avant la grève, moi, Mme Bindle et toutes ces autres dames." Elle agita la main pour indiquer l'armée qu'elle avait déjà rassemblée.

Puis elle a continué en expliquant : mais Mme Bolton était catégorique contre toutes ses invitations à rejoindre les émancipateurs.

"Je suppose que nous devons mener votre bataille", a crié Mme Hopton, avant de tremper sa victime de ridicule; mais Mme Bolton a tenu bon et les briseurs de grève ont dû reconnaître leur défaite.

C'était l'idée de Mme Bindle qu'ils devraient tenir une réunion à l'extérieur de la maison du secrétaire organisateur. La suggestion a été accueillie avec enthousiasme.

"Prenons-en quelques-unes d'abord", conseilla Mme Hopton. "Ça me fera réfléchir plus fort."

Au bout d'une heure, même Mme Hopton était satisfaite du nombre de ses partisans et elle donna le mot d'ouverture des hostilités.

Cet après-midi-là, alors qu'il se levait d'un excellent repas, M. James Cunham fut surpris de constater que son jardin bien entretenu était rempli de femmes, tandis que davantage de femmes semblaient occuper la rue. Les voisins sortaient, les garçons de courses appelaient leurs amis pour ne pas manquer l'épisode, les enfants s'arrêtaient sur le chemin de l'école ; tous semblaient se rendre compte des possibilités dramatiques de la situation.

Mme Hopton a joué une fugue sur le heurtoir de M. Cunham, l'amenant en personne à la porte.

"Eh bien, visage de singe," grogna-t-elle. Il y a eu un cri de rire de la part de ses partisans.

M. Cunham a reculé comme s'il avait été frappé.

"Tu veux nous affamer, n'est-ce pas ?" continua Mme Hopton.

"De quoi s'agit-il?" » demanda-t-il en se reprenant. C'était un homme habitué à gérer les foules, même les foules hostiles ; mais jamais il n'avait rencontré quelque chose qui ressemblait à la cataracte de mépris courroucé qui sortait maintenant des lèvres de Mme Hopton.

"Juste un bon dîner, je suppose", cria-t-elle avec mépris. "Ça t'a plu, hein ? Coupe du rôti et deux légumes, du pudding pour suivre, avec un verre de stout pour l'accompagner. C'est pour toi, hein ? Qu'est-ce que ça te coûte quand nos hommes frappent ? Est-ce que tu ' avez-vous besoin de garder « une demi-douzaine de ventres pleins avec une livre par semaine ? »

Il y eut un murmure parmi les femmes derrière elle, un murmure que M. Cunham n'aimait pas.

"Vous avez une jolie petite maison ici", continua Mme Hopton d'un ton critique, tout en jetant un coup d'œil dans le hall soigné et bien meublé. "Tous sont sortis de grève", ajouta-t-elle par-dessus son épaule à ses compagnons. "Tous ont opté pour le système d'achat facile."

Cette fois, il n'y avait aucun doute sur la menace dans le murmure des femmes derrière elle.

"Vous êtes une beauté, vous l'êtes", a poursuivi Mme Hopton. "Pas trop de sueur à propos de votre front de lys, M. Funny Cunham."

M. Cunham a estimé que le moment était venu d'agir.

"Que signifie cela?" il a ordonné. "Pourquoi es-tu venu ici et qui es-tu ?"

"Qui sommes nous?" s'écria Mme Hopton avec mépris. "Il demande qui nous sommes", lança-t-elle par-dessus son épaule.

De nouveau, il y eut un murmure de colère de la part de la base.

"Nous sommes les imbéciles qui ont épousé les hommes que vous avez mis en grève", a déclaré Mme Hopton, regardant le secrétaire organisateur de haut en bas comme s'il était exposé. "Les plis du pantalon aussi", cria-t-elle. "Tu n'es pas du tout une grosse. Eh bien, nous venons juste de te dire que la grève est terminée, parce que nous avons frappé. Obtenez-moi, Steve?"

"Nous avons déclaré un lock-out", interrompit Mme Bindle avec inspiration.

La tête de Mme Hopton revint, ses mains remontèrent vers ses hanches et des « Her-her-her » à gorge profonde coulèrent de ses lèvres entrouvertes.

"Un lock-out !" elle a pleuré. "Elle-elle-elle, un lock-out ! C'est ce qu'il faut leur donner !" et la base a repris le cri et, fort de la plénitude de son expérience, M. Cunham a reconnu que la foule était désespérément incontrôlable.

"Sommes-nous déprimés ?" » cria une voix, et les cris de « Non ! ce qui suivit confirma M. Cunham dans son opinion que la situation n'était pas sans aspect grave.

Il n'était pas un lâche et il a tenu bon, écoutant le discours de dénonciation inspirant de Mme Hopton. Il était trois heures lorsqu'il revit son jardin, un désert piétiné ; une offrande au Moloch des grèves.

"Maudite femme!" s'écria-t-il en fermant la porte et en retournant dans la pièce qui lui servait de bureau, pour y délibérer sur cette nouvelle phase de la situation. "Maudit soit-elle !"

III

Il était près de dix heures et demie ce soir-là lorsque Bindle remonta sur la pointe des pieds le chemin carrelé menant à la porte d'entrée du numéro 7 de Fenton Street.

Doucement, il inséra sa clé dans la serrure et la tourna ; mais la porte refusa de céder. Il recula pour regarder la fenêtre de la chambre ; il n'y avait aucun signe de lumière.

Il se rendit soudain compte que le morceau de papier sur la porte n'avait pas la même forme que celui qu'il avait vu à l'heure du dîner. Il faisait trop sombre pour voir s'il y avait quelque chose d'écrit dessus. Tirant de sa poche une boîte d'allumettes, il alluma une lumière, la protégeant soigneusement pour qu'elle ne brille que sur le papier.

Son étonnement devant ce qu'il lisait lui fit oublier l'allumette allumée, qui lui brûla les doigts.

"Eh bien, je suis époustouflé !" il murmura. "Si ce n'est pas ça", et une fois de plus il lut la sinistre notice :

> "Vous avez fait grève. Nous, les femmes, avons déclaré un lock-out.
>
> " E. BINDLE. "

Après quelques minutes de réflexion, il descendit le chemin sur la pointe des pieds et se dirigea vers l'arrière de la maison ; mais la porte de l'arrière-cuisine était inflexible dans son caractère inhospitalier.

Il examina ensuite les fenêtres. Chacun était solidement fixé.

"Où est-ce que je vais dormir ?" » marmonna-t-il, alors qu'une fois de plus il remontait le chemin sur la pointe des pieds.

Après une longue délibération, il souleva le heurtoir, donna trois légers coups et attendit. Comme rien ne se passait, il essaya quatre coups plus forts. Ceux-ci, à leur tour, n'ont produit aucune réponse. Puis il frappa à la porte, évoquant un garçon de télégraphe ou une lettre recommandée. À chaque nouvel effort, il reculait pour apercevoir la fenêtre de la chambre.

Il crut que le coup du facteur-télégraphiste avait provoqué un léger battement du rideau. Il a suivi avec quelque chose qui aurait pu être la police ou un incendie.

Alors qu'il reculait, la fenêtre de la chambre s'ouvrit et la tête de Mme Bindle apparut.

"Quel est le problème?" elle a pleuré.

"Je ne peux pas entrer", a déclaré Bindle.

"Je sais que vous ne pouvez pas", fut la réponse sans compromis, "et je ne veux pas dire que vous le ferez."

"Mais où vais-je dormir ?" » demanda-t-il, l'anxiété dans la voix.

"C'est à toi de régler."

"'Eh bien, Lizzie, descends et laisse-moi entrer", cria-t-il, tombant dans la cajolerie.

Pour répondre, Mme Bindle frappa à la fenêtre. Il attendit avec impatience que la porte s'ouvre.

Au bout de cinq minutes, il se rendit compte que Mme Bindle était probablement retournée se coucher.

"Eh bien, je ne peux pas rester ici toute la nuit, moi avec diverses veines dans les jambes", marmonna-t-il, conscient que de plusieurs fenêtres des têtes intéressées sortaient.

Pleinement convaincu que Mme Bindle n'était pas sur le point de l'admettre, il se laissa une fois de plus tomber sur le heurtoir, réveillant les échos de Fenton Street.

Au bruit du relevage du châssis de la fenêtre, il recula et leva les yeux avec impatience.

"'Eh bien, qu'est-ce que ———!"

Quelque chose sembla traverser la nuit et il reçut le contenu de l'aiguière en plein visage.

"Cela vous apprendra à venir me réveiller à cette heure de la nuit", dit la voix de Mme Bindle, qui, un instant plus tard, se retira dans la pièce. Bindle, supposant à juste titre qu'elle était allée chercher plus d'eau, se retira hors de portée.

"Tu m'as trempé jusqu'aux os", s'écria-t-il lorsqu'elle reparut.

"Et vous servira bien aussi, vous et vos frappes."

"Mais tu ne vas pas me laisser entrer ?"

"Quand la grève cessera, le lock-out cessera", fut la réplique oraculaire.

"Mais je ne voulais pas faire grève", a protesté Bindle.

"Alors tu aurais dû être un homme et le dire, au lieu de laisser ce petit rat te faire faire tout ce qu'il veut, lui asseoir chaque jour un bon dîner, le tout payé grâce aux grèves."

Il y eut des murmures sympathiques venant de l'obscurité environnante.

"Mais——" commença Bindle.

"Ne me laissez plus entendre parler de vous ce soir, Joe Bindle", dit la voix intransigeante de Mme Bindle, "ou la prochaine fois, je vous jetterai la cruche et tout le reste", et sur ce, elle frappa... à la fenêtre d'une manière qui convainquit Bindle qu'il était inutile de poursuivre les pourparlers.

"Attrape ma mort de froid", grommela-t-il en tournant les talons à contrecœur en direction de Fulham High Street, avec l'intention de réclamer l'hospitalité de sa belle-sœur, Mme Hearty. "Qu'est-ce que je vais faire pour les ratés", a-t-il ajouté. "C'est un drôle de vieux oiseau que je devrais regarder dans une des redingotes d'Earty."

IV

Le lendemain matin, à neuf heures, les épouses des grévistes se réunissaient d'un commun accord devant la maison du secrétaire organisateur ; mais les grévistes eux-mêmes étaient devant eux, et M. Cunham se trouva confronté à la situation la plus odieuse qu'il ait jamais rencontrée.

A la vue des groupes de grévistes, les femmes poussent des cris stridents. Les hommes aussi élevèrent la voix, non pas pour se moquer ou critiquer leurs compagnons ; mais au secrétaire organisateur.

La nuit précédente, le même drame qui s'était produit entre Bindle et Mme Bindle s'était produit devant les maisons de nombreux autres grévistes, avec pour résultat qu'ils en avaient « marre de toute cette affaire rougeâtre ». "

"Bien !" s'écria Mme Hopton tandis qu'à la tête de sa légion d'Amazones elle atteignait le premier groupe d'hommes. "Ça te plaît ?"

Les hommes se détournèrent, grommelant dans la gorge.

"Elle-elle-elle !" elle a ri. "Boot est sur l'autre pied maintenant, mes jolis canaris, n'est-ce pas ? Personne ne doit faire quoi que ce soit pour vous contrarier ; mais vous pouvez faire ce que vous aimez bien en streaming, bande d'idiots !

"Pourquoi avez-vous laissé ce petit pleurnicheur à face de rat vous retourner pour son petit doigt ? Vous n'êtes pas des hommes, vous êtes juste des unionistes qui doivent faire ce qu'ils vous disent. Je les vois hier", a-t-elle poursuivi. après une légère pause, "'avoir une rare gorgée de ce que vous payez en frappant. 'Combien ça lui coûte ? C'est ce que je veux savoir, le petit puant à face de rat !"

A ce moment-là, « le petit puant à tête de rat » lui-même apparut, chapeau sur la tête et pardessus léger jeté sur le bras. Il sourit avec lassitude, il n'était pas favorablement impressionné par l'aspect des choses.

Son apparition fut le signal de cris aigus de la part des femmes et d'un murmure grincheux de la part des hommes.

"'Ere, c'est Kayser Cunham", a crié une femme, puis les cris individuels ont été noyés dans le murmure colérique des protestations et des récriminations.

M. Cunham s'est retrouvé face aux mêmes hommes qui, la veille, avaient accueilli ses paroles par des acclamations. Maintenant, ils lui faisaient clairement comprendre que s'il ne trouvait pas une issue à la difficulté de la grève, il y aurait des problèmes.

"Prend ça !" » rugit Mme Hopton d'une voix rauque, alors qu'elle attrapait quelque chose dans un sac en papier qu'elle portait et le lançait de toutes ses forces sur le chef. Son objectif était mauvais et un petit homme, debout perpendiculairement au secrétaire du syndicat, reçut une grosse tomate douloureusement mûre plein le menton.

Le cri de Mme Hopton était un signal pour les autres femmes. Sous leurs manteaux et leurs capes, ils produisaient tous les missiles imaginables, y compris un certain nombre d'œufs destinés à l'enfance. Avec plus de zèle que de précision de visée, ils les jetèrent sur le malheureux M. Cunham. Pendant une minute entière, il résista vaillamment, puis un œuf l'attrapant entre les yeux provoqua un oubli rapide.

Les grévistes n'ont cependant pas fait preuve du courage de leur leader. Bien que destinés au secrétaire organisateur, la plupart des missiles ont trouvé leur chemin dans ses rangs. Ils hésitèrent et, un instant après, se retournèrent et s'enfuirent.

En s'approchant, les femmes se concentraient sur celui qu'elles considéraient comme le responsable de la grève, et leur visée s'améliorait. Certains de leurs tirs ont eu un effet sur sa personne, mais la plupart sur la façade de la maison. Trois fenêtres furent brisées, et ce n'est que lorsque Mme Cunham vint entraîner son seigneur éclaboussé d'œufs dans le couloir, frappant à la porte de la rue derrière elle, que la tempête commença à s'apaiser.

A cette époque, une foule considérable de spectateurs intéressés s'était rassemblée.

"Cela vous montre ce que nous, les femmes, pouvons faire si nous avons l'intention de le faire", a prononcé l'oracle d'une femme, qui se targuait d'avoir été la première arrivée en dehors des véritables combattants.

"Elle n'est pas du tout prudente", remarqua une "amie", qui l'avait rejoint peu après le déclenchement des hostilités. "Ce grand un", ajouta-t-elle en hochant la tête en direction de Mme Hopton, qui, les bras sur les hanches et la tête rejetée en arrière, exprimait sa gaieté dans une série de "elle-elle-elle".

Un policier s'est frayé un chemin à travers la foule vers le portail. Mme Hopton, l'ayant aperçu, se retourna.

"Suivez mon conseil, mon garçon, et restez à l'écart de ça."

Le policier regarda autour de lui avec un peu d'incertitude.

"Quel est le problème?" il a demandé.

"C'est une grève et un lock-out", expliqua-t-elle, "et ils se sont un peu mélangés. Nous n'avons pas de querelle avec un beau jeune homme comme vous, et nous sommes dans des locaux privés, alors vous faites juste du jazz comme si vous ne nous aviez pas vu.

Un sourire flottait sur les lèvres du policier. L'idée de croiser Mme Hopton sans la voir l'amusait ; néanmoins, il ne prit aucune part active aux débats, hormis une exhortation officielle à la foule de « passer, s'il vous plaît ».

"Eh bien, mesdames", dit Mme Hopton en s'adressant à ses légions victorieuses ; "C'est fini maintenant, bar criant. Si l'un de vos hommes commence à vous frapper, dites-lui que nous allons nous serrer les coudes, et faites-le-moi savoir. Nous viendrons et faites-leur souhaiter qu'ils soient nés dans un endroit que nous ne pouvons pas ressentir.

Ce matin-là, le directeur du chantier reçut une députation des hommes, dirigée par M. Cunham, qui, bien qu'il ait changé de vêtements et pris un bain chaud, était toujours conscient de l'odeur dégoûtante des œufs pourris. Avant l'heure du dîner, toute l'affaire était réglée, et les hommes devaient reprendre le travail à deux heures.

Bindle arriva chez lui quelques minutes moins une, affamé et impatient. L'affiche avait été retirée de la porte d'entrée et il trouva Mme Bindle en train de repasser dans la cuisine.

"Eh bien," demanda-t-elle alors qu'il entrait, "que veux-tu ?"

"La grève est finie, Lizzie", dit-il cordialement, un œil anxieux tourné vers le poêle sur lequel, cependant, il n'y avait pas de casseroles. Cela lui a décidé que son dîner était au four.

« J'aurais pu te le dire ! » fut son seul commentaire, et elle commença son repassage.

Pendant quelques minutes, Bindle regarda autour de lui, puis fixa de nouveau son regard sur le four.

« À quelle heure vas-tu dîner, Lizzie ? » demanda-t-il avec toute la bonhomie d'un prodigue qui doute de son accueil.

"Je l'ai eu." Les lèvres de Mme Bindle se rencontrèrent en une ligne dure et ferme.

"Est-ce que le mien est au four ?"

"Mieux vaut regarder et voir."

Il se dirigea vers la cuisinière et ouvrit la porte du four. C'était aussi vide que le placard de Mme Hubbard.

"Qu'est-ce que tu en as fini, Lizzie ?" » Demanda-t-il, l'inquiétude serrant son cœur.

"Qu'est-ce que j'ai fait avec quoi ?" » claqua-t-elle en abaissant son fer avec un bruit qui le fit sursauter.

"Mon petit morceau de séneçon."

"Quand tu parles avec bon sens, peut-être que je peux te comprendre."

"Mon dîner", expliqua-t-il d'un air blessé.

"Quand tu auras accompli une journée de travail, tu auras un dîner pour la journée, et pas avant."

"Mais la grève est terminée."

"Le lock-out aussi."

"Mais--"

"Ne restez pas là à me donner des coups. Allez travailler, puis vous aurez quelque chose à manger," et Mme Bindle retourna la taie d'oreiller qu'elle repassait et se dirigea tout droit vers le centre. tandis que Bindle se tournait sombrement vers la porte et se dirigeait vers l'autruche jaune, où, autour d'une pinte de bière et d'un peu de pain et de fromage, il exprimait son mécontentement.

"Plus de grèves pour moi", a déclaré un homme assis en face, également engagé.

"Pareil ici", a déclaré Bindle.

"Bob Cunham a eu une puce dans l'oreille ce matin, ce qu'il demandait", a déclaré l'homme, et Bindle, hochant la tête en signe d'accord, enfouit son visage dans son étain.

Pendant ce temps, Mme Hopton expliquait à quelques amis personnels comment tout cela s'était passé.

"Elle a fait du bon travail en démarrant notre orf", fut son hommage à Mme Bindle; "mais je ne peux pas dire que je la considère comme une amie."

CHAPITRE II

MME. LE JOUR DE LAVAGE DE BINDLE

je

Shooooooooossssh !

Comme un éclair argenté, le contenu d'une cruche d'eau descendit sur le dos du chat sablonneux mangé par les mites, occupé à creuser le lit de géraniums de Mme Bindle.

Une courbe jaune et « Sandy » de Mme Sawney avait franchi le mur de séparation entre le n° 7 et le n° 9 en un seul mouvement – et le drame était terminé.

Mme Bindle ferma la fenêtre de son salon. Elle remplit à nouveau la cruche, la préparant pour le prochain délinquant, puis retourna à ses tâches domestiques.

De l'autre côté d'une mince cloison de séparation, Mme Sawney quittait la fenêtre d'où elle avait vu l'attaque de son chat contre le lit de géranium de Mme Bindle, et la contre-attaque de Mme Bindle contre la personne de Sandy. En passant dans le petit passage, elle ouvrit la porte d'entrée, ses lèvres pincées dans une ligne déterminée.

"Sandy, Sandy, Sandy, Sandy", appela-t-elle, avec un accent qui fit faire une pause à Sandy, maintenant à trois jardins de là, alors qu'il secouait ses différents membres un par un, dans le but de se désembarrasser du contenu de Mme. La cruche d'eau de Bindle.

"Sandy, Sandy, Sandy, Sandy", roucoula Mme Sawney. "Pauvre chatte."

Le ton de la voix de sa maîtresse rendit Sandy méfiante quant à ses intentions. C'était un chat qui s'était frayé un chemin depuis l'état de chaton jusqu'à l'âge de trois ans, et cela sans perdre rien de plus visible que le bout de son oreille gauche. Il ne se souvenait pas de l'époque où il n'avait pas été engagé dans une guerre, qu'elle soit prédatrice ou défensive, et il avait accumulé beaucoup de sagesse dans le processus.

"Sandy, Sandy, Sandy, Sandy. Chat, chat, chat." Le ton de Mme Sawney s'adoucit à mesure que sa colère augmentait. "Pauvre chatte."

Avec un dernier mouvement de sa patte arrière proche, Sandy a mis deux jardins supplémentaires entre lui et cette voix, et a procédé au foutu temps du lendemain en se lavant proprement l'oreille droite.

Mme Sawney a fermé sa porte d'entrée et s'est retirée dans les régions qui la connaissaient le mieux. Dans son cœur régnait une grande colère. De l'eau avait été jetée sur son chat, un acte qui, selon le code d'éthique de Mme Sawney, constituait un affront personnel.

C'était lundi, et chez Mme Sawney, l'effet du sentiment du lundi matin, associé à la purification du linge de maison, était une épreuve douloureuse pour sa nature jamais très philosophique.

« Demain, ce sera *la* lessive », marmonna-t-elle en enfonçant les vêtements dans le cuivre bouillonnant avec un long bâton, blanchi et fourré par une immersion constante dans l'eau bouillante. "Je vais lui montrer, en jetant de l'eau sur mon chat, le bagage coincé !"

En fin d'après-midi, elle a demandé à Mme Grimps, qui habitait au n° 5, de lui rendre la planche à récurer qu'elle avait empruntée le matin. Avec Mme Sawney, emprunter, c'était manifester ses qualités de bon voisinage, et l'un de ses griefs contre Mme Bindle était qu'elle était « trop coincée pour emprunter une épingle ».

Si Sandy avait entendu les sentiments qui sortaient des lèvres de sa maîtresse cet après-midi-là, et s'il n'avait pas été l'Ulysse parmi les chats qu'il était sans aucun doute, il aurait été convaincu qu'un nouveau ciel ou une nouvelle terre était en perspective. Dans l'état actuel des choses, Sandy se trouvait à deux rues de là, engagée dans une liaison avec une dame d'apparence pie et au comportement timide.

Lorsque, une demi-heure plus tard, Mme Sawney revint au n°9, son expression était encore plus sombre. La vue des attaches roses avec lesquelles étaient bouclées les rideaux de dentelle blanche du numéro 7 lui fit oublier ses sentiments récemment exprimés. Elle envoya Sandy à toute vitesse hors de sa vue et frappa violemment les oreilles d'Harriet. Mme Sawney était ennuyée.

II

Toute sa vie, Mme Bindle avait été exclusive. Elle se piquait de ce qu'on ne la voyait jamais bavarder sur le pas de la porte ou à la porte du jardin. En conséquence, elle était considérée comme « une chatte coincée » ; elle appelait ça rester seule.

Une autre cause de son impopularité auprès des femmes au foyer de Fenton Street était la façon dont elle regardait leurs fenêtres en passant. Il y avait dans ce regard critique et dédain, et cela inspirait la fureur de ses voisins, d'autant plus à cause de leur impuissance.

Mme Bindle jugeait une femme à ses fenêtres et, du même coup, la condamnait. Fenton Street le savait et en conservait précieusement le souvenir.

C'est cette attitude à l'égard de leurs fenêtres, plus que l'exclusivité de Mme Bindle en matière de ragots sur la porte d'entrée ou sur la porte de derrière, qui lui a valu son impopularité auprès de ceux parmi lesquels les circonstances et le constructeur de bidons avaient ordonné qu'elle passe son temps. jours. Elle considérait comme une vertu de ne parler à personne dans la rue.

Pour la plupart, Mme Bindle et ses voisins immédiats vivaient dans un état de neutralité armée. D'un côté se trouvait Mme Sawney, une femme en forme de latte avec un appétit insatiable pour le scandale et une bouche de grondeur, dont les fenêtres étaient, de l'avis de Mme Bindle, une honte ; de l'autre, Mme Grimps, une grande femme à l'air joyeux, qui riait bruyamment de choses auxquelles Mme Bindle ne se permettait même pas de penser.

Malgré l'armistice qui prévalait, il y avait des occasions où une aversion latente se transformait en hostilités ouvertes. La stratégie employée était presque invariablement la même, tout comme les forces engagées.

Ces rencontres avaient généralement lieu le mardi, jour de lessive de Mme Bindle. Pour une femme, Fenton Street faisait la lessive le lundi, et le fait que Mme Bindle choisisse le mardi pour nettoyer son linge de maison était, aux yeux des autres femmes au foyer, un défi direct. C'était une tentative de vanter sa propre supériorité, et Fenton Street, malgré sa bonhomie cockney, trouvait impossible de pardonner ce qu'elle considérait comme « chic ».

Le résultat était que parfois Fenton Street donnait la langue, parfois par l'intermédiaire de sa progéniture ; à d'autres, de la bouche des femmes elles-mêmes.

Mme Grimps et Mme Sawney avaient conçu une stratégie intelligente, qui ne manquait jamais d'effet sur leur victime. Les jours de lessive de Mme Bindle, lorsque les hostilités étaient décidées, Mme Grimps montait à la fenêtre de la chambre du fond, tandis que Mme Sawney se tenait à sa porte de derrière, ou inversement. De ces positions, les clôtures étant basses, ils avaient une excellente vue sur le jardin arrière du n°7 et menaient une conversation dont le sujet serait Mme Bindle, ou les vêtements qu'elle exposait au regard du public. .

Les deux femmes semblaient trouver une source d'intérêt sans fin dans la lessive de leur voisin. Intensément raffinée dans toutes ces matières, Mme Bindle soumettait sa lessive hebdomadaire à une censure stricte, séchant les vêtements les plus intimes devant le feu de la cuisine. Cela a suscité des spéculations franchement exprimées entre ses deux ennemis sur la façon dont n'importe qui pourrait vivre sans changer de vêtements.

Dans son cœur, Mme Bindle en était venue à détester, voire à redouter, les journées de lessive, même si elle n'atténuait en rien son attitude intransigeante envers ses voisins.

Lorsque, le mercredi matin suivant l'une de ces batailles à sens unique, Mme Bindle sortait faire des courses, ses regards sur les fenêtres de la maison de Mme Grimps, ou sur ceux de Mme Sawney, selon la direction qu'elle prenait, étaient plus stable et plus critique que jamais. Mme Bindle n'était pas du genre à brandir son drapeau auprès de l'ennemi.

Peu après neuf heures le mardi matin, après que Sandy se soit constitué un casus belli, Mme Bindle sortit de son arrière-cuisine avec un panier plein de vêtements, sur lequel se trouvait une poignée de pinces à linge. Posant le panier par terre, elle entreprit d'essuyer avec un chiffon la corde à linge que Bindle avait installée avant le petit-déjeuner.

La vue de sa forme nette et anguleuse dans le jardin fut le signal pour Mme Grimps de venir à sa porte arrière, tandis que Mme Sawney montait ses escaliers. Un instant plus tard, la vitre arrière du n°9 s'est levée avec panache, et le visage dur de la maîtresse de Sandy est apparu.

C'était une circonstance curieuse que, bien qu'il n'y ait jamais eu d'arrangement préalable, Mme Sawney semblait toujours apparaître à la fenêtre juste au moment où Mme Grimps sortait de sa porte arrière, sinon l'ordre serait inversé. Jamais on ne les avait vu apparaître ensemble, ni à la fenêtre, ni à la porte. Leur compréhension mutuelle semblait être celle du couple ancien dans l'indicateur météorologique à l'ancienne.

"Bonjour, Mme Grimps", appela Mme Sawney depuis son poste d'observation.

"Bonjour, Mme Sawney", répondit Mme Grimps. "Belle journée, n'est-ce pas ?"

"Beau temps sec", répondit Mme Sawney.

"Je vois que tu as fini ta lessive plus tôt que prévu, oui."

"Oui, et il y en a eu beaucoup cette semaine", a déclaré Mme Sawney, posant confortablement ses bras sur le rebord de la fenêtre. "Tu es aussi un peu bien rangé, je vois."

"Oui", répondit Mme Grimps en ramassant une dent du fond avec une épingle à cheveux. "M. Grimps est comme M. Sawney, il doit avoir un pantalon propre chaque semaine, il doit aussi une chemise et un gilet. Je lui dis qu'il aurait dû être millionnaire. "

"Ah!" dit Mme Sawney, "J'aimerais parfois que mon mari se contente de doublures en calicot pour ses pantalons, comme certaines personnes que je pourrais nommer. "Il a peur qu'ils le frottent", dit-il; mais alors il est toujours était propre dans ses abits.

Cette remarque visait directement la censure de Mme Bindle sur tout ce qui concernait la lessive du Nether.

"Eh bien, je dois dire que je sympathise avec lui", remarqua Mme Grimps, remettant l'épingle à cheveux à sa place. "Quand je vois les gens faire leur lessive, je me dis : "Que peuvent-ils porter en dessous ?""

"Et bien vous pourriez le faire, Mme Grimps," cria Mme Sawney d'un ton significatif. " Peut-être qu'ils dépensent de l'argent en rubans roses pour attacher leurs rideaux de dentelle. C'est bien beau de faire un spectacle avec vos fenêtres, mais, " avec l'air de quelqu'un qui a fait une découverte importante, " vous ne pouvez pas sois propre à moins que tu ne sois propre partout, dis-je.

Pendant que ces remarques circulaient au-dessus de sa tête, Mme Bindle était en train d'accrocher à la corde à linge le premier lot de sa lessive de la semaine. Son visage était plus sombre et plus dur que d'habitude, et il y avait dans ses yeux une expression froide et grise, évoquant un contrôle de fer.

"Oui", a poursuivi Mme Grimps, "j'ai toujours dit et je le ferai toujours, que ce sont les dessous qui comptent."

Mme Bindle a enfoncé une pince dans le coin d'une nappe et, en prenant une autre de sa bouche, elle s'est dirigée vers l'autre extrémité de la nappe et l'a plantée également à cheval sur la ligne.

"'J'ai toujours des linges délicats, 'Arriet', disait ma mère," continua Mme Sawney, "et j'en ai toujours. Après tout, qui veut trois taies d'oreiller par semaine ?"

Il s'agissait là d'un défi direct, puisque Mme Bindle venait juste de reculer après avoir attaché à la corde une troisième taie d'oreiller, qui commença immédiatement à se gonfler dans un joyeux abandon.

"Si vous *êtes* religieux, vous ne devriez pas être cruel envers les animaux stupides", annonça Mme Grimps, "en jetant de l'eau sur les créatures à pores."

"Ce genre de choses n'est jamais gentil envers personne d'autre qu'eux-mêmes", commenta Mme Sawney, avec l'air de quelqu'un qui connaît bien les voies des dévots.

Chaque fois que Mme Bindle sortait de son arrière-cuisine ce matin-là, ses deux voisins implacables apparaissaient comme par magie, et des plaisanteries obliques allaient et venaient au-dessus de sa tête.

L'épisode du lock-out de Mme Bindle a été discuté en détail. Les qualités de « bon-bon » affectées par « certaines personnes » ont été commentées en relation avec les instincts plus brutaux qu'elles manifestaient occasionnellement.

Le traitement que certains maris à la parole agréable, que c'était « un plaisir de rencontrer », recevaient de la part de leurs femmes, dont les visages étaient comme « du vinaigre sur la pointe d'une aiguille », laissait Mme Grimps et Mme Sawney incapables d'exprimer leurs sentiments. l'indignation qui était en eux.

Lorsque Bindle rentra à la maison pour dîner, il trouva « Mme B. avec un caractère qui avait un mauvais côté », comme il l'exprima à l'un de ses camarades à son retour au travail. Il était cependant trop sage pour oser en rechercher la cause. Il comprit que demander le vent équivalait peut-être à récolter le tourbillon.

Immédiatement après le repas, Mme Bindle a commencé à dégager les files d'attente pour faire de la place pour un autre lot. Elle espérait en finir pendant que ses voisins dînaient ; mais elle n'était pas dans le jardin depuis une demi-minute que ses bourreaux apparurent.

"Je pensais garder quelques volailles", remarqua Mme Sawney, la bouche pleine de pain et de fromage, "je plaisantais une poignée de coqs et quelques poules", et elle fit un clin d'œil à Mme Grimps, tandis que Mme Bindle attachait un rideau de dentelle sur la corde, après l'avoir d'abord soumis à un vigoureux frottement avec un plumeau.

« Et très gentil aussi », approuva Mme Grimps ; "Je dois dire que j'aime un œuf pour mon thé", a-t-elle ajouté, "seuls ces coqs se battent ainsi."

"Eh bien, je ne devrais pas en avoir trop", a poursuivi Mme Sawney, "disons trois bites et trois. Ils devraient bien s'entendre."

Ces remarques faisaient référence à un projet ponctuel de Mme Bindle visant à approvisionner sa table en œufs nouvellement pondus, pour lequel elle avait acheté trois couples d'oiseaux, également répartis quant au sexe.

"C'était la seule fois où j'aimais jouer un peu à des combats de coqs tout seul", avait l'habitude de remarquer Bindle en racontant l'histoire de l'application par Mme Bindle de la règle de la monogamie à un poulailler.

Il avait tenté d'éclairer Mme Bindle sur le fait que le coq domestique (elle insistait sur le terme « coq ») n'avait ni contourné le cap Turk, ni résisté à Seraglio Point ; mais on lui a dit de ne pas être dégoûtant, répliquait invariablement Mme Bindle lorsque des questions de sexe surgissaient. Il avait donc renoncé, appréciant pleinement les efforts de Mme Bindle pour surveiller sa nouvelle colonie.

À cette époque, le jardin arrière des Bindle était une multitude de plumes volantes, de coqs belliqueux et de poules criardes, secouées par Mme Bindle, armée d'une vadrouille ou d'un balai.

Mme Sawney et une certaine Mme Telcher, qui avaient précédé Mme Grimps dans l'occupation du numéro 5, s'étaient assises à la fenêtre de leur chambre, riant jusqu'à ce que les larmes coulent sur leurs joues douteuses et que leurs côtés leur fassent mal. Quand leur gaieté le permettait, ils avaient donné des conseils ; mais la plupart d'entre eux étaient si faibles à force de rire qu'ils ne pouvaient plus parler.

Les connaissances de Mme Bindle sur les mœurs des volailles étaient limitées ; mais il contenait une information importante : sans « coqs », les poules ne pondraient pas. Lorsque Bindle s'était efforcé de la redresser, il avait été réduit au silence avec l'inévitable : « Ne sois pas dégoûtant ».

Elle avait estimé que si les poules étaient stimulées à pondre par la présence de « l'oiseau mâle », alors un cavalier chacune entraînerait sûrement une augmentation du rendement.

Les oiseaux, cependant, avaient disparu aussi soudainement qu'ils étaient venus, et Bindle se rendit compte par la suite qu'il n'était ni prudent ni politique d'aborder le sujet. Il avait fallu une assiette de riz, lancée à la tête de l'autre côté de la cuisine, pour l'amener à cet état d'esprit philosophique.

Pendant des semaines après, les enfants de Fenton Street saluaient l'apparition de Mme Bindle avec d'étranges chants de chant, qui leur plaisaient et convulsaient leurs parents ; car les volailles de Mme Bindle étaient devenues *la* plaisanterie du quartier.

"Je dois dire que j'aime les hommes qui ont un mot agréable pour tout le monde", remarqua Mme Sawney, environ deux heures plus tard, alors que Mme Bindle ramassait le panier à linge contenant le reste de la lessive de la journée et se dirigeait vers l'arrière-cuisine. "Même quand je ne suis pas heureux dans ma vie", a-t-elle ajouté, alors que la porte de l'arrière-cuisine claquait pour la journée, et Mme Grimps était d'accord en disparaissant, pour rattraper son retard. travailler du mieux qu'elle peut et préparer le thé des enfants.

III

Ce soir-là, au dîner, Bindle apprit ce qui avait été caché à Mme Grimps et Mme Sawney : Mme. L'opinion de Bindle sur ses voisins. Avec une grande dextérité, elle parvint à le relier à leurs méfaits. Il aurait dû s'entendre comme son beau-frère, M. Hearty, et alors elle n'aurait pas été obligée de résider dans un quartier aussi totalement insensible à tout sens du raffinement et de la bonne conduite.

Bindle en était venu à considérer les mardis comme des jours de colère, et il réussissait généralement à s'éclipser après le dîner avec le moins d'ostentation possible. Estimant que la religion et la propreté étaient productrices de tels troubles mentaux, il était franchement pour ce qu'il appelait « un sale « païen » ; mais il était assez sage pour garder ses opinions pour lui.

"Si vous étiez un homme, vous arrêteriez cela", a-t-elle lancé, "me permettant d'être insultée comme je l'ai été aujourd'hui."

"Mais comment puis-je vous empêcher de vous mettre au rebut ?" » protesta-t-il, le front ondulé.

"Vous pouvez entrer et leur dire que vous ne l'aurez pas."

"Mais alors Sawney et Grimps s'en prendraient à moi."

"C'est ça, tu as peur", s'écria-t-elle triomphalement. "Si vous étiez un homme, vous riposteriez ; mais ce n'est pas le cas."

"Mais je ne vais pas commencer à me battre parce que quelqu'un dit que je ne porte pas——"

"Arrête ça!"

Et Bindle l'a arrêté.

"Pourquoi ne fais-tu pas quelque chose comme M. Hearty ?" » demanda Mme Bindle, tandis qu'il repoussait sa chaise et se levait. Elle était déterminée à ne pas se laisser priver de son bouc émissaire, du moins pas sans une nouvelle offensive.

Il fit une pause avant de répondre, s'assurant que sa ligne de retraite était ouverte. Le succès de son beau-frère dans le domaine des légumes était utilisé par Mme Bindle comme un fouet à scorpions.

"'Earty ne fait rien," répondit-il en se dirigeant vers la porte. "'E fait les gens", et avec un jeu de jambes qui aurait rendu envieux un champion poids mouche, il était sorti dans le passage avant que Mme Bindle ne puisse répliquer.

Longue et tard dans la nuit, elle réfléchit aux indignités auxquelles elle avait été soumise pendant la journée. Il y avait des moments insensés où elle aspirait à pouvoir montrer aux voisins l'ensemble de son linge – et celui de Bindle. Elle-même connaisseuse des vêtements qui passaient au lavabo, elle savait que ceux de sa maison pouvaient tenir le coup, aussi joyeusement blancs et ludiques dans la brise que ceux que ses voisins étaient capables de produire.

Elle avait souffert avec la langue immobile ; Pourtant, cela n'avait pas détourné sa colère, et particulièrement sa propre colère. Instinctivement, ses pensées revenaient à l'époque où œil pour œil et dent pour dent avaient cours légal.

Toute la nuit et le lendemain, elle réfléchit. Lorsque Bindle revint le mercredi soir, il la trouva presque légère. "Gospel Bells", l'hymne préféré de Mme Bindle, sonnait avec un élan rare, et pendant le repas qui suivit, elle frôlait la conversation.

Plusieurs fois, il la regarda avec curiosité.

« Il se passe quelque chose, » marmonna-t-il ; mais, trop sage dans son expérience, il ne chercha pas à percer le mystère.

Pour le reste de la semaine, Mme Bindle a passé chaque instant qu'elle pouvait consacrer à ses tâches domestiques à ramasser ce qu'elle qualifiait mentalement de « détritus ». Elle parcourut chaque pièce avec un peigne à dents. Samedi soir, elle avait accumulé dans le lavoir un tas de bric-à-brac qui, comme le disait Bindle, aurait suffi à ouvrir une boutique de chiffons.

Curieusement, Mme Bindle n'a pas été mécontente de sa remarque ; au lieu de cela, elle sourit presque, tant son expression de complaisance sinistre était marquée.

Le dimanche, à la chapelle, elle chantait avec une vigueur et une ferveur qui attiraient vers elle le regard curieux de plus d'une paire d'yeux.

"Mme B. a quelque chose dans ses bas", marmonna Bindle en se levant de la table du dîner ce soir-là. "Je ne l'ai jamais vu aussi joyeux dans toutes mes bouffées. J'espère que ce n'est pas une boisson."

Lundi matin se leva et Mme Bindle se leva une heure plus tôt que d'habitude, toujours presque joyeuse dans son air.

"Je ne devrais pas être surpris si elle s'enfuit avec le vieux 'Earty", marmonna Bindle, alors qu'il prenait de ses mains presque gracieuses sa troisième tasse de thé au petit-déjeuner.

"Tu chantes comme une enfant de deux ans, Lizzie", osa-t-il. "J'aime ces petits morceaux que tu as mis dans ce 'ymn."

Les « morceaux twiddley » auxquels Bindle faisait référence étaient son interprétation de « cloches », comme un mot de trois syllabes, « be-e-ells ».

« Continuez votre petit-déjeuner », fut sa rétorque ; mais il n'y avait là ni reproche ni rancune.

Il la regarda à nouveau avec curiosité.

"Je ne peux pas le comprendre ces derniers jours", marmonna-t-il en se levant et en ramassant sa casquette. "Il y a une réflexion !"

Mme Bindle a commencé à laver les choses du petit-déjeuner au rythme de « Hold the Fort ». De temps en temps pendant la matinée, elle jetait un coup d'œil par la fenêtre pour voir si Mme Grimps ou Mme Sawney avaient déjà commencé à « sortir ensemble ».

Ils étaient généralement en retard ; mais ce matin, ils étaient plus tard que d'habitude. Il était dix heures passées lorsque Mme Grimps apparut avec le premier panier de vêtements mouillés. Elle a été suivie quelques minutes plus tard par Mme Sawney.

Les deux femmes échangèrent des salutations, la journée était trop chargée pour autre chose.

Alors qu'ils rattachaient les différents articles de la lessive de la semaine à leurs lignes respectives, Mme Bindle regardait depuis la fenêtre de l'arrière-chambre, ses yeux comme des pointes d'acier, ses lèvres une ligne grise et sinistre. Elle éprouvait les sensations du général qui voit l'ennemi livré entre ses mains.

Dès que Mme Grimps et Mme Sawney furent retournées à leurs lavoirs, Mme Bindle descendit à l'arrière-cuisine, où gisait le tas d'ordures qu'elle avait ramassé la semaine précédente. Avec beaucoup de délibération, elle le fourra dans un panier à linge, au moyen duquel elle transporta la masse au fond du jardin, procédé qui exigea plusieurs voyages.

Mme Sawney et Mme Grimps étaient trop occupées pour se soucier des mouvements de leur voisin.

Sa tâche accomplie, Mme Bindle retourna à ses tâches domestiques et, le moment venu, prit un dîner solitaire, Bindle étant engagé trop loin pour admettre qu'il le partageait avec elle. Elle monta ensuite à l'étage pour faire sa toilette, car le lundi après-midi, elle s'arrangeait toujours pour sortir « habillée ». Cela constituait en soi un défi direct pour Fenton Street, qui devait rester chez lui et s'occuper du nettoyage de son linge.

Sa toilette terminée, Mme Bindle se glissa dans la chambre du fond. En bas, ses deux voisins étaient occupés à étendre la deuxième tranche de leur lessive, le premier lot ayant été rassemblé, prêt à être mutilé. Après cela, ils prenaient leur repas de midi. Même s'il n'y avait pas de ragots, Mme Bindle n'était pas inattentive et elle connaissait les mouvements de ses voisins aussi bien qu'eux connaissaient les siens.

Un quart d'heure plus tard, la porte d'entrée du n°7 claquait. Mme Bindle, en alpaga marron, bonnet marron avec une touche de violet et gants couleur biscuit, allait voir sa nièce, Millie Dixon, née Hearty, avec qui elle avait convenu de passer l'après-midi.

IV

"Mme Sawney ! Mme Sawney ! Venez voir vos vêtements !"

Mme Grimps, les mains posées sur le haut de la clôture, lançait son appel passionnant à travers le jardin intermédiaire.

Mme Sawney est apparue, comme si elle avait été poussée hors de la porte de son arrière-cuisine par une force invisible.

Pendant un moment, elle resta là à cligner des yeux bêtement, alors que des volumes denses de fumée chargée de charbon montaient vers le bleu du ciel depuis le jardin du n°7. Ce n'était cependant que la fumée qui montait. Un simple coup d'œil aux vêtements pie suspendus à ses cordes de lin suffisait à en convaincre Mme Sawney.

"C'est cette femme", a-t-elle presque crié, alors qu'elle commençait à frapper la clôture séparant son jardin de celui de Mme Bindle. "Je vais lui montrer."

"Oui, mais qu'en est-il du..." Mme Grimps s'interrompit, étouffée par un volume de fumée noire et dense qui s'enroulait vers elle. "Regardez ces cochonneries."

Mme Bindle avait pris la précaution d'ajouter de la paraffine et de l'huile de colza à son feu de joie, qui flambait maintenant joyeusement, envoyant un déluge de charbons toujours croissant, comme si elle était consciente de ce qu'on en attendait.

Mme Sawney continuait de frapper contre la clôture, tandis que Mme Grimps se précipitait dans sa maison et frappait à la porte d'entrée de Mme Bindle avec une vigueur née de haine et de désespoir.

"Elle est épuisée."

L'information avait été fournie par un petit garçon en jupon, qui était venu de l'autre côté de la rue en titubant avec incertitude et qui se tenait maintenant accroché à la grille avec ses mains sales.

Mme Grimps s'est précipitée de nouveau sur les lieux du désastre.

Elle était juste à temps pour voir Mme Sawney emmener ce qui semblait être l'extrémité d'un linteau dans le jardin arrière de Mme Bindle, montrant au passage une paire de bas qui ne devaient pas grand-chose au lavoir, et encore moins à la baignoire. l'aiguille à repriser.

"Prends de l'eau", haleta-t-elle, alors qu'elle se relevait et confiait une fois de plus ses bas à l'écart de ses jupes. Mme Grimps se précipita dans l'arrière-cuisine.

Une minute plus tard, elle réapparut avec un grand seau d'où l'eau coulait pendant qu'elle marchait. Avec beaucoup de grognements et en mouillant considérablement ses propres vêtements, elle a réussi à les passer par-dessus la clôture à son voisin.

Avec une main saisissant la poignée et l'autre le rebord à la base, Mme Sawney chancela vers le feu et renversa le seau. Puis, avec un cri, elle laissa tomber le seau, jeta son tablier sur sa tête et s'enfuit devant le nuage de vapeur et le déluge de noirs que son acte téméraire avait provoqués.

"'Tu es toi-même ?" » demanda Mme Grimps avec sollicitude, tout en regardant tristement son « lavoir » en ruine, sur lequel de gros flocons noirs descendaient comme des sauterelles sur les belles terres de Pharaon.

Mme Sawney ôta le tablier de sa tête et leva les yeux vers le ciel, comme pour s'assurer que la bénédiction de la vue lui appartenait toujours.

"Le méchant chat !" » vociféra-t-elle lorsqu'elle constata qu'aucun dégât n'avait été fait. "Allez, éteignons-le", l'exhorta-t-elle tandis que, d'un mouvement rapide, elle ramassait le seau et le remettait par-dessus la clôture à Mme Grimps qui l'attendait.

Dix minutes plus tard, le feu était éteint ; mais le linge était gâché.

Mme Sawney regardait par-dessus la clôture une caricature échevelée de Mme Grimps, avec la pleine conscience qu'elle devait elle-même paraître encore pire. Elle s'est également rendu compte qu'elle devait faire le voyage de retour par-dessus la clôture, sous le regard critique de Mme Grimps, et que grimper une clôture sans exposer ses jambes était impossible.

Les deux femmes étaient mouillées jusqu'aux os, car aucune d'elles ne s'était montrée experte dans la distribution de seaux d'eau remplis au-dessus d'une clôture en bois ; tous deux étaient repérés comme le pard ; tous deux respiraient dans leur cœur une terrible vengeance contre l'auteur de l'outrage, qui juste à ce moment-là descendait d'un tramway à Hammersmith.

Tout au long de cet après-midi, Mme Sawney et Mme Grimps attendirent ; Les lèvres sinistres et les yeux durs, ils attendirent. Fenton Street devait voir quelque chose dont elle n'avait même pas rêvé. Mme Sawney et Mme Grimps avaient décidé à l'unanimité de "montrer".

Leur progéniture avait reçu l'ordre qu'à la vue de Mme Bindle, ils devaient revenir pieds nus et se présenter.

Les enfants l'avaient dit à leurs amis, et leurs amis l'avaient dit à leurs mères, de sorte que non seulement Mme Sawney et Mme Grimps ; mais toutes les femmes au foyer de Fenton Street étaient sur le qui-vive.

Peu après six heures, des cris retentirent : « La voici », comme si Mme Bindle avait été la course de bateaux, suivis d'une soudaine bousculade d'enfants.

Mme Sawney et Mme Grimps se précipitèrent vers les quartiers d'action. Mme Sawney remuait un seau de plomb noir et d'eau derrière la porte d'entrée, tandis que Mme Grimps saisissait un balai doux qu'elle avait trempé dans l'eau utilisée pour faire la vaisselle.

Les enfants se rassemblaient autour du portail et s'accrochaient aux grilles. Les femmes au foyer se présentaient à leur porte ou apparaissaient aux fenêtres de leur chambre. Fenton Street adorait Drama, plus le « D » avec lequel il était orthographié était gros, plus ils l'appréciaient.

Derrière leurs portes d'entrée, Mme Sawney et Mme Grimps attendaient et regardaient. Soudain, la foule qui s'était accrochée aux grilles commença à se dissiper, et le bruit des voix claquantes s'éteignit. On a vu plusieurs femmes quitter les grilles de leur jardin et remonter la rue. Les deux femmes au visage sombre attendaient toujours derrière leurs « portes de rue ».

Finalement, alors que le dernier enfant quittait la grille et dévalait la rue, les deux femmes décidèrent que quelque chose avait dû se passer.

La vue de Mme Sawney à sa porte a amené Mme Grimps à la sienne, au moment même où Harriet, la fille de Mme Sawney, âgée de neuf ans, se précipitait, essoufflée.

"Elle arrive", haleta l'enfant, après quoi les deux femmes disparurent, Mme Sawney pour saisir la poignée de son seau et Mme Grimps pour saisir son balai.

Lorsque Mme Bindle apparut, au centre d'une masse tourbillonnante d'enfants, avec quelques femmes à la périphérie, elle portait dans ses bras un enfant d'environ cinq ans, qui gémissait pitoyablement. Son bonnet avait glissé en arrière, sa main droite, dont avait été ôté le gant couleur biscuit, était tachée de sang, tandis que son parapluie était porté, comme s'il s'agissait d'une relique sacrée, par un petit garçon aux cheveux bouclés qui vivre son heure.

A la vue du cortège, Mme Sawney laissa tomber le manche de son seau avec fracas, tandis que Mme Grimps laissa tomber son balai.

"C'est mon 'Ector", cria-t-elle en se précipitant dans l'allée du jardin. "Oh, mon Dieu ! Il est mort."

"Prenez de l'eau chaude", ordonna Mme Bindle, alors qu'elle repoussait la mère et franchissait la porte. "Il s'est coupé la jambe."

Suivie par Mme Bindle, Mme Grimps s'est précipitée dans la maison. Il y avait quelque chose dans le ton de Mme Bindle qui ne supportait aucun retard.

Sous la surveillance de Mme Grimps, Mme Sawney et plusieurs de leurs amis, Mme Bindle lava la blessure et la pansa avec un chiffon blanc et propre, à la place de son propre mouchoir imbibé de sang, et elle fit son travail avec minutie et dont elle a tout fait.

Lorsqu'elle eut fini, elle prit l'enfant dans ses bras et, pendant une heure, l'apaisa avec l'assurance que c'était « le petit précieux le plus courageux du monde ». Lorsqu'elle fit transférer son fardeau dans les bras de sa mère, le tumulte qui s'ensuivit décida Mme Bindle à poursuivre ses soins.

Il était dix heures lorsqu'elle quitta finalement la maison de Mme Grimps, et elle le fit sans un mot.

"Qui l'aurait cru !" » remarqua Mme Sawney, tandis que Mme Bindle fermait la porte.

"Elle s'entend bien avec les enfants", a admis Mme Grimps. "Je dirai ça pour eux", et en rebroussant chemin dans le couloir sombre, elle tomba sur le balai avec lequel elle avait eu l'intention de saluer son voisin.

Mme Sawney est retournée chez elle et a lancé une casserole sur Sandy, une circonstance qui l'a empêché de rentrer chez elle pendant deux jours et trois nuits – il n'était pas du genre à prendre des risques injustifiés.

CHAPITRE III

MME. BINDLE DIVERTIT

je

"Bindle!" Mme Bindle descendit d'une chaise, protégée par sa couverture à repasser, sur laquelle elle se tenait debout pour remplacer un morceau de houx tombé d'un tableau.

Elle regardait l'émeute du milieu de l'époque victorienne autour d'elle avec une fierté évidente ; cela constituait son saint des saints. Elle avait travaillé dessus pendant des jours avec de l'eau et du savon et de la cire à meubles, avec des bougies vertes et colorées, pour le rendre digne de la fête qui approchait. Elle n'avait réussi qu'à souligner son atmosphère sans compromis de froideur et d'angularité.

Les Antimacassars semblaient frissonner gênés sur les dossiers de chaises en peluche estampillées, de cadres photo, et ce qu'elle appelait des « bibelots », se regardaient avec des yeux écarquillés de désolation ; tandis que des chaînes de papier coloré, à dominante vert pâle et jaune, s'étiraient en festons bilieux d'un ongle à l'autre.

Sur la cheminée, dans des lustres couleur vin, qui faisaient la gloire particulière de Mme Bindle, deux longues bougies élevaient leur nudité rose. Ils ne devaient jamais être allumés et ils le savaient ; froids, roses et nus, ils restaient, pour finalement être à nouveau emballés dans le carton d'où ils avaient été retirés pendant des années pour orner chaque fête successive.

Bindle avait toujours eu l'ambition d'allumer ces bougies, qui étaient probablement les morceaux de cire de pétrole les plus anciens du royaume ; mais il lui manquait le courage moral.

"C'est drôle que tu ne puisses pas être propre sans puer comme ça", avait-il marmonné ce matin-là, en reniflant l'air, empestant la térébenthine avec un motif sous-jacent de savon jaune. "Je suppose que le goûter, c'est comme la boisson", a-t-il ajouté, "il amène les gens de différentes manières".

En passant au buffet, Mme Bindle baissa les yeux sur les rafraîchissements : rouleaux de saucisses, sandwichs, rock-cakes, blanc-manger, gelées, tartes aux trois coins, exsudant leur contenu à chaque joint, forme de chocolat et autres délices. .

Au centre se dressait une grande tarte à la confiture ouverte préparée sur un plat de viande. C'était le chef-d'œuvre de Mme Bindle, un hommage à la terre et au ciel. Sur la confiture, en lettres fabriquées à partir de bandes de pâte, figurait l'exhortation : « Prépare-toi à rencontrer ton Dieu ».

Bindle avait le souffle coupé à la vue de cette œuvre d'art et de religion exceptionnelle. "C'est une drôle de façon de donner de l'appétit à une crique", avait-il murmuré. "Si ça n'avait pas été Mme B., j'aurais dit que c'était une blague."

C'est avec une satisfaction évidente que Mme Bindle considérait son travail. A la vue d'un gâteau glacé, s'abritant derrière une assiette de bananes, elle sourit. Là encore, ses instincts de dévotion avaient triomphé. Sur la surface blanche inégale, en lettres irrégulières d'un bleu incertain, se trouvait la déclaration : « Le salaire du péché, c'est la mort ».

"Eh bien, ce n'est pas mon idée du bonheur."

Elle se retourna pour trouver Bindle, qui était entré sans être entendu, regardant d'un air dubitatif la tarte portant la légende déconcertante.

"Quelle n'est pas ton idée du bonheur ?" » a-t-elle demandé.

Il lui sourit cordialement.

« Vous aimeriez des bouteilles de bière sur la cheminée, je suppose, » continua-t-elle, « et des pipes et des crachoirs en terre cuite et… »

"Pas pour moi, Mme B.," rétorqua-t-il ; "Personne ne sait que la cheminée me manque encore."

Les lèvres de Mme Bindle se resserrèrent, comme si elle s'efforçait de retenir les mots de colère qui voulaient jaillir.

Elle avait prévu une soirée musicale, dans le but d'assister son beau-frère dans ses aspirations à diriger la chorale de la chapelle d'Alton Road, poste récemment devenu vacant.

En invitant certains des membres les plus humbles de la chorale, que ceux d'un niveau social plus élevé que le sien seraient peu susceptibles d'accepter, Mme Bindle avait pensé favoriser la candidature de M. Hearty.

Elle a reconnu que leur influence serait indirecte dans son action ; mais même cela, décida-t-elle, serait un atout.

M. Hearty avait volontiers consenti à prêter son harmonium et l'avait fait circuler dans sa camionnette. Il fallut beaucoup de temps à deux hommes et à un garçon, accompagnés de M. Hearty et de Mme Bindle, pour le persuader d'emprunter le passage étroit. Ici, il était resté incontinent bloqué pendant près d'une heure. Ce n'est que lorsque Bindle revint, pour mettre à profit son expérience professionnelle, qu'il fut amené à entrer dans le salon.

Noël approchait et, depuis des semaines, la chorale travaillait sous air forcé et répétait des chants de Noël. Cela avait donné à Mme Bindle l'idée de consacrer sa soirée entièrement à la musique de saison.

"Pourquoi m'appelles-tu ?" » demanda Bindle à présent, se rappelant la raison de sa présence.

"N'oubliez pas de prendre un seau de charbon et de le mettre dans la cuisine", ordonna-t-elle.

"Nous ne voudrons pas de charbon, Mme B., avec tout ce que nous avons à venir", marmonna-t-il lugubrement. "Pourquoi n'avons-nous pas un peu de gui ?" il a ordonné.

"Ne sois pas dégoûtant", rétorqua-t-elle.

« Dégoûtant ! » cria-t-il innocemment. "Il n'y a rien de dégoûtant dans un peu de gui."

"Je n'aurai pas de telles choses chez moi", annonça-t-elle avec décision. "Tu as un esprit obscène."

"Il n'y a rien de mal à embrasser une fille sous le gui", a-t-il hésité, "ou sous toute autre forme", a-t-il ajouté après coup.

"Tu es méchant, Bindle, et tu le sais."

"Eh bien, qu'allons-nous faire à une fête s'il n'y aura pas de baisers ?" » persista-t-il, regardant autour de lui avec un découragement inhabituel.

"M. Hearty nous a prêté son harmonium !" » dit-elle avec onction, en regardant avec révérence l'instrument qui faisait la fierté du cœur de son beau-frère.

"Mais à quoi sert un 'armonium", se plaignit-il. "Vous ne pouvez pas jouer jusqu'à ce que la pantoufle ou le coup du facteur avec un 'armonium."

"Nous allons chanter."

"Qu'est-ce que tu fais, mesdames ?" il gémit.

"Non, Carols", fut la réplique. "C'est Noël", ajouta-t-elle comme pour s'expliquer.

"Eh bien, ça n'y ressemble pas, et ça ne sent pas ça." Il renifla l'atmosphère avec un dégoût évident. "Cela me fait penser aux huiles de cheval", a-t-il ajouté.

"C'est vrai, continue," rétorqua-t-elle acerbe. "Tu ne me fais pas de mal, si tu le penses." Elle retroussa les lèvres et croisa les mains devant elle, avec Mme Bindle une manifestation de résignation chrétienne.

« Je ne veux pas te faire du mal, Lizzie ; mais je te le demande, peux-tu me voir chanter des chants de Noël ? Il tourna vers elle un œil découragé et interrogateur. "Moi, à mon âge ?"

"On ne vous demande pas de chanter. Vous pouvez sortir et passer la soirée à jurer et à boire avec vos faibles compagnons." Elle s'approcha de la cheminée et ajusta l'une de ses bougies roses bien-aimées. "Vous ne feriez que gâcher la musique", a-t-elle ajouté.

"S'il n'y avait pas de musique, il n'y aurait pas de religion", grogne-t-il. "Il y a des 'armonias dans ce monde et des 'arpèges dans l'autre. Je préférerais être un pied-de-poule plutôt que de jouer un 'arpège."

Mme Bindle ignora la remarque et entreprit de réempiler une assiette de rouleaux de saucisses selon une plus grande symétrie, en chassant un grain de poussière imaginaire d'un pichet en verre de limonade.

"Maintenant, attention," cria-t-elle alors qu'il se dirigeait vers la porte, "je ne veux pas que tu gâches ma soirée, tu ferais mieux de sortir."

"Un carrefour de mari, ou pourquoi Bindle est parti de chez moi", sourit-il en se retournant, en faisant un clin d'œil à la bougie rose de droite et en disparaissant, laissant Mme Bindle regarder avec admiration son travail. Elle avait travaillé très dur pour préparer les festivités de la soirée.

II

À mi-chemin dans les escaliers, Mme Bindle s'arrêta pour écouter. Ses oreilles rapides avaient détecté le bruit des voix à la porte arrière et ce qui était sans doute le tintement des bouteilles. Poursuivant sa descente, elle entra dans la cuisine, s'arrêtant juste devant la porte.

"C'est bon, 'Op-o'-my-thumb. Une douzaine, c'est", entendit-elle Bindle dire à quelqu'un dans l'obscurité extérieure. Il y eut un « Bonne nuit » strident et Bindle entra dans la cuisine depuis l'arrière-cuisine, portant une bouteille de bière sous chaque bras et une dans chaque main.

"Qui était-ce?" » demanda-t-elle, les yeux fixés sur les bouteilles.

"Oh ! c'est une plaisanterie qui m'a apporté quelque chose," dit-il avec une insouciance assumée.

« Qu'a-t-il apporté ? » demanda-t-elle, les yeux toujours fixés sur les bouteilles.

"De la bière que j'ai commandée."

"Pourquoi?"

"Boire." Il la regarda comme surpris par cette question.

"Je ne pensais pas que vous l'aviez acheté pour vous laver", fut la réplique colérique. "Il y a quatre bouteilles dans le placard. Elles dureront jusqu'à samedi. Pourquoi en as-tu commandé davantage ?" Mme Bindle était visiblement méfiante.

"Peut-être que quelqu'un va se sécher ce soir", temporisa-t-il.

"Ne me raconte aucun de tes méchants mensonges, Bindle," cria-t-elle avec colère. "Vous savez qu'ils sont tous de tempérance. Combien en avez-vous commandé ?"

"Oh, je plaisante quelques-uns", dit-il en déposant les bouteilles sur l'étagère inférieure de la commode. "Ne pensez pas à avoir une bouteille ou deux dans votre manche."

"Pourquoi as-tu mis ton plus beau costume ?" Elle regarda avec désapprobation le costume bleu et la cravate rouge que portait Bindle. Ses yeux tombèrent sur les poignets blancs que seule une manipulation minutieuse de ses pouces empêchait de glisser complètement.

"Ce n'est pas le soir de la fête ?" » s'enquit-il innocemment.

"Je t'ai dit que je ne te laisserais pas entrer, toi avec tes manières communes et ton langage bas."

"C'est bon," répondit-il joyeusement. "Je vais m'asseoir dans la cuisine."

"Et à quoi cela te servira-t-il ?" » demanda-t-elle avec méfiance. "Une autre fois, quand je serai seul, tu pourras sortir assez vite. Maintenant, comme j'ai quelques amis qui viennent, plus rien ne t'émeut."

"Mais je veux écouter la musique", a-t-il protesté. "Peut-être que j'aimerai les chants de Noël si j'en écoute suffisamment", ajouta-t-il de l'air de celui qui annonce qu'il espère un jour prendre goût à l'huile de ricin.

"Tu es de quoi mettre à l'épreuve la patience d'un saint", s'écria-t-elle en regardant toujours les bouteilles de bière. "Je suppose que tu mijotes quelque chose de diable. Ce ne serait pas à toi de me laisser m'amuser."

"J'aime te voir t'amuser, Lizzie," protesta-t-il. "'Aïe, tu aimerais que le vieux Ginger coure dans un'———?"

"Si cet homme entre chez moi, je l'insulterai !" » cria-t-elle, les yeux brillants de colère.

"Ce n'est pas facile," répondit-il joyeusement, "à moins que tu boives de la bière. Cela fait toujours sortir le chiffon."

"Je n'aurai pas cet homme chez moi", a-t-elle tempêté. "Vous ne polluerez pas ma maison avec vos compagnons de pub grossiers. Je———"

"Ole Ging va bien", lui assura Bindle, alors qu'il allait chercher quatre autres bouteilles dans l'arrière-cuisine. "Tout ce que vous avez à faire, c'est de lui donner de la bière, de jouer "Tout est pardonné", "Appened lors de la nuit de la paix", et de le laisser taper du pied au rythme du refrain, et c'est l'une des criques les plus joyeuses. tu trouveras."

"Eh bien, amène-le ici et vois ce que je vais faire," annonça-t-elle sombrement.

"Tout va bien, Mme B., ne vous inquiétez pas. J'ai demandé en plaisantant à 'Uggles de courir partout et de me tenir compagnie, et Wilkie peut passer s'il n'est pas trop occupé à tousser' ; mais ils le feront. Ne vous mêlez pas aux canaris — ils ne voudront plus le faire après ce que je vais leur dire, et nous serons tous aussi silencieux que des souris.

"Si vous amenez l'un de vos amis dans le salon, Bindle," cria-t-elle, "je couperai le gaz."

"Vilain!" » la réprimanda-t-il en lui montrant un index espiègle. "Je ne vais pas autoriser——"

"Arrête ça!" et sur ce, elle bondit hors de la cuisine et se précipita à l'étage vers la chambre, claquant la porte derrière elle.

"Les femmes ne sont-elles pas drôles", grommela-t-il en sortant les quatre bouteilles de bière restantes dans l'arrière-cuisine et en les plaçant sur l'étagère de la commode. "Il y aurait eu une belle dispute si j'avais dit de penser à éteindre le gaz. C'est pourquoi le vieux Earthy apprécie tant les répétitions de la chorale. Je parie qu'ils ont un compteur à un sou, un " Tout le monde prend bien soin de laisser tous ses cuivres à la maison. "

Au-dessus de nous, on pouvait entendre Mme Bindle exprimer ses sentiments en ouvrant et en fermant les tiroirs.

"Bien bien!" il soupira philosophiquement : « Je suppose qu'on ne peut pas tout avoir en tête, comme l'a dit la crique lorsqu'il a trouvé le locataire parti avec son pantalon sur Bank 'Oliday, » et il se mit à rassembler deux gobelets fêlés, qui avait été censurée par Mme Bindle comme impropre à ses invités, une grande tasse blanche, avec une bande rose et les restes d'une vue de Margate, et une pinte avec un papillon rose sur le bec.

"Nous allons nous amuser, n'importe quand," murmura-t-il tandis que, prenant un plat de viande dans la commode, il se glissait dans le salon et revenait un instant plus tard avec un tas de pierres. gâteaux, sandwichs et rouleaux de saucisses. Il les cacha sur l'étagère du bas de la commode, plaçant une paire de bottes devant eux.

"Une plaisanterie avec le temps", marmonna-t-il, alors qu'on entendait Mme Bindle descendre les escaliers. "C'est—'Ullo !" il s'interrompit : « Voici le premier appétit », lorsqu'on entendit frapper à la porte d'entrée.

Pendant les dix minutes suivantes, Mme Bindle fut occupée à conduire ses invités à l'étage pour qu'ils « enlèvent leurs affaires ». Leurs escortes attendaient dans le passage, s'éclaircissant la gorge ou se caressant le menton. La convention exigeait qu'ils attendent pour faire une entrée officielle dans le salon avec leurs femmes.

L'oreille collée à la porte de la cuisine, Bindle écoutait avec intérêt, s'efforçant d'identifier à leurs voix les arrivants qui passaient.

À sept heures dix minutes, les bruits dans le couloir avaient cessé : les invités étaient tous venus. Dans l'entourage de Mme Bindle, il était d'usage de prendre au pied de la lettre le temps mentionné dans l'invitation et de s'excuser même pour un retard de quelques minutes.

Afin que les Montaigu ne se confondent pas avec les Capulet, Bindle avait pris la précaution de demander à ses propres amis de venir par la porte de derrière. Il avait ajouté que la bière serait dans la cuisine.

Mme Bindle avait toujours été inébranlable dans sa détermination à ce que les « bas compagnons de pub » de Bindle n'aient pas l'occasion « d'insulter » ses amis de la chapelle d'Alton Road.

Avec Mme Bindle, le premier quart d'heure de ses rares réunions sociales était toujours une période d'angoisse et d'incertitude. Même si tout le monde se connaissait, tous étaient gênés et mal à l'aise.

Miss Lamb n'arrêtait pas de faire tournoyer son bracelet en or roulé autour de son poignet orné de mitaines de dentelle, tout en souriant d'un air absent. Miss Death semblait incapable de détourner ses durs yeux gris, trop rapprochés, du buffet de rafraîchissements, tandis que Mme Dykes, une petite femme vêtue d'une jupe fauve et d'un chemisier rose corail, palpait continuellement l'arrière de sa tête. comme si elle anticipait une catastrophe pour ses cheveux.

Mme Hearty, qui commençait avec un chemisier en satin bleu vif et terminait avec des bas couleur canari enfilés dans des chaussures en tissu à boucles en pâte, se frappa la poitrine et luttait pour reprendre son souffle. M. Hearty était négatif, en conversation, il était en faillite, tandis que Mme Stitchley était bavarde et déterminée. Elle était déterminée à faire comprendre qu'elle n'avait pas été invitée.

Son excuse pour venir, du moins celle qu'elle se donnait, était celle d'accompagner sa fille, une fille myope, informe, sans poitrine et au teint boueux, qui n'avait jamais eu et n'aurait jamais eu besoin d'une telle attention.

Les autres étaient tout simplement neutres, à l'exception de M. Thimbell, dont la nervosité aiguë et la longueur des membres le rendaient gênant.

Mme Bindle était consciente qu'elle était à son meilleur dans une robe en alpaga bleu foncé, avec un empiècement en dentelle de couleur crème, que sa modestie lui avait incité à faire doubler avec le tissu de la robe. Pour elle, l'affichage de toute partie de sa personne au-dessus du cou-de-pied, ou au-dessous de l'équivalent féminin de la « pomme d'Adam », était un hommage au Mammon de l'injustice, et sa couturière était instruite en conséquence.

Elle se déplaçait dans la pièce, essayant de faire en sorte que chacun se sente chez lui, et ne réussissant qu'à souligner le fait qu'ils étaient tous dehors.

Tout le monde avait hâte de se mettre aux affaires sérieuses de la soirée ; il fallait néanmoins respecter les commodités sociales. Il doit y avoir une période préliminaire consacrée à la conversation.

Après un quart d'heure d'efforts pour échanger des idées qu'aucun d'eux n'avait, Mme Bindle se dirigea vers M. Hearty et murmura quelque chose, tout en jetant un coup d'œil vers l'harmonium. Il y eut immédiatement un regard d'intérêt et d'attente sur des visages qui, un instant auparavant, étaient vides et apathiques.

M. Goslett, un petit homme aux pommettes saillantes et au goût criminel pour les cravates, s'éclaircit la gorge ; M. Hearty se glissa subrepticement dans la bouche une goutte d'acide qu'il venait de tirer de la poche de son gilet ; M. Dykes, un homme long et maigre, que ses contemporains appelaient dans sa jeunesse « Razor », tira son mouchoir avec un grand geste et testa les murs de Mme Bindle comme s'il était un prêtre devant Jéricho.

Des difficultés sont apparues quant à savoir qui devait jouer de l'instrument bien-aimé de M. Hearty. Mme Stitchley a clairement indiqué qu'elle s'attendait à ce que sa fille, Mabel, soit interrogée. Mme Bindle, cependant, a décidé que Mme Snarch, une femme incolore qui chantait du contralto (son propre contralto) et reniflait quand elle ne chantait pas du contralto, devrait présider ; son influence auprès de ses confrères de la chorale était probablement plus grande. Ainsi, au cours des dix premières minutes, Mme Bindle s'est attaquée à deux ennemis implacables et à un ami douteux.

Mme Snarch prit place à l'harmonium, s'agita avec ses jupes et cligna des yeux, myope, devant le livre de chants de Noël, qui semblait peu enclin à rester ouvert. Les autres se groupèrent autour d'elle.

Il y avait un mélange de sons étranges, alors que chaque membre du groupe prenait les mesures nécessaires pour assurer la pureté du ton vocal. De plus, M. Dykes éloigna son collier de sa gorge et tendit son cou vers le haut, comme pour dégager un passage pour le son qu'il avait l'intention d'émettre. M. Goslett relevait sa moustache sableuse de ses lèvres charnues avec le dos de son index droit, tandis que Miss Stitchley mouillait et réhumidifiait ses lèvres fines et incolores.

Puis ils se sont réunis pour chanter.

Après un chant préliminaire, auquel personne ne semblait s'intéresser particulièrement, ils s'entendirent bien avec « le bon roi Wenceslas », l'un des favoris de la chapelle d'Alton Road.

Ce soir, ce fut un énorme succès.

L'acuité de Miss Stitchley contrastait davantage avec l'acuité de Mme Bindle que dans le chant de Noël précédent. M. Hearty fermait les yeux plus fort et était plus laineux, M. Dykes avait plus de souffle derrière son boom et Mme Dykes faisait plus d'erreurs dans son « harmonie ». M. Goslett leva la tête plus haut, ressemblant plus que jamais à un poulet en train de boire, tandis que les notes fines et supérieures de Miss Death semblaient transpercer même le boom de M. Dykes, tout comme elles mettaient Miss Lamb, toujours incertaine quant au ton, encore plus loin d'elle. accident vasculaire cérébral.

Pourtant, tout le monde a énormément apprécié. Même Mme Stitchley, qui a avoué qu'elle "n'était pas en train de chanter", a coaassé quelques notes rauques, alors qu'elle était assise très droite, en raison d'une paire de séjours de six sous et onze penny qu'elle avait acheté cet après-midi, hochant la tête. tête et temps de battement.

Mme Stitchley n'a jamais perdu une occasion d'exprimer clairement sa position concernant la musique.

"Je suis musicale, ma chérie", disait-elle. "C'est dans la famille; mais je ne chante pas, j'ai des spasmes, tu sais." Elle a fourni cette information de la même manière qu'un homme pourrait chercher à excuser son incapacité à jouer du cor d'harmonie en expliquant qu'il est accro à la basse de viole.

" Voilà ce que j'appelle un chant de Noël ", dit Mme Stitchley, s'efforçant d'empêcher la partie supérieure de son support de s'enfouir dans sa chair. Puis, avec une inspiration soudaine, elle s'écria : « Encore ! Encore ! et fit un mouvement pour taper dans ses mains ; mais le stay-busk en profita pour se lancer dans une fouille vicieuse. Avec un petit cri de douleur, les mains de Mme Stitchley volèrent à son secours.

Tout le monde était trop content du « bon roi Venceslas » pour s'inquiéter du manque d'attention de Mme Stitchley. Mais le mot « encore » leur avait donné une idée. M. Hearty regarda Mme Bindle d'un air interrogateur.

"Pensez-vous…" commença-t-il.

« Est-ce qu'on le reprendra ? » » demanda-t-elle, et il y eut un chœur d'acquiescement satisfait. Tout le monde était déterminé à mettre un peu plus dans le rappel que dans le rendu original. Il n'y avait qu'une seule voix dissidente, celle de M. Dykes, impatient de voir « Le Premier Noël », qui lui donnait tant d'occasions d'effort individuel. Lorsqu'il sortait avec les chanteurs de la chapelle de Noël, M. Dykes était connu pour réveiller jusqu'à six rues avec un seul couplet de ce chant populaire.

Mme Bindle sourit presque. Sa fête était un succès.

Mme Stitchley, tenant toujours le haut de son étai dans sa main gauche, hocha la tête en signe d'approbation, ses petits yeux globuleux fixés sur les chanteurs. Elle attendait l'occasion de sortir de sa poche une bouteille d'un demi-quart contenant ce que, si elle avait été surprise en train de boire, elle aurait qualifié d'eau de clou de girofle, à usage médicinal.

Pour donner de la couleur à son affirmation, elle mâchait toujours un clou de girofle après chaque référence au flacon.

Au Golden Horse, l'eau de girofle de Mme Stitchley était connue sous le nom de Old Tom Special.

Pendant une heure, les invités de Mme Bindle ont chanté avec enthousiasme. M. Dykes a prononcé son fameux « Noël », il l'a prononcé « No-ho-hell », et tout le monde semblait satisfait, même s'il avait un petit mal de gorge.

Il était huit heures et demie lorsque Mme Bindle décida que l'heure était venue de prendre un rafraîchissement.

Tout au long de la soirée, ses oreilles avaient été très attentives aux bruits provenant de la cuisine ; mais au-delà d'un bourdonnement de voix étouffé, elle ne pouvait rien détecter ; elle était toujours mal à l'aise. Si Mme Hearty, par exemple, savait que Bindle était dans la maison, elle passerait certainement du côté de l'ennemi.

En matière de restauration pour ses invités, Mme Bindle n'avait rien à apprendre. Elle était une bonne cuisinière et aimait prendre soin de ceux qu'elle recevait. Ses amis étaient célèbres pour ses petits pains à la saucisse, des plats simples dans lesquels la saucisse avait autre chose qu'un rôle ambulant. Ses blancs-manger, choux à la confiture, rock-cakes et sandwichs avaient déjà fait sa réputation auprès de ceux qui avaient eu le privilège de les déguster. Elle a profité des éloges prodigués pour ce qu'elle a fourni. Sans cela, elle aurait eu le sentiment que son parti était un échec.

Ce soir, l'approbation ne manquait pas, cordialement exprimée. Mme Stitchley, qui avait volontairement pris un déjeuner léger et pas de thé, était particulièrement bruyante dans ses éloges, préludant chaque roulé à la saucisse qu'elle prenait, à partir du sixième, par un nouvel adjectif.

Mme Bindle était presque heureuse.

Elle était en train de verser un verre de limonade à Miss Lamb, quand soudain elle s'arrêta. Un bruit inhabituel venant de la cuisine avait arrêté sa main. D'autres l'entendirent aussi, et le bourdonnement de la conversation s'éteignit dans le silence, interrompu seulement par la mastication d'un rouleau de saucisse par M. Hearty.

À travers le mur de séparation, le son d'un accordéon retentit. Mme Bindle posa la cruche et se tourna vers la porte. Ce faisant, une voix fine et nasillarde se mit à chanter :

Car il était huilé dans chaque joint, Un policier est arrivé qui était debout. Il a sifflé pour en appeler davantage, Bill m'a mis sur la pointe de la mâchoire. Puis ils ont crié, donné des coups de pied et se sont mordus les genoux, tandis que chacun saisissait progressivement une jambe ou un bras. Et c'est pourquoi Bill Morgan a été emmené chez moi le soir des funérailles de sa première femme.

Le couplet était suivi d'un refrain à pleine gorge, accompagné de martèlements comme si quelqu'un jetait des briques.

Après cela vint le silence ; mais pour le bourdonnement de la conversation, au-dessus duquel s'élevait la voix de Bindle interdisant de continuer à chanter jusqu'à ce que « ceux d'à côté aient essayé ».

Les invités se regardèrent avec étonnement. L'expression figée du visage de Mme Bindle se durcit et les lignes de sa bouche devinrent sombres. Son premier réflexe avait été de se précipiter vers la cuisine ; mais elle a décidé d'attendre. Elle ne voulait pas de scène pendant que ses invités étaient là.

Peu à peu, les chanteurs de Noël retournèrent à leurs assiettes et à leurs verres, et la mastication de M. Hearty se fit de nouveau entendre parmi eux. M. Hearty mangeait toujours avec délectation.

Sans être remarquée par Mme Bindle, Mme Hearty s'est enfuie du salon en route pour enquêter ; une minute plus tard, Mme Stitchley le suivit. La solitude du passage lui offrait une admirable occasion d'achever « l'eau de girofle » qu'elle avait apportée.

Lorsque tout le monde eut assuré Mme Bindle, en réponse à son invitation pressante de se rafraîchir encore davantage, qu'ils "ne pourraient vraiment pas, pas si elle devait les payer", elle se tourna une fois de plus vers M. Hearty pour obtenir l'encouragement nécessaire à commencez un autre chant de Noël.

Cependant, leur premier effort montra clairement que les rafraîchissements de Mme Bindle avaient altéré leur chant. Miss Stitchley avait perdu beaucoup de son aigreur, Mme Bindle était moins pointue et M. Hearty plus laineux.

Le boom de M. Dykes n'était qu'un spectre de lui-même, prouvant la véracité de la remarque riante de Mme Dykes selon laquelle s'il mangeait autant de rouleaux de saucisses de Mme Bindle, il ne serait pas capable de chanter du tout. Seule Miss Death était prête, sa soprano stridente fendant toujours l'atmosphère comme un javelot.

Alors que les derniers accords du chant de Noël s'éteignaient, l'accordéon de la cuisine prit le relais, suivi une minute plus tard par la même voix qu'auparavant, chantant nasillardement les aventures d'un groupe de compagnons particulièrement joyeux qui ne s'en souciaient ni ne s'en souciaient. couvre-feu.

Au premier bruit, Mme Bindle se dirigea rapidement vers la porte, où elle s'arrêta, incertaine. Elle était dans un dilemme. Sa conception des bonnes manières n'admettait pas qu'une hôtesse quitte ses invités ; il fallait encore faire quelque chose.

A la fin du verset, la voix cessa ; mais l'accordéon continuait à gémir. Mme Bindle inspira. Ses invités se regardaient avec un air hébété. Puis, avec fracas, vint le refrain, rendu avec enthousiasme :

Nous allons tous rouler vers nous, nous allons tous rouler vers nous, Car Rome est le seul endroit pour les hommes fatigués comme nous, Nous allons tous rouler vers nous, nous allons tous rouler vers nous, Car nous ne l'avons pas fait J'ai eu l' argent pour payer un bus. Car il n'est que deux heures et demie, et il ne sera pas encore trois heures. Alors nous allons tous rouler vers nous, nous allons tous rouler vers nous, et nous allonger dans le passage pour être à l'abri de la pluie.

Les applaudissements qui ont suivi ont été annihilants. L'accompagnant à nouveau était le curieux bruit de claquement que Mme Bindle avait remarqué auparavant. Elle était sûre de reconnaître, parmi les cris d'approbation, le son d'une voix de femme. Cela l'a décidée. Elle avait déjà noté l'absence de Mme Hearty et Mme Stitchley.

Sans même s'excuser auprès de ses invités, qui restaient immobiles à se regarder d'un air vide, Mme Bindle se glissa dans le couloir, fermant la porte derrière elle, à la grande déception des autres.

Un instant plus tard, elle ouvrit la porte de la cuisine, consciente que l'un des moments les plus dramatiques de sa vie était proche.

À travers une pellicule grise de fumée de tabac, elle aperçut une demi-douzaine d'hommes, un assis par terre, un autre sur le pare-chocs et deux sur la table. Tous fumaient.

Autour de la pièce se trouvaient des bouteilles en pointillés et divers récipients à boire, pour la plupart des tasses, tandis que sur la cheminée se trouvaient les manchettes blanches de Bindle, jetées à cause de leur habitude gênante de glisser à chaque mouvement de ses mains.

Mme Hearty était assise devant la commode, tenant un verre de bière dans une main et se frappant la poitrine de l'autre, tandis qu'en face d'elle était assise Mme Stitchley, une main toujours agrippée au haut de son support, une idiote. sourit sur son visage humide.

Tandis que Mme Bindle regardait la scène, elle éprouva un sentiment de déception ; personne ne semblait considérer sa présence comme un écart par rapport à la normale. Mme Stitchley leva les yeux et hocha la tête. Bindle évitait délibérément son regard.

L'attention de Mme Bindle se concentra sur l'homme assis sur son pare-chocs. Dans ses mains, il tenait un accordéon, devant lui étaient tendues une paire de jambes fines dans un pantalon bleu moulant. Au-dessus d'une cravate d'un bleu violent se dressait un visage pâteux, terminé par un souffle aux dimensions étonnantes, qui brillait grassement à la lueur du gaz. Ses yeux aux paupières lourdes étaient mi-clos, tandis qu'il tenait dans sa bouche une cigarette dont le bout était mâché de manière très malsaine. Toute son attitude était celle d'un homme qui n'avait pas encore compris que le rideau s'était levé sur un nouvel acte du drame.

Alors que Mme Bindle apparaissait à la porte de la cuisine, l'accordéon recommença à parler. Un instant plus tard, le musicien renversait la tête et tirait la langue, comme un chien aboyant à la lune :

Car j'aime ma mère, je l'aime de tout mon cœur, je peux la voir maintenant sur le pas de la porte, le jour où nous allons nous séparer. Un homme qui a un tanneur peut toujours avoir une femme, mais une mère n'est qu'un trésor qui n'arrive qu'une fois dans sa vie.

"Maintenant, mesdames et messieurs, faites le refrain s'il *vous* plaît", cria-t-il.

Ils ont plu, et bientôt la cuisine de Mme Bindle a résonné avec une interprétation à pleine gorge de :

Nous aimons tous maman, nous l'aimons tout le temps, Car il n'y en a pas d'autre qui nous semble pareil. De l'enfance à l'âge adulte, elle veille sur nos vies, Car c'est mère, mère, mère, bénis ce cher vieux nom.

C'était un refrain lugubre, chargé de mélancolie cockney ; mais l'enthousiasme des chanteurs ne faisait aucun doute. Mme Hearty a renversé de la bière sur sa poitrine de satin bleu, à cause de l'énergie avec laquelle elle battait la mesure ; La main de Mme Stitchley, celle qui ne tenait pas son bâton, battait également la mesure, une mesure différente de celle de Mme Hearty, tandis que deux genoux de couleur claire se soulevaient et s'abaissaient avec la régularité des tiges de piston, résolvant pour Mme Bindle le mystère. des bruits semblables à des bruits de briques qu'elle avait entendus dans le salon.

Ginger se joignait au refrain !

Alors que la chanteuse commençait le deuxième couplet, Mme Bindle était consciente que quelqu'un se trouvait derrière elle. Elle se tourna et trouva Miss Stitchley debout à son épaule. Un instant plus tard, elle se rendit compte que le petit passage regorgeait de chanteurs de Noël.

Elle ne fit toujours aucun signe, pas même lorsque Miss Stitchley la dépassa et prit position derrière la chaise de sa mère. Mme Bindle s'est rendu compte qu'elle était confrontée à une situation délicate.

Le deuxième chœur complique encore les choses. Mme Bindle était sûre d'avoir entendu le refrain obsédant marmonné derrière elle. Elle se tourna rapidement ; mais la trahison venait d'une autre direction. Soudain Miss Stitchley se mit à chanter, et le passage, mettant de côté son hésitation, se joignit à lui, doucement il est vrai, mais il se joignit néanmoins à lui.

"Entrez, tout le monde !" s'écria Mme Stitchley lorsque le refrain cessa, oubliant momentanément que c'était la cuisine de Mme Bindle.

"Il n'est pas intelligent", ajouta-t-elle en regardant avec admiration le musicien, qui leva nonchalamment un regard vers la maîtresse de maison. Art Wiggins était habitué au culte féminin et à la bière à volonté ; il les considérait comme les hommages naturels à son génie.

"Entrez, les vieux", cria Bindle gaiement, alors qu'il commençait à dévisser le bouchon d'une bouteille. "'Ave mouille, Art", a-t-il crié en s'adressant au chanteur. "Tu le mérites."

Le reste de la soirée s'infiltra dans la cuisine, et Mme Bindle comprit l'angoisse d'un Louis XVIII. Ses légions étaient passées à l'ennemi.

"Maintenant," fit remarquer Mme Stitchley à Ginger un quart d'heure plus tard, "c'est ce que j'appelle une soirée agréable."

Ce à quoi Ginger a grommelé quelque chose à propos du fait de ne pas « vieillir avec les femmes ».

Art Wiggins était le héros de l'occasion. Il fumait des moitiés de cigarettes sans fin, mâchant le reste ; il buvait de la bière comme un Sahara personnifié, et un flot continu de chansons coulait de ses lèvres.

Lorsqu'il s'arrêta enfin pour manger, Mme Stitchley se remit à courir, poussée par Bindle, à qui elle avait confié qu'en tant que jeune fille, elle avait atteint ce qui était presque la gloire avec « I Heard the Mavis Singing ».
Art Wiggins ne connaissait pas la mélodie ; mais cela ne devait pas être dissuadé.
"Continue, maman," cria-t-il à travers une bouchée de sandwich au jambon, "je vais le chercher."
Le résultat fut qu'Art joua quelque chose qui rappelait fortement "Bubbles", tandis que Mme Stitchley racontait comment elle avait entendu les mavis chanter, sur l'air de "Swanee". Ce fut un grand succès jusqu'à ce qu'Art, las d'être si longtemps absent, jette "Bubbles", "Swanee", Mme Stitchley et le mavis par-dessus bord, et se lance dans une histoire sur un jeune homme du nom de Bert, qui était devenu amoureux d'une dame dont les jupons abrégés faisaient une excellente rime pour le nom du héros.
Mme Stitchley a continué à chanter ; mais Art, Bert et la jeune femme de son choix, plus l'accordéon, ne lui laissaient que peu ou pas de chance.

Telle une figure de vengeance, Mme Bindle se tenait dans l'embrasure de la porte, l'œil dur et les lèvres sinistres, tandis que, juste derrière elle, M. Hearty se mordait nerveusement le bout des doigts.

Les autres invités s'étaient montrés opportunistes. Ils avaient remplacé le sacré par le profane.

Ils se sont montrés particulièrement forts dans les refrains.

III

"Je ne me souviens jamais d'une telle soirée, ma chère", fut le discours d'adieu de Mme Stitchley. "Stitchley sera désolé de l'avoir manqué", a-t-elle ajouté, indifférente au fait qu'il n'ait pas été invité.

Elle était la dernière à partir, tout comme elle avait été la première à arriver. Tout au long de la soirée, elle avait applaudi tous les efforts d'Art Wiggins pour ajouter à ce que Bindle appelait « l'harmonie de la soirée ».

"J'ai apprécié, Mme Bindle", a déclaré Miss Stitchley. "C'était charmant."

Avec ces éloges résonnant à ses oreilles, et confirmés par ce qu'elle avait elle-même vu et entendu, Mme Bindle ferma la porte et retourna à la cuisine.

Bindle la regardait avec incertitude pendant qu'elle rangeait l'endroit, tandis qu'il commençait à disposer sur la commode les bouteilles de bière, au nombre de seize et toutes vides.

En règle générale, il pouvait anticiper l'humeur de Mme Bindle ; mais ce soir, il était franchement perplexe. Lorsqu'il avait demandé à Huggles et Wilkes de passer « pour une mâchoire », il n'avait pas prévu qu'en chemin ils rencontreraient Ginger, son cousin Art Wiggins et deux amis intimes d'Art, et on ne pouvait pas non plus s'attendre à ce qu'il prévoie qu'Art partirait. nulle part sans son accordéon. Cela faisait autant partie de lui que sa plaisanterie élaborée.

Leur arrivée avait inspiré à Bindle quelque chose qui ressemblait à de la panique. Pendant longtemps, il s'était efforcé d'étouffer la réticence musicale d'Art. Finalement, il avait été dominé par les autres, et Art avait éclaté en chanson sur les funérailles de Bill Morgan et de sa première femme. Après cela, essayez aussi bien de bloquer Niagara que de sceller ces lèvres de chant.

Le silence sinistre de Mme Bindle alors qu'elle se déplaçait dans la cuisine déconcerta Bindle. Il était occupé à spéculer sur ce qui se cachait derrière tout cela.

"C'était une soirée plutôt agréable", remarqua-t-il enfin, alors qu'il commençait à faire tomber les cendres de sa pipe.

Mme Bindle ne répondit rien ; mais a continué à rassembler les assiettes et les verres et à les placer dans deux bols séparés dans l'évier.

"Ils avaient l'air de s'amuser", osa-t-il quelques minutes plus tard. "J'ai aussi participé aux chœurs."

La remarque de Bindle était comme un coup de feu tiré sur une trombe marine, la colère de Mme Bindle a éclaté et l'a englouti.

"Un de ces jours, tu me tueras," cria-t-elle en se laissant tomber sur une chaise, "et alors peut-être que tu seras 'appy."

"Qu'est-ce que j'ai fait maintenant ?" il a demandé.

"Tu m'as fait honte de toi", tempête-t-elle. "Vous m'avez humilié devant tous ces gens. Que doivent-ils penser, en me voyant marié à quelqu'un qui souffrira jusqu'à la troisième et la quatrième génération et..."

"Mais je ne peux pas———"

"Vous le ferez et vous le savez", cria-t-elle. "Regardez les hommes que vous avez rencontrés ici ce soir. Vous n'avez jamais été un véritable mari pour moi. Ici, j'ai travaillé et travaillé, trébuché et pincé, travaillé mes doigts jusqu'aux os pour vous, et puis vous me traitez." comme ça."

Bindle commença à se diriger presque imperceptiblement vers la porte.

"Vois comme tu m'as humilié," sa voix commença à trembler. " Que diront-ils à la Chapelle ? Ils savent tout sur vous, sifflant le dimanche et passant votre temps dans les cabarets, tandis que votre femme s'écorche elle-même pour préparer vos repas et raccommoder vos vêtements. ils disent que maintenant ils ont vu les petits compagnons que vous invitez chez vous ? Ils verront à quel point vous respectez votre femme.

Bindle ne fit toujours aucune réplique ; mais dans un murmure sourd on fredonnait « Gospel Bells », l'hymne préféré de Mme Bindle, qu'il utilisait comme charmeur de serpents et qui utilise une flûte.

"Tu es contente, je le sais", continua-t-elle, exaspérée par son silence. "Je suis content de voir votre femme humiliée. Regardez-vous maintenant ! Vous êtes content." Sa voix montait de façon hystérique. "Un de ces jours, je sortirai et je ne reviendrai jamais, et alors tu seras..."

Telle une tornade, la super-tempête émotionnelle éclata et Mme Bindle était en proie à des crises de colère hurlantes.

Elle a ri, elle a pleuré, elle a exhorté, elle a reproché. Tout le mal qui lui était arrivé, ou à l'univers, était directement dû à la noirceur du cœur de Bindle et à la culpabilité de sa conscience. Il était la seule barrière entre elle et le ciel terrestre. Il avait échoué là où M. Hearty avait réussi. Elle déversa sur lui un torrent d'invectives, et elle le fit à pleine voix.

Au début, Bindle le regarda fixement ; puis il regarda vaguement autour de lui. Il se précipita brusquement vers le placard, fouilla jusqu'à ce qu'il trouve la bouteille de vinaigre. Il en versa un peu dans une soucoupe, la remplit d'eau et revint là où Mme Bindle était assise, renversant le liquide au fur et à mesure.

Mme Bindle était maintenant occupée à le relier à Sodome et Gomorrhe, le sort qui est arrivé à la femme de Lot et au Dr Crippen. Puis, avec un dernier cri, elle glissa de sa chaise jusqu'au sol, où elle gémissait et sanglotait.

Avec un regard sérieux et anxieux dans les yeux, Bindle s'agenouilla à côté d'elle et, depuis la soucoupe, se mit à l'arroser généreusement de vinaigre et d'eau, jusqu'à ce que son odeur ressemble à une salade fraîchement préparée.

Lorsqu'il eut aspergé sur elle la plus grande partie du contenu de la soucoupe, il se rassit sur ses talons et, avec des yeux graves et anxieux, la regarda comme un garçon puissant qui a allumé l'extrémité d'une fusée et attend avec impatience de voir le résultat.

Peu à peu, la tempête d'émotion s'est calmée et a finalement cessé. Il continuait toujours à regarder fixement Mme Bindle, convaincu que le vinaigre et l'eau étaient le seul et unique remède contre l'hystérie.

Bientôt, elle se redressa. Elle bougea, puis se redressa péniblement pour s'asseoir et regarda autour d'elle. L'odeur inhabituelle assaillait ses narines, elle renifla brusquement deux ou trois fois.

"Qu'avez-vous fait?" » a-t-elle demandé.

"Je t'y ai amené", dit-il, le front toujours marqué par l'anxiété.

"Oh ! espèce de bête, toi !" gémit-elle alors qu'elle luttait pour se relever. "Tu l'as fait exprès."

"Qu'est-ce que tu as fait exprès ?" il a demandé.

"Tu m'as versé du vinaigre partout et tu m'as trempé jusqu'aux os. Tu as abîmé ma robe. Tu..." et avec un mouvement brusque caractéristique, elle se retourna et s'enfuit de la pièce et monta à l'étage, frappant la porte avec une férocité qui secoua le corps. maison entière.

"Eh bien, je suis époustouflé !" il murmura. "Et je pensais qu'elle aimerait que je la ramène", et il se glissa dans le salon, qui avait un aspect très évident de lendemain de fête. Son objectif était de donner à Mme Bindle l'occasion de revenir. Il la savait incapable de se coucher avec sa cuisine en désordre.

Il mangea un petit pain à la saucisse et un morceau de tarte à la confiture, écoutant attentivement les bruits de Mme Bindle descendant les escaliers. Finalement, il s'assit sur le canapé moelleux et alluma distraitement sa pipe.

Bientôt, il entendit un pas doux dans l'escalier, comme si quelqu'un essayait de descendre sans bruit. Il soupira de soulagement.

Dix minutes plus tard, il se leva et s'étira, endormi. Il y avait des bruits de mouvement évidents dans la cuisine.

"Maintenant, si je n'étais pas le lâche épanoui que je suis", remarqua-t-il en jetant un dernier regard autour de lui, "j'allumerais ces deux bougies; mais je n'ai pas le courage."

Sur ce, il éteignit le gaz et ferma la porte.

"Vous apportez ces bouteilles dans l'arrière-cuisine et faites vite", fut le salut de Mme Bindle alors qu'il entrait dans la cuisine.

Elle fixa son regard sur le peloton de bouteilles de bière vides que Bindle avait rassemblées sur la commode.

Il s'arrêta alors qu'il enfonçait sa pipe avec une allumette. Il s'était préparé à affronter la fin d'une tornade, et cette légère bouffée d'avertissement le surprit.

"Eh bien ! as-tu entendu ?"

Sans un mot, la pipe fut glissée dans sa poche, et, prenant deux bouteilles dans chaque main, il passa dans l'arrière-cuisine.

Ce faisant, une étrange lueur apparut dans les yeux de Mme Bindle. D'un mouvement de panthère, elle se précipita vers la porte de l'arrière-cuisine, la claqua et tourna la clé. Une seconde plus tard, la cuisine était dans l'obscurité et Mme Bindle montait se coucher.

Les coups continus contre la porte de l'arrière-cuisine alors qu'elle se déshabillait tranquillement étaient comme une douce musique à ses oreilles.

Cette nuit-là, Bindle dormit indifféremment.

CHAPITRE IV

LA VENUE DE JOSEPH DEUXIÈME

"Pourquoi ne peux-tu pas boire ton thé comme un chrétien ?" Mme Bindle a lancé ces mots à Bindle comme si elle espérait qu'ils le frapperaient.

Il la regardait par-dessus le bord de la soucoupe de thé qu'il avait préalablement refroidie en soufflant bruyamment dessus. Un instant plus tard, il entreprit de vider la soucoupe avec un son sifflant évoquant le goût. Il le replaça ensuite sur la table.

"Autant être parmi les cochons, comme tu te comportes à table", dit-elle sèchement et, comme pour souligner son propre raffinement dans la consommation de liquides, elle porta délicatement sa tasse à ses lèvres, le petit doigt de sa main droite courbé en un signe. angle gênant.

Bindle se pencha légèrement vers elle, la main à son oreille. Ignorant son attitude, elle replaça la tasse dans la soucoupe.

"Vous avez bien fait, Mme B. Je n'ai entendu aucun son", et il sourit de cette manière provocatrice qui attisait toujours la flamme de sa colère.

"Dommage que vous n'appreniez pas vous-même, au lieu de vous comporter comme vous le faites."

"Mais comment puis-je savoir comment un chrétien boit ?" » demanda-t-il, rappelant la remarque de Mme Bindle. "Il y a 'Earty maintenant,' il est chrétien ; mais il suce ses moustaches comme s'il était 'affamé."

"Oh ! ne me parle pas", fut la réponse impatiente, alors qu'elle se versait une autre tasse de thé.

"Pourquoi m'épouser, alors ? Je t'ai dit que j'étais toujours bavarde au petit-déjeuner."

"Ne sois pas dégoûtant !" cria-t-elle avec colère. Il la regarda avec un véritable étonnement. "Tu sais que je ne t'ai jamais permis de me dire de telles choses avant notre mariage."

"Eh bien, je suis époustouflé !" » marmonna-t-il en poussant sa tasse pour qu'elle puisse être remplie.

"Millie vient cet après-midi."

« Millie ! » cria-t-il, le visage rayonnant. "Elle va encore bien ?"

"Ne sois pas dégoûtant", dit-elle.

"Dégoûtant", répéta-t-il vaguement. Puis la compréhension lui vint.

Millie Dixon, née Hearty, avait, quelques semaines auparavant, offert à son mari « un petit Joe ». Ce furent ses premiers mots à Charley Dixon lorsque celui-ci, encore partiellement en proie à la terreur qu'il avait traversée, avait été emmené par l'infirmière pour être présenté à son fils et héritier, tandis qu'une Millie pâle et fatiguée souriait courageusement. à lui.

Pour Mme Bindle, la simple mention du mot « bébés » en compagnie mixte était une offense. La nouvelle qu'il était oncle était parvenue à Bindle de Mme Hearty, M. Hearty partageant les vues de sa belle-sœur sur la réticence dans des questions aussi délicates et personnelles.

"Elle va l'apporter avec lui ?" Bindle s'enquit avec impatience ; mais Mme Bindle, anticipant une telle question, s'était levée et, se dirigeant vers l'évier, avait ouvert le robinet, laissant passer la question dans un courant d'eau.

"C'est drôle de ressentir ça à propos des bébés," marmonna-t-il en se levant de table, son repas terminé. "Je suppose que c'est pour ça qu'elle ne me laisse pas garder des lapins."

"Charley arrive plus tard ; il va réparer la boîte à musique de tante Anne", fut l'annonce suivante de Mme Bindle.

Bindle siffla, incrédule.

"Qu'est-ce qu'il y a maintenant ?"

"Tu ne vas pas lui confier Ole Dumb Abraham, n'est-ce pas ?" » demanda-t-il d'une voix feutrée.

"Et pourquoi pas, je vous prie ?" elle a défié. "Millie dit que Charley est très intelligent pour réparer les choses, et cela n'a jamais été joué."

Bindle ne dit rien. La boîte à musique avait été laissée à Mme Bindle par la « pauvre tante Anne » — Mme. Bindle a qualifié tous les parents décédés de « pauvres » ; c'était son seul blasphème inconscient. Le muet Abraham, comme Bindle appelait la relique, avait toujours été le plus sacré parmi les dieux de la maison de Mme Bindle. Il était arrivé muet, et il était resté muet, car elle n'entendrait jamais qu'il quitte la maison pour se mettre en ordre.

Si Bindle entrait dans le salon après la tombée de la nuit, on lui disait toujours de faire attention à la boîte à musique de tante Anne. De nombreuses batailles avaient été menées contre sa stupide laideur. Une fois, il avait posé un instant sur sa surface vitreuse un cigare à moitié fumé, un acte irréfléchi qui avait abouti à l'un des passages les plus orageux de leur vie conjugale.

"Bien!" » défia Mme Bindle, alors qu'il restait silencieux.

"Je n'ai rien dit," marmonna-t-il, ramassant sa casquette et se dirigeant vers la porte, reconnaissant que c'était samedi et qu'il serait à la maison à temps pour voir sa nièce bien-aimée.

Cet après-midi-là, Bindle arriva chez lui avec les poches bombées et plusieurs colis de différentes tailles sous le bras.

"Qu'as-tu la?" » demanda Mme Bindle, qui était occupée à étendre une nappe blanche sur la table de la cuisine.

"Oh ! je plaisante quelques trucs pour 'est Nibs", fut la réponse.

"Pour qui?"

"La pince", expliqua-t-il, alors qu'il se débarrassait des colis et les déposait sur la commode.

"J'aimerais que tu essaies de parler comme un chrétien", et elle frappa un plateau à thé en métal sur la table.

Bindle ignora sa remarque. Il était en train de sortir de ses emballages une poupée de chiffon particulièrement hideuse.

Mme Bindle fit une pause dans ses préparatifs pour assister à l'opération.

"C'est pour quoi ?" » demanda-t-elle agressivement.

"Le fils de Millie", répondit-il en se consacrant à l'ouverture d'autres paquets et en produisant un singe sur un bâton, un ours en peluche bon marché, un diable à ressort et plusieurs animaux métalliques qui, une fois soufflé à travers les bruits stridents émis.

"Tu devrais avoir honte de gaspiller de l'argent pour des choses hideuses comme celle-là. Cela ferait mourir de peur ce pauvre enfant."

"Effrayez-le !" il pleure. "Cela ne va pas l'effrayer. Attendez et écoutez ce qu'il a à dire à leur sujet."

"Vous venez de retirer ces choses de ma cuisine", fut la réplique sans compromis. "Je ne veux pas que le pauvre enfant ait des convulsions parce que tu es un imbécile."

Il y avait quelque chose dans sa voix qui poussa Bindle à rassembler docilement les jouets et à les emporter hors de la cuisine et à l'étage, où il les plaça dans un tiroir entièrement consacré à ses propres biens.

"Eh bien, je suis époustouflé", murmura-t-il en les plaçant l'un à côté de l'autre. "Et je pense qu'ils le feraient rire ;" sur ce, il ferma le tiroir, déterminé qu'au moins Millie devrait voir les jouets qui étaient autant un hommage à elle qu'à sa progéniture.

"J'imagine que la petite Millikins a un enfant à elle toute seule", marmonna-t-il en descendant les escaliers, "euh, qu'est-ce que je me pendais sur mes genoux jusqu'à ce qu'elle chante à nouveau. Eh bien, eh bien," ajouta-t-il en a ouvert la porte de la cuisine, "aucun de nous ne rajeunit."

"Qu'est-ce que c'est ?" demanda Mme Bindle.

"Simplement une sorte de remarque désinvolte selon laquelle aucun de nous ne recule le temps."

Mme Bindle renifla avec dédain et s'occupa des préparatifs du thé.

"Pourquoi ne m'as-tu pas dit avant que Millikins arrivait ?" il a demandé.

"Parce que tu n'es jamais là comme n'importe quel autre mari honnête."

Il reconnut les présages et garda le silence.

Lorsque Mme Bindle était occupée, son caractère avait tendance à être ce que Bindle appelait « le côté court », et même son hymne préféré, « Gospel Bells », ne parvenait souvent pas à endiguer le flot de sa colère.

"On ne va pas prendre le thé au salon ?" » s'enquit-il alors que Mme Bindle lissait le tissu sur la table de la cuisine.

"Non, ce n'est pas le cas", a-t-elle claqué, jugeant inutile d'ajouter que Millie avait particulièrement demandé qu'elle puisse l'avoir "dans votre charmante cuisine", parce qu'elle faisait "un membre de la famille".

Bien que Bindle préférât infiniment la cuisine à ce labyrinthe de meubles et de bibelots qu'on appelle le salon, il estimait que l'occasion exigeait l'inconfort inhérent à la cérémonie. Il était cependant trop sage pour critiquer cet arrangement ; car le caractère et le langage de Mme Bindle étaient d'une acuité connue qui conseillait la modération.

Elle n'avait fait aucune mention de l'heure de l'arrivée de Millie et Bindle décida de ne pas prendre le risque de s'enquérir. Il se contentait de planer, de se mettre sous les pieds de Mme Bindle, comme elle l'exprimait, et de parvenir à se placer invariablement à l'endroit exact vers lequel elle se dirigeait.

S'il s'asseyait sur une chaise, Mme Bindle semblait soudain découvrir qu'il fallait l'épousseter. S'il se réfugiait dans un coin, Mme Bindle s'y enfonçait aussitôt en disant : « Oh ! écartez-vous de mon chemin, faites », et il ferait un rapide pas de côté, pour se diriger vers ce qui était la grande route de son prochain mouvement stratégique.

"Pourquoi ne sors-tu pas comme tu le fais toujours ?" » a-t-elle demandé à un moment donné.

"Parce que Millikins arrive", répondit-il simplement.

"Oui, tu peux rester à la maison pendant... quand quelqu'un arrive", a-t-elle modifié, "mais d'autres jours, tu me laisses seule pendant des semaines ensemble."

"Mais quand je reste chez moi, tu me bouscules comme une chèvre errante", se plaignit-il, réussissant tout juste à éviter un élan soudain de la part de Mme Bindle.

"C'est vrai, continuez. Blâmez-moi tout", cria-t-elle en se précipitant rapidement vers le poêle et en se mettant à allumer le feu comme si elle était déterminée à briser la brique réfractaire à l'arrière. "Si seulement tu avais été un véritable mari pour moi, j'aurais peut-être été différent."

Bindle traversa la cuisine et sortit dans le couloir. Il resta là jusqu'à ce que Mme Bindle ouvre soudainement la porte de la cuisine.

"Pourquoi restes-tu là ?" » demanda-t-elle avec colère.

"Pour ne pas gêner", fut la réponse douce.

"Tu veux pouvoir dire à Millie que tu as été expulsée de la cuisine", a-t-elle tempêté. "Je connais toi et tes manières méchantes et trompeuses. Eh bien, reste là si tu aimes ça!" et elle frappa la porte, et Bindle entendit la clé tourner dans la serrure.

"Il y a une chose chez Mme B.", remarqua-t-il en s'appuyant contre le mur, "elle n'est pas ennuyeuse."

Quand enfin le coup attendu retentit, ce fut Mme Bindle qui se précipita dehors et ouvrit la porte pour laisser entrer Millie Dixon, portant dans ses bras l'extrémité supérieure de ce qui ressemblait à une cascade de dentelle blanche.

Un soudain accès de timidité s'empara de Bindle et il se retira dans la cuisine ; tandis que la tante et la nièce se saluaient dans le couloir.

"Où est oncle Joe ?" » entendit-il Millie demander à présent.

"Je suis là, Millikins", a-t-il appelé, "je prépare le veau pour ce jeune prodigue."

Un instant plus tard, Millie, rouge et heureuse, entra dans la pièce, tenant toujours la cascade de dentelle.

"Chéri oncle Joe", cria-t-elle en s'avançant vers lui.

Il fit un pas en arrière, un air de crainte dans ses yeux fixés sur le sommet de la cascade.

"Tu ne vas pas m'embrasser, oncle Joe ?" » demanda-t-elle en levant son visage.

"Je t'embrasse, ma chérie, pourquoi…" Bindle fut soudain pris d'une voix rauque, alors qu'il se penchait en avant avec précaution et embrassait les lèvres rouges et chaudes qui lui étaient tendues.

"Est-ce que c'est ça?" » demanda-t-il en regardant avec des yeux troublés le fardeau de Millie.

"Voici Little Joe", dit-elle doucement, la lumière merveilleuse de la maternité dans les yeux, alors qu'elle posait un pied sur le rail d'une chaise pour soutenir son précieux fardeau, libérant ainsi sa main droite pour soulever le voile d'un rouge. et un visage plissé, d'où sortaient une paire d'yeux bleus vaporeux.

"Ooooooosssss." Instinctivement, Bindle inspira profondément en se penchant de quelques centimètres en avant.

Pendant une bonne minute, il resta debout à absorber tout ce qu'il y avait à voir de Joseph II.

"'E n'est pas très gros, n'est-ce pas ?" » demanda-t-il en levant les yeux vers ceux de Millie.

"Il n'a que six semaines", dit sèchement Mme Bindle, qui avait suivi Millie dans la cuisine et se levait maintenant, avec une impatience mal dissimulée, tandis que Bindle regardait le bébé. "Qu'est-ce que vous attendiez?" » a-t-elle demandé.

"Tu ne regardes pas ?" » dit enfin Bindle, le front marqué par l'anxiété.

« Chaud, oncle Joe ? » s'enquit Millie, incapable de cacher dans sa voix une teinte de mécontentement d'une mère qui entend sa progéniture critiquée.

"Je veux dire, il n'a pas l'air fort", ajouta-t-il précipitamment, conscient d'avoir dit la mauvaise chose.

"Ne sois pas stupide, oncle Joe, ce n'est qu'un tout petit bébé, n'est-ce pas, beau garçon ?" et elle regarda le visage rouge d'une manière qui fit comprendre à Bindle que sa nièce était maintenant une femme.

"'E est le crachat de son vieil oncle, n'est-ce pas ?" et il s'est tourné vers Mme Bindle pour obtenir une corroboration.

Elle ignora la remarque ; mais Millie sourit avec sympathie.

"J'avais un chemin à parcourir avec moi quand j'étais petit", a poursuivi Bindle avec réminiscence. "Eh bien, une fois, j'ai failli être embrassé par une vraie dame – une avec un titre aussi."

"Oh ! dis-le-moi, oncle Joe", s'écria Millie en le regardant avec cet étrange petit haussement de sourcils qui donnait toujours envie à Charley de l'embrasser. Elle avait entendu cette histoire une vingtaine de fois auparavant.

"Eh bien, son mari essayait d'entrer au Parlement, et sa femme, quelle était cette dame, est venue demander aux gens de voter pour lui. En me voyant dans les bras de ma mère, elle dit : "Qu'est-ce qu'un joli enfant." Vous voyez, Millikins, l'apparence a toujours été mon point fort", et il s'arrêta dans le récit pour sourire.

"Puis elle se penche pour m'embrasser", a-t-il poursuivi, "et en plaisantant à ce moment-là, que dois-je faire à part éternuer, et c'est comme ça que j'ai raté un baiser et que j'ai organisé un vote."

"Pauvre oncle Joe", rit Millie, faisant un petit mouvement avec ses bras vers Mme Bindle.

Sans un mot, Mme Bindle prit le précieux paquet de dentelle, d'où deux yeux vaporeux regardaient dans le vide. D'un mouvement ondulant, elle commença à chanter une mélodie dénuée de sens, qui de temps en temps semblait pouvoir se transformer en "Gospel Bells" ; mais il hésitait toujours au bord du gouffre et se laissait détourner vers autre chose.

Le bébé lui lança un regard solennel et évaluateur, puis, approuvant apparemment la mélodie, s'installa confortablement pour en profiter.

Bindle regarda Mme Bindle avec émerveillement. Dans ses yeux s'était glissé quelque chose qu'il n'y avait vu qu'une seule fois auparavant, et c'était à l'occasion où il avait amené Millie à Fenton Street lorsqu'elle avait quitté la maison.

Voyant que "Bébé" était content, Millie se laissa tomber sur une chaise avec un petit soupir fatigué, les yeux fixés sur le précieux paquet de dentelle contenant ce qui serait un jour un homme.

Mme Bindle continuait à se balancer et à chanter d'une manière qui semblait à l'entière satisfaction de Petit Joe.

"N'es-tu pas content que nous lui ayons appelé après toi, oncle Joe ?" » dit Millie, détachant avec difficulté ses yeux du paquet et les tournant vers Bindle.

"Ta tante me l'a dit," dit-il simplement.

"Oh ! J'espère qu'il grandira comme toi, oncle Joe, cher oncle Joe", s'écria-t-elle en joignant les mains avec sérieux, comme si cela pouvait l'aider à réaliser son souhait.

"Comme moi?" Il y avait de l'émerveillement et de l'incrédulité dans sa voix.

"Charley dit qu'il *doit* grandir comme toi, chéri oncle Joe. Tu vois———" Elle s'interrompit alors que Bindle se retournait soudainement et, sans un mot, se dirigeait vers la porte. Un instant plus tard, le bruit retentit derrière lui, sortant Mme Bindle de ses préoccupations.

"Où est parti ton oncle ?" » demanda-t-elle, levant les yeux de leur contemplation absorbée des traits enflammés de son neveu.

"Il est... il est parti chercher quelque chose", mentit Millie. Instinctivement, elle sentit que c'était une occasion qui appelait tout sauf la vérité. Elle avait vu l'éclat inhabituel des yeux de Bindle.

Depuis le couloir, on l'entendait se moucher vigoureusement.

"Ce sont ces jouets qu'il recherche", a déclaré Mme Bindle avec une conviction méprisante.

"Jouets?" Millie leva les yeux d'un air interrogateur.

"Il a acheté beaucoup de choses hideuses pour ce petit précieux," et ses yeux tombèrent sur le paquet dans ses bras, ses lèvres se dessinant en une courbe que Bindle n'avait jamais vue.

" Vous voyez, Millie, " continua-t-elle, " il ne sait pas. Nous n'avons ni poussin ni enfant de... " Elle s'interrompit brusquement et baissa la tête au-dessus du bébé.

En une seconde, Millie était debout, son bras autour des épaules de Mme Bindle.

"Chère tante Lizzie !" cria-t-elle, sa voix un peu instable. "Chérie tante Lizzie. Je—je sais—je———"

À ce stade, Joseph II, s'opposant à la pression à laquelle il était soumis entre les deux cœurs émotionnels, éleva la voix en signe de protestation, au moment même où Bindle entrait, les bras chargés des jouets qu'il avait achetés.

Il se tenait sur le seuil, bouche bée d'étonnement.

Lorsque Mme Bindle l'aperçut, elle cligna rapidement des yeux.

"N'apporte pas ces ordures ici", cria-t-elle en reprenant son comportement normal. "Vous allez effrayer l'enfant et lui faire perdre la vie."

"Oh ! Oncle Joe", s'écria Millie tandis que Bindle déposait les jouets sur la table. "Je pense que tu es l'oncle le plus chéri du monde."

Il y avait des larmes dans les yeux qu'elle se tourna vers lui.

Mme Bindle tourna le dos à la paire, tandis que Bindle expliquait les vertus et le mécanisme de ses achats. Elle était convaincue que de telles monstruosités ne produiraient chez le petit Joseph rien de moins que des convulsions, entraînant probablement des blessures permanentes à son esprit.

Pendant qu'ils étaient ainsi occupés, Mme Bindle se promenait dans la cuisine, absorbée par le bébé.

"Tante Lizzie", cria Millie à ce moment-là, "s'il te plaît, amène Little Joe ici."

Mme Bindle hésita. "Ils vont lui faire peur, Millie", dit-elle, avec une douceur dans la voix qui poussa Bindle à la regarder rapidement.

Pour réfuter cette affirmation, et avec toute l'assurance d'une jeune mère, Millie saisit la poupée de chiffon et un petit golliwog et les tint au-dessus du gisant de Joseph II.

En un instant, une petite main potelée se leva, suivie aussitôt par une autre, et Joseph II démontra de toutes ses forces fragiles qu'en matière de jouets, il ne faisait qu'un avec son oncle.

Bindle rayonnait de joie. Saisissant le singe sur un bâton, il entreprit vigoureusement de le faire monter et descendre. Les mains potelées se relevèrent à nouveau.

"Oh ! laisse Oncle Joe le tenir", s'écria Millie, en extase à la vue de l'intelligence naissante sur le visage du bébé.

"Moi!" s'écria Bindle avec horreur, reculant comme si on lui avait demandé de nourrir un jeune serpent à sonnettes vigoureux. "Moi, c'est vieux ?" Il regarda avec incertitude Mme Bindle puis à nouveau Millie. "Pas pour une pension de vieillesse."

"Il le fera pleurer", dit Mme Bindle avec conviction, serrant Little Joe plus près et augmentant le mouvement de balancement.

"Oh oui, tu dois le faire!" s'écria gaiement Millie. "Je vais l'emmener, tante Lizzie", dit-elle en se tournant vers Mme Bindle, qui manifestait sa réticence à renoncer au paquet.

"Je pourrais lui faire du mal", protesta Bindle, reculant encore un peu, le front ridé d'anxiété.

"Maintenant, oncle Joe", ordonna Millie en étendant le paquet, "étends tes bras."

Bindle a tendu les mains comme le ferait un enfant qui s'attend à être frappé. Il y avait de la réticence dans le mouvement et l'impression qu'il était prêt à tout moment à les retirer brusquement.

"Pas de cette façon", répliqua sèchement Mme Bindle, avec tout le mépris des connaissances supérieures d'une femme.

Millie a réglé le problème en poussant le paquet dans les bras de Bindle et il a dû, forcément, le serrer dans ses bras.

Il regarda autour de lui d'un air furieux, puis, ses yeux croisant ceux de Joseph II, il oublia ses responsabilités et se mit à cligner des yeux rapidement et d'une manière qui parut entièrement à la satisfaction de Petit Joe.

"Oh, tante Lizzie, écoute", s'écria Millie. "Petit Joe aime déjà Oncle Joe." L'inspiration de la maternité lui avait permis d'interpréter un certain mouvement baveux sur les lèvres de Petit Joe comme de l'affection.

"Oh regarde!" » cria-t-elle encore, tandis qu'une petite main potelée se levait comme pour saluer. "Tante Lizzie——" Elle s'interrompit soudainement. Elle avait aperçu l'air tendu sur le visage de Mme Bindle alors qu'elle regardait le bébé, et la faim dans ses yeux.

Sans un mot, elle saisit le paquet des bras de Bindle et le plaça dans ceux de sa tante, qui se courbèrent instinctivement pour recevoir le précieux fardeau.

"Voilà, chéri Joeykins", chantonna-t-elle en se penchant sur le visage de son bébé, comme pour protéger Mme Bindle de toute déception momentanée que cela pourrait manifester. "Va voir tante Lizzie."

"'Eh bien, qu'est-ce que j'ai——?" commença Bindle, lorsqu'il fut interrompu par un coup frappé à la porte extérieure.

"C'est Charley", s'écria Millie en dansant vers la porte d'une manière très peu matrone. "Viens, oncle Joe, il va réparer la boîte à musique", et sur ce, elle trébucha dans le couloir, avait ouvert la porte et saluait son mari presque avant que Bindle ait quitté la cuisine.

"Entrez ici", cria-t-elle en ouvrant la porte du salon et en laissant à peine à Bindle le temps de saluer Charley.

"'Ere," s'écria Bindle, "pourquoi…?"

"C'est pas grave, oncle Joe, Charley va réparer la boîte à musique."

"Mais qu'en est-il, 'im," se corrigea Bindle, désignant la cuisine d'un coup de pouce.

"Charley-va-réparer-la-boîte-à-musique", répéta-t-elle avec une grande netteté. Et encore une fois, Bindle s'émerveilla de son caractère adulte.

Il regarda son neveu, une expression perplexe plissant son front.

"Mieux vaut faire ce qu'elle dit, oncle Joe", rit Charley. "Cela fait gagner du temps."

"Mais———" commença Bindle.

"Le voilà, Charley", s'écria Millie en désignant un objet en acajou, dont le dessus et les côtés en verre donnaient une vue indélicate de son organisme interne. En tant que mari dévoué, Charley a soulevé la boîte et l'a posée sur la table.

"Pour l'amour de Dieu, faites attention à Ole Dumb Abraham", s'écria Bindle. "Si--"

"De qui?" s'écria Millie, ses jolis sourcils froncés.

expliqua Bindle, regardant avec des yeux anxieux Charley soulever le trésor de la petite table sur laquelle il reposait habituellement et le placer sur la table centrale, où Millie avait libéré un espace.

L'indifférence apparente de Charley donna à Bindle une sensation désagréable à la base de sa colonne vertébrale. Il avait été discipliné à considérer le salon comme une terre sainte et la boîte à musique comme l'objet le plus sacré qu'elle contenait.

Pendant les trois quarts d'heure suivants, Bindle et Millie regardèrent Charley tandis que, de ses doigts adroits, il démontait l'affaire et la recomposait.

Finalement, avec beaucoup de cajoleries et un peu d'huile, il réussit à donner une interprétation anémique de "The Keel Row". Puis il gargouilla, ralentit et abandonna la lutte, à la suite de quoi Charley fit de nouvelles incursions à l'intérieur.

S'habituant à l'idée que l'héritage de tante Anne serait soumis à la profanation d'un tournevis et d'une bouteille d'huile, Bindle s'assit près de la fenêtre et entreprit d'échanger des confidences avec Millie, qui lui avait fait comprendre que sa tante et son fils devaient être laissés tranquillement à leur tête-à-tête.

La conversation entre l'oncle et la nièce a été ponctuée par des extraits de "The Keel Row", alors que Charley a réussi à mettre temporairement en mouvement le mécanisme lent de Dumb Abraham.

De temps en temps, il exprimait un sifflement ou un murmure d'impatience, et Millie lui souriait avec un petit sourire intime de sympathie.

Soudain, une tragédie décharnée a envahi la pièce.

Accident!

"Mon Dieu!"

"Oh, Charley !"

"Condamner!"

Et la boîte à musique de la pauvre tante Anne gisait sur le sol, une ruine de verre brisé.

Charley Dixon suçait un pouce endommagé, Millie s'accrochait à son bras, soucieuse et curieuse, tandis que Bindle regardait la masse brisée, la peur dans les yeux et un sentiment de désastre irrémédiable lui serrant le cœur.

Charley commença à expliquer, Millie demanda à voir le pouce endommagé, mais Bindle continua de regarder la relique sacrée.

Cinq minutes plus tard, le trio quittait le salon. Sans bruit comme des conspirateurs, ils avancèrent sur la pointe des pieds le couloir jusqu'à la porte de la cuisine, entrouverte.

Par l'ouverture, on pouvait voir Mme Bindle assise à la table, Joseph II reposant dans le creux de son bras gauche, tandis qu'elle, de la main droite, s'efforçait de faire travailler le singe sur un bâton.

Dans ses yeux il y avait une étrange douceur, un sourire brisait les lignes dures de sa bouche, tandis que de ses lèvres sortait un flot incessant de langage bébé.

Pendant plusieurs minutes, ils regardèrent. Ils virent Mme Bindle déposer le singe sur un bâton et se pencher sur le bébé, murmurant les sons qui viennent instinctivement sur les lèvres de chaque femme.

Sur un signe de Millie, ils entrèrent. Mme Bindle jeta un coup d'œil par-dessus son épaule dans leur direction ; mais d'autres questions plus importantes retenaient son attention.

"Lizzie", commença Bindle, qui avait stipulé qu'il devait annoncer la terrible nouvelle, invoquant comme raison que cela devait être fait avec "tack". Il fit une pause. Mme Bindle n'y prêta aucune attention ; mais il a continué à se pencher sur Little Joe, en émettant des sons étranges.

"Lizzie———" commença-t-il, s'arrêtant, puis les mots vinrent précipitamment. "Nous avons cassé la boîte à musique."

Il s'arrêta pour que le ciel ait l'occasion de tomber.

"A-t-il-aimé-sa-tante-Lizzie-blossom-um-um-um-um."

Charley et Millie échangèrent des regards ; mais Bindle était trop concentré sur sa mission désastreuse pour être conscient d'autre chose que de la tempête qu'il savait sur le point d'éclater.

"As-tu entendu, Lizzie," continua-t-il. "Nous avons cassé la boîte à musique. Nous l'avons réduit en miettes. C'est fait pour elle", a-t-il ajouté, comme pour ne laisser aucune échappatoire à toute idée fausse quant à la nature épouvantable de la tragédie.

Il retenait son souffle, comme quelqu'un qui vient de tirer sur le cordon d'une baignoire-douche.

"Oh ! va-t'en, fais-le !" elle a pleuré. "Euh-euh-euh-jolis."

"La boîte à musique de Pore Tante Anne", répéta-t-il d'une voix sourde. "C'est brisé."

"Oh, embêtez-vous avec la boîte à musique ! Um-um-um-per-weshus-um-um-um."

Mme Bindle n'avait même pas levé les yeux.

C'est Millie qui a ramené les autres dans le salon, où Bindle s'est essuyé le front, avec l'air d'un homme qui, ayant rencontré la mort face à face, a survécu.

"Eh bien, je suis époustouflé !" C'est tout ce qu'il a dit.

Et Millie sourit à Charley, un sourire de compréhension supérieure.

CHAPITRE V

MME. BINDLE BRÛLE L'ENCENS

"Je me demande si tu permets à cette fille de porter des vêtements aussi dégoûtants."

Depuis cinq minutes, Mme Bindle surveillait Alice, la femme de chambre de Mme Hearty, tandis qu'elle se déplaçait dans la pièce en train de ranger. La jeune fille venait tout juste de rentrer de sa soirée et son premier acte avait été d'apporter à Mme Hearty son verre de Guinness du soir et son « en-cas de pain et de fromage », une énorme croûte arrachée d'un pain cottage neuf et abondamment tartinée de beurre, flanqué d'environ un quart de livre de fromage. Maintenant que la jeune fille avait quitté la pièce, Mme Bindle ne pouvait plus se contenir.

Mme Hearty était une femme sur laquelle la graisse était tombée comme un déguisement. Ses multiples menton ondulaient vers le bas jusqu'à ce qu'ils soient absorbés par la gigantesque vague de son buste. Elle avait un appétit généreux et adorait les aliments qui font grossir.

Avec sa sœur, elle n'avait rien de commun ; mais en Bindle, elle avait trouvé une âme sœur. La simple vue de lui la faisait invariablement haleter et palpiter de rires et de protestations du type « Oh, Joe, ne le fais pas !

En réponse au commentaire de sa sœur, Mme Hearty a pris une grande gorgée de Guinness puis, avec un film de mousse toujours sur sa lèvre supérieure, elle a rétorqué : « C'est sa soirée », et est retombée dans des respirations sifflantes et s'efforce de la retrouver. haleine.

Mme Bindle n'était pas de bonne humeur. Elle avait appelé dans l'espoir de trouver M. Hearty de retour de la pratique de la chorale, après quoi devait être annoncée la décision des diacres quant à savoir qui succéderait à M. Smithers dans la formation de la chorale.

Le succès de son beau-frère était pour elle quelque chose entre une inspiration et un passe-temps. C'est devenu un intérêt absorbant pour la vie, en dehors de la chapelle et de sa maison. Aucune femme, ni aucune mère, n'a jamais observé les progrès d'un mari ou d'un fils avec un intérêt plus vif ou une plus grande admiration que Mme Bindle celle de M. Hearty.

En tant que fille, elle aimait le plaisir. Il y en avait même qui allaient jusqu'à la considérer comme volatile. Elle fréquentait les théâtres et les music-halls, qu'elle ne considérait pas alors comme des « lieux de péché », et ses contemporains la qualifiaient de coquette ; mais la désillusion était venue avec le mariage. Elle s'est vite rendu compte qu'elle avait commis la grave et impardonnable erreur d'épouser le mauvais homme. Cela l'a détournée du «

charnel » et a été la raison pour laquelle elle a rejoint la chapelle d'Alton Road, où M. Hearty vénérait.

À partir de cette date, elle commença une préparation minutieuse et élaborée pour le monde à venir.

Bien qu'elle cherchait chaque nuit le Tout-Puissant à lui pardonner ses offenses, en lui communiquant volontairement qu'elle pardonnerait à son tour à ceux qui l'avaient offensée, elle n'a jamais pardonné à Bindle pour sa langue désinvolte et prompte, qui avait obscurci son jugement au point de lui permettre de s'échapper. issu de l'étau matrimonial, un potentiel maître-épicier avec trois boutiques.

Il n'y avait rien dans son attitude envers M. Hearty qui suggère un sentiment. Elle était une femme et elle s'est agenouillée devant un autel où les femmes aiment adorer.

"J'appelle ça…" Mme Bindle s'arrêta net alors qu'Alice rentrait dans la pièce avec un petit plat d'oignons marinés, sans lequel Mme Hearty aurait trouvé impossible de dormir.

Avec un instinct de femme, Alice se rendit compte que Mme Bindle désapprouvait son chemisier bleu pâle décolleté et sa jupe courte qui exposait au regard du monde tant d'Alice inférieure.

"Tu n'es pas seule, maman?" » demanda-t-elle avec sollicitude, en jetant un dernier coup d'œil autour d'elle avant de se coucher, pour s'assurer que tout était en ordre.

Mme Hearty secoua la tête et ondula violemment.

"C'est mon souffle", haleta-t-elle, avant de se frapper la poitrine avec le plat de son poing replié. « Et passer un bon moment ? » parvint-elle à haleter sur le ton d'une maîtresse qui connaît et comprend, et est connue et comprise par sa servante.

"Oh ! c'était charmant", s'écria Alice avec extase. "Je suis allée au cinéma avec" - elle hésita et rougit - "un ami", puis, la fierté prenant le dessus sur la gêne, ajouta-t-elle, "un gentleman ami, maman. Il y avait un film sur une jeune fille qui s'enfuyait". avec son garçon sur un cheval qui s'est avéré millionnaire et elle était ravissante dans son voile et sa fleur d'oranger et je suis ça et certains.

"Et quand est-ce que ça sera, Alice ?" » s'enquit Mme Hearty, entre les assauts sur sa poitrine.

"Oh, maman!" Alice rigola, et un instant plus tard, elle avait disparu devant la porte, avec un "Bonne nuit, maman, attention, tu dors bien."

"Je suis surprise de la façon dont tu as laissé cette fille te parler, Martha," dit sèchement Mme Bindle, presque avant que la porte ne se ferme derrière Alice qui s'éloignait. "Vous lui permettez d'être trop familière. Si vous leur donnez un pouce, ils en prendront une aune", a-t-elle ajouté.

"C'est une bonne fille", haleta Mme Hearty en portant le verre de Guinness à ses lèvres. "C'est fini," ajouta-t-elle un instant plus tard. "Ce n'est plus ce que c'était", et elle secoua la tête découragée en replaçant le verre presque vide sur la table.

"Vous seriez mieux sans cela", fut alors la réponse antipathique, pour ne pas être détournée du sujet d'Alice et de ses vêtements maigres, Mme Bindle ajouta, "Son chemisier était dégoûtant, et quant à sa jupe, je devrais j'aurais honte qu'on la voie entrer chez moi."

Mme Bindle croyait aux apparences comme elle croyait au « Seigneur », et on peut se demander, si les deux s'étaient à un moment donné affrontés, si les apparences auraient été sacrifiées.

"Elle va bien", dit confortablement Mme Hearty, à travers une bouchée de pain et de fromage.

"La façon dont les filles s'habillent maintenant me rend sexy", a lancé Mme Bindle. "La police devrait l'arrêter."

"Ils", - avec une gigantesque hirondelle, Mme Hearty réduisit le pain et le fromage à des proportions de conversation, - "ils aiment ça", haleta-t-elle longuement, et se mit à onduler et à siffler.

"Ne sois pas dégoûtante, Martha. Tu me fais honte. Tu devrais parler à Alice. Ce n'est pas respectable, qu'elle agisse comme ça."

Mme Hearty fit un effort pour parler ; mais les mots n'ont pas réussi à pénétrer le barrage de pain et de fromage - Mme. Hearty a tout fait avec enthousiasme.

« Supposons que je sorte avec une jupe courte comme celle-là. Que diriez-vous alors ? »

"Tu... tu n'as pas les jambes, Lizzie", et Mme Hearty s'est retrouvée dans un paroxysme de halètements et d'ondulations.

"Oh, non, non," haleta-t-elle, comme si Mme Bindle était responsable de son agonie. « Vous me tuerez », s'écria-t-elle en s'essuyant les yeux avec un mouchoir de poche sale.

Pour Mme Hearty, le rire était une impulsion et une agonie. Elle implorait le monde entier de ne pas la faire rire, se soulevant et tremblant alors qu'elle protestait. Elle était de bonne humeur, facile à vivre et populaire auprès de ses amis, qui s'émerveillaient de ce qu'elle avait vu chez M. Hearty, calme et convenable, pour la pousser à l'épouser.

Pendant le paroxysme de sa sœur, Mme Bindle garda un silence digne. Elle a toujours déploré le manque de maîtrise de soi de Mme Hearty.

"Il faut tenir compte des voisins", a-t-elle longuement poursuivi. Les pensées de Mme Bindle étaient toujours tournées vers son beau-frère. "Regarde comme son chemisier était bas."

"C'est 'sain'", a soufflé Mme Hearty, sur qui on pouvait toujours compter pour trouver des excuses à la noirceur d'un mouton noir.

"J'appelle ça dégoûtant." La bouche de Mme Bindle se ferma brusquement.

"Vous———" La réponse de Mme Hearty fut étouffée par une soudaine quinte de toux. Elle se souleva et luttait pour reprendre son souffle, tandis que son visage prenait une teinte pourpre foncé.

Mme Bindle se leva et commença à donner une série de claques retentissantes du plat de la main sur le dos ample de Mme Hearty. Il y avait dans les coups une cordialité qui ressemblait davantage à l'Ancien Testament qu'au Nouveau Testament.

Près de cinq minutes se sont écoulées avant que Mme Hearty ne soit suffisamment rétablie pour expliquer qu'une miette avait mal tourné.

"C'est bien pour vous d'avoir encouragé cette fille dans sa méchanceté", fut le commentaire antipathique de Mme Bindle alors qu'elle retournait à sa chaise. Vaguement, elle voyait dans le paroxysme de sa sœur le reproche d'une Providence renfrognée.

"Vous n'avez pas toujours été comme vous êtes maintenant", se plaignit longuement Mme Hearty.

"Je n'ai jamais rien habillé comme cette fille." Il y avait une note de férocité dans la voix de Mme Bindle, "et je vous défie de dire que je l'ai fait, Martha Hearty, alors voilà."

"N'ai-je pas dû te parler une fois de tes bas ?" La récente attaque de Mme Hearty semblait avoir rendu la parole plus facile.

"Pas étonnant que vous vous étouffiez," dit Mme Bindle avec colère, "en disant des choses comme ça."

"Est-ce que les garçons n'ont pas crié après toi 'yaller jambes' ?" » haleta-t-elle, déterminée à tirer toute la saveur de l'incident. "Ils n'étaient pas portés colorés à l'époque."

"Je me demande que vous n'ayez pas peur d'être frappé à mort", s'écria furieusement Mme Bindle.

« Et tu sors en mousseline et en jupon fin, et tes jambes sont visibles et la dentelle est sur… »

"N'osez pas——" Mme Bindle s'arrêta, sa voix étranglée. Son visage était écarlate et dans ses yeux il y avait un meurtre. Elle était consciente que son passé était un passé de vanité ; mais c'étaient des jours qu'elle avait laissés derrière elle, des jours où elle dépensait chaque centime qu'elle pouvait rassembler pour sa personne.

Mais Mme Hearty était inconsciente de la tempête de colère que ses paroles avaient suscitée dans le cœur de sa sœur. Le souvenir des bas jaunes et de la robe de mousseline transparente était trop pour elle, et elle se laissa aller à des bafouillages et des respirations sifflantes de gaieté, parmi lesquelles de temps en temps : « Oh, non ! se distinguait.

"Je ne sais pas ce qui arrive aux filles, j'en suis sûre", s'écria longuement Mme Bindle. Elle avait en quelque sorte retrouvé son calme et désirait détourner la conversation d'elle-même. Elle vivait dans la crainte de la franchise de sa sœur ; Mme Hearty n'a jamais censuré une garde-robe avant d'en parler.

"Ce sont beaucoup de coquines effrontées", a poursuivi Mme Bindle, "qui se montrent comme elles le font. Je ne comprends pas pourquoi elles font cela."

"Hommes !" grogna Mme Hearty.

"Ne sois pas dégoûtante, Martha."

"Tu as toujours été idiote, Lizzie", dit Mme Hearty avec bonne humeur.

Mme Bindle était déterminée à ne pas laisser échapper le sujet de la démonstration indélicate d'Alice. Elle attendait simplement l'occasion de revenir à la charge.

« Vous devriez penser à M. Hearty, » dit-elle onctueusement ; "Il a une position à suivre, et les gens parleront en voyant cette fille sortir comme ça."

À cela, Mme Hearty devint une fois de plus impuissante avec un rire réprimé. Ses multiples mentons vibraient, des larmes coulaient sur ses joues, et elle sifflait, haletait et se frappait la poitrine, des coups féroces et retentissants.

"Oh mon Dieu !" elle haleta longuement. "Tu vas me tuer, Lizzie", puis une autre vague de rire l'assaille, et elle repart.

Bientôt, résultat d'un effort évident, elle balbutia : "'E aime ça aussi", termina-t-elle par un petit cri de rire. "Vous le surveillez. Oh, oh, je vais mourir !" Elle haleta.

"Martha, tu devrais avoir honte de toi", cria-t-elle avec colère. "Tu es aussi mauvais que Bindle."

Pendant une bonne minute, Mme Hearty se balança et se souleva, alors qu'elle s'efforçait de trouver l'expression de quelque chose qui semblait l'étouffer.

"Tu ne connais pas Alf !" » haleta-t-elle longuement en s'essuyant le visage avec son mouchoir de poche crasseux. "Alice donne un avis," parvint-elle à haleter. "Alf essaie d'embrasser..." et la parole l'abandonna une fois de plus.

Le regard de Mme Bindle était celui qu'elle réservait habituellement pour les blasphémateurs. M. Hearty était le dieu de son idolâtrie, impeccable, austère et irréprochable. La simple suggestion qu'il devrait se comporter d'une manière à laquelle elle ne s'attendrait pas à ce que même Bindle se comporte, la remplit de haine et elle détermina que sa sœur finirait par partager le sort de Saphira.

"Martha, tu es une honte", s'écria-t-elle en se levant. « Vous pourriez au moins avoir la décence de ne pas introduire le nom de M. Hearty dans votre conversation impure. Je pense que vous lui devez des excuses pour… »

À ce moment-là, la porte s'ouvrit et M. Hearty entra.

"N'est-ce pas, Alf ?" » demanda Mme Hearty.

"N'est-ce pas quoi, Martha ?" » demanda M. Hearty d'une voix fine et laineuse. "Bonsoir, Elizabeth", ajouta-t-il en se tournant vers Mme Bindle.

« Tu n'as pas essayé d'embrasser Alice et elle t'a giflé ? » Mme Hearty se mit une fois de plus à essuyer ses yeux ruisselants avec son mouchoir. La comédie était bonne ; mais c'était douloureux.

Pendant un bref instant, M. Hearty fut démasqué. Toute son expression changea. Il y avait de la peur dans ses yeux. Il ressemblait autour de lui à un animal traqué cherchant à s'échapper. Puis, au prix d'un grand effort, il parut reprendre le contrôle de lui-même.

"Je... j'ai oublié de poster une lettre", marmonna-t-il, et une seconde plus tard, la porte se referma derrière lui.

"'E est toujours comme ça quand je lui rappelle", s'écria Mme Hearty, "j'ai toujours oublié de poster une lettre."

"Martha", dit solennellement Mme Bindle en reprenant sa place, "vous êtes une méchante femme, et ce soir je demanderai à Dieu de vous pardonner."

"Faites-en Alf à la place", a crié Mme Hearty.

Cinq minutes plus tard, M. Hearty rentrait dans le salon, regardant furtivement sa femme puis Mme Bindle. C'était un homme de taille moyenne, avec une moustache gris fer et ce que Bindle décrivait comme des « moustaches d'alléluia » ; mais que le monde appelle des côtelettes de mouton. C'était un homme pour qui toute violence, qu'elle soit physique ou verbale, répugnait. Il préférait la diplomatie à l'épée.

"Ooh, tu comprends, Alf ?" » s'enquit Mme Hearty, se souvenant soudain de la chorale de la chapelle et des aspirations de son mari.

"M. Coplestone." Le ton naturel de la voix de M. Hearty était souligné par le découragement de la déception ; mais ses yeux témoignaient du soulagement qu'il ressentait à l'idée qu'Alice ne soit plus le sujet de conversation.

"C'est dommage, M. Hearty, que ce soit le cas."

Mme Bindle croisa les mains sur ses genoux et retroussa son menton, de l'air de quelqu'un qui flaire une grande injustice. L'injustice de la nomination avait été complètement effacée de son esprit, même si elle pensait à Alice.

"Tu as assez à faire, Alf", siffla Mme Hearty alors qu'après de nombreux rebondissements inefficaces, elle luttait pour se relever et se balançait légèrement alors qu'elle se frappait la poitrine avec reproche.

"J'aurais pu trouver du temps", a déclaré M. Hearty, tout en se grattant nerveusement le vif des ongles.

"Bien sûr que vous pourriez," acquiesça Mme Bindle, levant un regard désapprobateur vers sa sœur.

"Je n'ai jamais manqué une seule répétition de chorale", continua-t-il avec l'air d'un homme qui avance une revendication définitive.

"Faites-vous confiance", haleta Mme Hearty alors qu'elle se dirigeait vers la porte. "Ce sont ces filles", a-t-elle ajouté. "Bonne nuit, Lizzie. Ne tarde pas, Alf. Tu me réveilles toujours en me mettant au lit", et, avec une dernière respiration sifflante, elle s'évanouit hors de la pièce.

M. Hearty toussait nerveusement derrière sa main ; tandis que Mme Bindle rentrait encore plus ses lèvres et son menton. L'indélicatesse de la remarque de Mme Hearty les embarrassa tous les deux.

M. Hearty a toujours souhaité former la chorale de la chapelle d'Alton Road, et lorsque M. Smithers a démissionné, en raison d'une bronchite chronique et de l'approche de l'hiver, M. Hearty a estimé que le moment était venu où un autre de ses membres les ambitions devaient se réaliser. Il s'était cependant avéré qu'il y avait un autre Richmond dans la région, sous la forme de M. Coplestone, qui tenait un magasin d'huile dans New King's Road.

Par un moyen inconnu de M. Hearty, son rival avait réussi à investir l'intérêt du ministre et de plusieurs diacres, de sorte que M. Hearty était sorti dans une très mauvaise seconde.

Maintenant, à l'heure de la défaite, il aspirait à la sympathie, et il n'y avait qu'une seule vers qui se tourner, sa belle-sœur, qui partageait tant de ses vues terrestres et de ses espoirs célestes. Sa belle-sœur croirait-elle——

"Je trouve ça dommage", dit-elle pour la deuxième fois, tandis que M. Hearty poussait un profond soupir de soulagement. Malgré elle, Mme Bindle était irritée par la façon dont il se grattait le vif des ongles, "et vous êtes si musical aussi", a-t-elle ajouté.

"J'ai toujours été intéressé par la musique", a déclaré M. Hearty, avec l'air de quelqu'un qui sait qu'il ne reçoit que ce qui lui est dû. Alice et ses vêtements séduisants ont été oubliés. "J'avais appris par cœur la notation Tonic Sol-fa avant l'âge de vingt ans", a-t-il ajouté.

"Tu aurais fait tellement pour améliorer le chant." Mme Bindle n'avait pour seul objectif que d'appliquer du baume sur les blessures de son héros. Elle aussi avait oublié Alice et toutes ses habitudes.

"Ce n'est pas ce que ça pourrait être", a-t-il fait remarquer. "Cela a été très indifférent ces derniers temps. Plusieurs l'ont remarqué. Dimanche dernier, ils ont failli craquer dans 'The Half Was Never Told'."

Mme Bindle hocha la tête.

"Ils ont toujours du mal à se défoncer", a-t-il poursuivi. "J'aurais dû me faire un devoir de cultiver leurs registres aigus", ajouta-t-il avec la rétrospection mélancolique d'un homme qui, après un incendie, déclare qu'il avait eu l'intention de s'assurer le lendemain.

"Peut-être..." commença Mme Bindle, puis elle s'arrêta. Il ne semblait pas chrétien de dire que M. Coplestone devrait peut-être renoncer à son honneur nouvellement acquis.

"J'aurais aussi dû essayer de faire accorder l'orgue américain, je ne trouve pas non plus que le soufflet soit très solide."

Pendant quelques minutes, il y eut un silence. M. Hearty était préoccupé par le vif de ses ongles. Il venait de réussir à prélever du sang et il jeta un coup d'œil discret à Mme Bindle pour voir si elle l'avait remarqué.

"Euh——" il fit une pause. Il cherchait une occasion de clarifier sa réputation auprès de sa belle-sœur. Soudain, l'inspiration le saisit.

"Je—nous——" il fit une pause. "J'ai peur que Martha doive se débarrasser d'Alice."

"Et il était temps, avec des vêtements comme elle en porte", fut le commentaire sans compromis de Mme Bindle.

« Et elle le dit… elle ment vraiment », continua-t-il avec empressement ; il se sentait mal au souvenir qu'Alice avait un jour repoussé la demi-couronne qu'il lui avait offerte, et qu'il avait fallu un billet de dix shillings pour effacer de sa mémoire la pensée de son « ami » dont elle l'avait menacé.

"J'ai parlé d'elle à Martha ce soir." La ligne des lèvres de Mme Bindle était toujours sombre.

"J'ai bien peur qu'elle soit une mauvaise… pas une bonne fille", a amendé M. Hearty. "JE--"

"Vous ne vous poussez pas assez en avant", a déclaré Mme Bindle, ses pensées toujours tournées vers la victoire de M. Coplestone. "Regardez Bindle. Il connaît un seigneur et regardez ce qu'il est." Elle précipita dans ces deux derniers mots tout le venin d'années de déception. "Et vous avez trois magasins", ajouta-t-elle sans conséquence.

"Je... je n'ai jamais eu le temps de sortir", bégaya M. Hearty, comme si cela expliquait le fait qu'il ne possédait pas de seigneur parmi ses connaissances. Ses pensées étaient toujours préoccupées par l'épisode d'Alice.

"Vous devriez le faire, M. Hearty", a déclaré Mme Bindle avec conviction. "Vous le devez à vous-même et à ce que vous avez fait."

"Vous voyez, Joseph est différent", a déclaré M. Hearty, poursuivant sa propre ligne de pensée. "Il--"

"Ça parle trop", dit Mme Bindle avec décision, remplissant le vide de manière inexacte. "Je lui dis que ses amis se moquent de lui. Ils devraient le voir dans sa propre maison", a-t-elle ajouté.

Pendant quelques instants, il y eut un silence pendant lequel Mme Bindle resta assise, immobile comme une déesse assyrienne, les yeux brûlants d'un air sinistre.

"J'aurais aimé former la chorale", dit-il, revenant à la cause de sa déception.

"C'est M. Coplestone", dit Mme Bindle avec conviction. "Je ne l'ai jamais aimé, avec ses petites manières rusées. Je n'ai jamais eu affaire à lui."

"J'ai toujours fait ce que je pouvais pour la chapelle aussi", a poursuivi M. Hearty, pour ne pas se laisser détourner de son thème principal par la référence aux défauts de M. Coplestone.

"Vous en avez trop fait, M. Hearty, c'est ça le problème", s'écria-t-elle avec conviction, la loyauté envers son beau-frère triomphant de tout sens de la charité chrétienne. "C'est toujours pareil. Regardez Bindle", a-t-elle ajouté, incapable d'oublier complètement son propre croisement national. "Pense à ce que j'ai fait pour lui et regarde-le."

"L'année dernière, je leur ai laissé tous les fruits à prix coûtant pour la sortie de la chorale", a déclaré M. Hearty ; "Mais je ne le ferai plus jamais", a-t-il ajouté, l'homme en lui triomphant du martyr, "et j'ai tout choisi moi-même."

"Plus vous en faites, plus vous pouvez en faire", dit oraculairement Mme Bindle.

La référence de M. Hearty concernait une coutume qui prévalait parmi les fidèles de la chapelle d'Alton Road. Il était entendu que, lors des commandes, la préférence devait toujours être donnée aux membres du troupeau, qui, de leur côté, s'engageaient à fournir leurs marchandises respectives au prix coûtant. L'objectif était de mettre toutes les festivités « à la portée de nos frères les plus pauvres », comme l'avait exprimé M. Sopley, ancien ministre, en défendant ce principe.

Le résultat fut des heures d'interrogation pour ceux qui étaient chargés de nourrir les fidèles. M. Hearty, par exemple, a consacré beaucoup de temps et de réflexion à se débattre avec les chiffres et avec sa conscience. Il a fait valoir que le « prix de revient » doit tenir compte du loyer, des tarifs et des taxes ; salaires, connaissance des marchés les moins chers (qu'il possédait) et intérêts du capital (le sien).

Par une curieuse coïncidence, les chiffres réels dépassaient très peu le prix de détail ordinaire qu'il pratiquait dans ses magasins, ce qui lui prouvait de manière concluante qu'il n'était en aucun cas un profiteur. En fait, cela montrait qu'il était sous-facturé.

Les autres membres de la chapelle semblaient arriver pratiquement au même résultat que M. Hearty, et par des moyens similaires.

Comme les « frères les plus pauvres » n'avaient pas voix au chapitre dans la fixation de ces prix, et comme chacun était trop intéressé par ses propres chiffres pour penser à critiquer ceux des autres, les « frères les plus pauvres » payaient ou restaient à l'écart.

"Tu devrais rejoindre la chorale, Elizabeth." C'était l'offre de remerciement de M. Hearty pour sa sympathie.

"Oh, M. Hearty !" elle minaudait. "Je suis sûr que je ne chantais pas assez bien."

"Tu chantes très bien, Elizabeth. Je l'ai remarqué le dimanche soir quand tu viens. Tu as une très bonne soprano aiguë."

Un frémissement traversa Mme Bindle. Elle se redressa et ses lèvres semblèrent prendre une ligne plus douce.

"Je suis sûre que c'est très gentil de votre part de le dire," répondit-elle avec gratitude.

"Je chanterai encore dans la chorale", a déclaré M. Hearty; "mais--"

Un violent martèlement au-dessus de sa tête le fit sursauter violemment. C'était le couvre-feu de Mme Hearty.

Mme Bindle se leva et M. Hearty l'accompagna jusqu'à la porte de la rue. Alice était dans le couloir, apparemment en route pour se coucher.

"Bonne nuit, M. Hearty", dit Mme Bindle.

"Bonne nuit, Elizabeth", et M. Hearty ferma la porte derrière elle.

Elle s'arrêta pour ouvrir son parapluie, il pleuvait et Mme Bindle faisait attention à ses vêtements.

Soudain, à travers le tableau arrière ouvert, elle entendit un cri de surprise et un bruit de bagarre.

"Espèce de bête", cria une voix féminine. "Je vais le dire à mademoiselle, je le ferai."

Et Mme Bindle s'est retournée et s'est précipitée vers un policier.

CHAPITRE VI

MME. BINDLE DÉFEND SA MAISON

je

"Cloches de l'Évangile, cloches de l'Évangile, hm-hm-hm-hm-hm-hm-hm."

Mme Bindle accompagnait son hymne préféré avec la frange du fer plat alors qu'elle s'efforçait d'adoucir l'une des chemises de Bindle.

Elle travaillait invariablement sur l'air de « Gospel Bells ». De l'hymne lui-même, elle possédait deux mots : « évangile » et « cloches » ; mais l'air lui appartenait jusqu'à la demi-croche la plus insignifiante, et une quantité illimitée de « hms » faisait le reste.

Tournant la chemise au mot « évangile », elle abattit le fer en plein milieu de ce qui, à en juger par la puissance qu'elle mettait dans le coup, aurait pu être le dos de Bindle.

"Bells", a-t-elle chanté avec emphase, avant de se terminer par le "hms".

Avec Mme Bindle, chanter reflétait son humeur. Lorsque l'indignation ou la colère s'emparaient de son âme, "Gospel Bells" était interprété avec une vigueur qui pénétrait jusqu'à Mme Grimps et Mme Sawney.

Puis, à mesure que son humeur s'adoucit, la mélodie s'adoucit également, s'éteignant presque jusqu'à ce que, peut-être, une pensée errante de Bindle provoque un passage crescendo, capable d'être développé en forte, vents de cuivres et timbales.

Après un de ces passages à pleine gorge, la pensée de son beau-frère, M. Hearty, adoucit le flot de mélodie qui passait entre ses lèvres fines et légèrement entrouvertes.

Cela avait atteint une douceur presque caressante, lorsqu'un coup à la porte la fit s'arrêter brusquement. Un instant plus tard, le fer frappa le reste et elle baissa les yeux sur son tablier. Pour reprendre sa propre expression, elle était le « rose de la propreté ».

Traversant la cuisine et le long du petit passage, elle ouvrit la porte avec l'air de celle qui était prête à défendre le foyer sacré de la maison contre tout venant.

"Je suis venue pour la maison, maman." Un petit homme à l'air doux, au col sale et aux manières dédaigneuses, se tenait devant elle, suçant nerveusement une dent creuse dont ses amis avaient appris à vivre.

"La maison!" répéta agressivement Mme Bindle. "Quelle maison ?"

"Cette maison est à louer, maman." Le petit homme peinait à sortir un journal de sa poche. "J'aimerais le prendre", a-t-il ajouté.

"Oh ! tu le ferais, n'est-ce pas ?" Mme Bindle le regardait avec défaveur. "Eh bien, il ne faut pas le laisser", et sur ce, elle a claqué la porte au visage du petit homme, juste au moment où sa poche abandonnait la lutte et sortait un exemplaire sale de *The Fulham Signal* .

Il recula, le journal tombant sur le chemin carrelé qui menait du portail à la porte d'entrée.

Pendant près d'une minute, il resta à regarder la porte, comme s'il ne réalisait pas vraiment ce qui s'était passé. Puis, ramassant le journal, il le regarda avec une expression perplexe, se tourna vers un passage marqué sous le titre « Maisons à louer » et lut :

> MAISON À LOUER.—Maison de quatre pièces à louer à Fulham. Accès facile aux bus, tram et train. Loue 15/6 par semaine. Prise de possession immédiate. Postuler à l'occupant, 7 Fenton Street, Fulham, SW

Il regarda le numéro sur la porte, revint au journal, puis encore une fois au numéro. Apparemment convaincu qu'il n'y avait pas d'erreur, il frappa à nouveau, un coup faible et sans enthousiasme qui témoignait des tremblements en lui.

Il avait été classé C3 ; mais il possédait une femme qui était physiquement A1. C'est le fait de savoir qu'elle lui demanderait des explications s'il ne parvenait pas à sécuriser la maison, après quoi elle l'avait envoyé sur pied, qui lui inspira suffisamment de courage pour tenter une seconde fois d'interroger Mme Bindle.

Avec un tremblement intérieur, il attendit que la porte se rouvre. Alors qu'il se levait, espérant contre tout espoir dans son cœur lâche que la convocation n'avait pas été entendue, une grande femme aux hanches lourdes, vêtue d'un chemisier foulard noir et blanc sale, d'une jupe verte traînée et de baleines informes, se glissa à travers le porte et j'ai remonté le chemin en me dandinant.

"Alors tu es là en premier", haleta-t-elle, son visage rouge montrant qu'elle s'était dépêchée. "Eh bien, eh bien, on ne peut pas y remédier, je suppose, premier arrivé, premier servi. Je le dis toujours et je le ferai toujours."

Le petit homme s'était retourné et se tenait maintenant debout, levant les yeux vers le nouvel arrivant, qui bloquait entièrement sa ligne de retraite.

"Frappé, n'est-ce pas ?" » demanda-t-elle en attisant son visage rouge avec un journal plié.

Il acquiesca; mais son regard était dirigé par-dessus son épaule lourde vers un homme et une femme, avec une petite fille entre eux, approchant du côté opposé du chemin.

Alors que les nouveaux arrivants entraient dans le jardin, la grosse femme expliqua que « ce monsieur » avait déjà frappé.

"Peut-être qu'ils ne sont pas encore debout", suggéra l'homme à la petite fille.

"Eh bien, ils devraient l'être", dit la grosse femme avec conviction.

Une autre femme se joignait maintenant à la foule, ses manches retroussées et la casquette en tweed de l'homme sur la tête, maintenue en place par une longue épingle à chapeau à tête d'ambre, témoignant du temps limité qu'elle avait accordé à sa toilette.

"Est-ce que c'est nécessaire ?" » demanda-t-elle à la femme avec la petite fille.

"Je ne sais pas !" fut la réponse. "Elle n'a pas encore ouvert la porte."

"Elle l'a ouvert une fois", dit le petit homme.

"Qu'est-ce qu'elle a dit ?"

"J'ai dit que je ne devais pas le laisser, puis je l'ai frappé au visage", fut la réponse blessée.

"'Eh bien, laissez-moi essayer", s'écria la femme au chemisier foulard, alors qu'elle saisissait le heurtoir et commençait à réveiller les échos de Fenton Street. Corple Street à une extrémité et Bransdon Road à l'autre étaient incluses dans les ondes sonores émanant du heurtoir des Bindles.

Plusieurs voisins, dont Mme Grimps et Mme Sawney, se sont présentés à leur porte et ont contemplé le rassemblement de personnes qui bloquait désormais entièrement l'allée du numéro 7. Trois autres femmes s'étaient jointes à la foule, ainsi qu'un homme en haillons. homme aux vêtements délabrés, accompagné d'un âne et d'une charrette.

"C'est dommage que j'appelle ça, garder les gens en colère comme ça", a déclaré l'un des nouveaux arrivants.

"P'raps c'est laissé", dit l'homme en haillons.

"Eh bien, pourquoi ne le disent-ils pas ?" » lança-t-elle avec la casquette en tweed et l'épingle à chapeau.

"'Essayez encore, mademoiselle", suggéra l'homme avec la petite fille. "Je perds une demi-journée à cause de ça."

Inspirée par ce conseil, la grande femme s'avança pour saisir le heurtoir. À ce moment-là, la porte s'ouvrit brusquement et Mme Bindle apparut. Elle avait enlevé son tablier et brossé ses cheveux fins et couleur sable, qui étaient tirés en arrière de son visage pointu en forme de hache de sorte qu'aucun cheveu ne s'échappe sous l'influence restrictive du nœud derrière.

Grimaçante, les lèvres tirées vers l'intérieur et la lumière du combat dans les yeux, elle regarda d'abord le petit homme avec qui elle avait déjà parlementé, puis la femme au chemisier foulard.

À la chapelle, il n'y avait pas de « Fille du Seigneur » plus douce et docile que Mme Bindle. Pour elle, la religion était une aide et un soutien toujours prêts ; mais il y avait quelque chose dans sa vie qui était encore plus grand que sa foi, même si elle aurait été la première à le nier. Cette chose était sa maison.

En gardant le temple domestique de son foyer tel qu'elle le concevait, Mme Bindle a travaillé sans relâche. C'était son fétiche. Elle adorait à la chapelle comme un tremplin vers la gloire post-mortem ; mais sa maison était le véritable autel sur lequel elle sacrifiait.

Alors qu'elle regardait la « canaille », comme elle la caractérisait mentalement, jonchant l'allée carrelée du jardin de devant, qu'elle avait nettoyé ce matin même, la rage de David entra dans son cœur ; mais c'était une femme qui craignait Dieu et qui n'aimait pas la violence, jusqu'à ce qu'elle soit absolument nécessaire.

"Est-ce que c'est toi qui frappes ?" » demanda-t-elle à la grande femme au chemisier foulard. Sa voix était aiguë comme le fil d'un rasoir ; mais retenu.

"C'est vrai, ma chère," répondit confortablement la femme, "Je viens à la maison."

"Oh ! vous l'avez fait, n'est-ce pas ?" s'écria Mme Bindle. "Et ce sont tes amis ?" Ses yeux quittèrent un instant ceux de son antagoniste et contemplèrent la file d'attente qui débordait désormais du chemin menant à la chaussée.

"Ecoute, je te donnerai seize bob par semaine", interrompit la femme à la casquette en tweed et à l'épingle à chapeau, se transformant instantanément en Ismaël.

« Eh bien, rien de tout ça ! » cria une voix féminine en colère. "C'est juste."

Il y eut un murmure d'approbation de la part des autres, qui fut interrompu par la voix claire et incisive de Mme Bindle.

« Sortez de mon jardin et partez, vous tous », cria-t-elle en faisant un demi-pas vers la grande femme à qui elle s'adressait.

"Est-ce que c'est laissé ?" » demanda l'homme en haillons à l'arrière.

"Est-ce qu'on laisse?" » demanda Mme Bindle.

"La maison, maman", dit l'homme en haillons, dont le métier exigeait tact et politesse.

"Cette maison n'est pas à louer", rétorqua la colère, "n'a jamais été à louer, et ne sera jamais à louer jusqu'à mon départ. Maintenant, partez avec vous, ou..." elle fit une pause.

"Ou quoi ?" demanda-t-elle la casquette en tweed et l'épingle à chapeau, désireuse de se réhabiliter avec les autres.

"Je vais envoyer chercher un policier", fut la réplique de Mme Bindle. Elle restreignait toujours ses instincts naturels dans une maîtrise de soi semblable à celle d'un vice. Ses mains tremblaient légèrement ; mais pas avec peur. C'était le tremblement de la tigresse qui s'apprêtait à bondir.

"Alors, qu'en est-il de cette publicité ?" s'écria l'homme à la petite fille en lui tendant le journal.

"Oui, qu'en est-il ?" demanda la femme au chemisier foulard en tendant à son tour son papier.

" Il n'y a pas de publicité pour cette maison, " dit Mme Bindle, ignorant les journaux, " et vous feriez mieux de partir. Dommage que vous n'ayez rien de mieux à faire que de venir me déranger au milieu de mon repassage. ", et sur ce, elle a claqué la porte et a disparu.

Un murmure de colère parcourut la file d'attente, une colère qui présageait des ennuis.

"Belle façon de traiter les gens", a déclaré une petite femme au visage sale, avec un bonnet noir crasseux et un dolman de velours, auquel des parties de la garniture originale du jet adhéraient encore désespérément. "Certaines personnes ne semblent pas savoir comment se comporter."

Il y eut un autre murmure d'accord.

"Enfoncez la porte clignotante", suggéra un pacifiste.

"J'aimerais l'atteindre avec mes ongles", a déclaré une femme au visage pointu avec un bébé dans les bras. "Je sais, *c'est en* quelque sorte."

« Cela mérite de briser les vitres bégayantes, le bagage coincé ! » s'écria un autre.

"'Ullo, regarde tous ces gens."

Un homme grand et bouffi, doté d'une personne qui rendait ses bottes invisibles, a guidé la charrette à bras qu'il poussait dans le trottoir devant le numéro 7 de Fenton Street. Un garçon pâle et découragé était attelé au véhicule par un morceau délabré de corde à nombreux nœuds passé autour de sa poitrine étroite. Alors que la brouette s'arrêtait, il laissa la corde tomber au sol et, sortant du harnais, il tourna un regard apathique et peu spéculatif vers la foule.

Le grand homme, dont les vêtements consistaient en une chemise, un pantalon et des bretelles, regardait les candidats à l'autel de la vie de Mme Bindle. La foule lui rendit son regard avec intérêt. Les meubles entassés sur la brouette leur causaient une certaine inquiétude. Est-ce là l'explication de l'accueil peu amical qui leur a été réservé ?

"Maintenant, Charley, quand tu auras fini de boire un verre dans ce spectacle de beauté fleuri, tu pourras me faire un 'et."

"'Oo, tu appelles un salon de beauté ?" demanda la femme au dolman. "Tu n'as pas grand-chose à dire, avec un idiot comme le tien."

"C'est mon erreur, mademoiselle", dit imperturbablement le grand homme. "Désolé de t'avoir fait pleurer." Puis, se tournant vers Charley, il ajouta : « Si tu n'avais pas une tête si épaisse, Charley, tu saurais que c'est une file d'attente pour le sucre. Ils en portent trop pour un spectacle de beauté. , par-dessus, mon garçon." Il montra la grille d'un signe de tête, le portail était bloqué.

Avec des mouvements nonchalants d'un fataliste, Charley avançait sa personne discrète vers la grille du numéro 7, tandis que le grand homme commençait à dénouer la corde qui liait divers articles ménagers à la charrette à bras, opération qui absorbait entièrement l'énergie. attention de la file d'attente.

"Vous l'avez pris?" interrogea l'homme en haillons.

"Ne t'inquiète pas, arrogant", dit le grand homme en soulevant de la brouette une chaise à fond de canne, sur laquelle quelqu'un s'était visiblement assis, et en la plaçant sur le trottoir. "Une fois à l'intérieur du jardin et de la maison, c'est à moi. Allez, continue, Charley," réprimanda-t-il le garçon, qui se tenait près du trottoir comme s'il hésitait à entrer.

Le visage inexpressif, le garçon se tourna et grimpa sur la grille.

"Attrape le vieux", cria l'homme en mettant entre les mains involontaires de Charley une casserole délabrée.

Le garçon le jeta sur le petit parterre de fleurs au centre du jardin, où Mme Bindle s'efforçait de cultiver des géraniums à partir de boutures fournies par un confrère de la chapelle d'Alton Road. Ces bouts de géranium étaient les étoiles dans le firmament gris de sa vie. Elle les entretenait assidûment et gardait toujours une carafe d'eau juste à l'intérieur de la fenêtre du salon pour décourager les chats d'enquêter. C'était elle aussi qui avait planté la bordure de lobélie.

La file d'attente semblait hypnotisée par la personnalité écrasante du grand homme. Avec le fatalisme du désespoir, ils décidèrent que les dieux étaient contre eux et qu'il avait réellement obtenu le succès qu'il prétendait. Ils s'attardaient encore, comme si leur instinct leur disait que des moments dramatiques les attendaient.

"Je ne doute pas que je serai très à l'aise", remarqua le grand homme avec contentement. "'Eh bien, attrape-le vieux, Charley", cria-t-il en jetant au garçon une passoire, possédant plus de trous que ce dont le fabricant avait jamais rêvé.

Charley se retourna trop tard et la passoire attrapa un géranium qui, seul parmi ses congénères, avait montré une timide tendance à fleurir. Cette fleur en particulier était la brebis de Mme Bindle.

"Ce n'est pas un KO ?" s'écria le grand homme en s'arrêtant un instant pour contempler sa progéniture. "Ne t'en prends pas à son père, et c'est un fait", et il montra trois ou quatre moignons de dents brun foncé.

"P'raps, tu n'es pas son père", rigola une voix féminine au bout de la file d'attente.

Le grand homme se tourna dans la direction d'où venait la voix, regarda fixement un petit homme inoffensif, qui avait écrit "non coupable" partout sur lui, puis, se retournant délibérément, il souleva du chariot un petit panier à linge en osier. .

"'Eh bien, attrape-le, Charley", cria-t-il, et sans attendre de s'assurer de la volonté ou de la capacité de Charley de le faire, il le lança par-dessus la balustrade.

Charley se tourna juste à temps pour voir le panier arriver. Il s'efforça de l'éviter, trébucha sur la passoire et s'assit au centre du parterre de géraniums, emportant avec lui l'émeute et la désolation.

"N'es-tu pas un———" mais Charley ne devait jamais savoir comment il apparaissait à son père à ce moment-là.

Remarquant que plusieurs têtes étaient tournées vers la porte d'entrée, les yeux du grand bonhomme avaient instinctivement suivi leur direction. C'est ce qu'il avait vu là-bas qui l'avait amené à s'arrêter dans la description de sa progéniture.

Très immobile, le visage pâle comme la mort, sans aucun signe de ses lèvres au-delà d'une fine ligne grise, se tenait Mme Bindle, les yeux fixés sur le lit de géranium et la désolation qui y régnait. Sa respiration était saccadée.

Avec une activité dont ses mouvements précédents n'avaient donné aucune indication, Charley escalada la grille jusqu'à la sécurité relative de la rue.

Mme Bindle tourna son regard vers le grand homme.

"'Eh bien, viens, laisse-moi entrer", cria-t-il en se frayant un chemin à travers la foule, qui ne montrait aucune inclination à la résistance. Le petit homme qui était arrivé le premier était déjà dehors, discutant avec la femme à la casquette en tweed et à l'épingle à chapeau, tandis que celle au chemisier foulard s'avançait vers le portail. Aucun ne montra le moindre désir de protester contre les prétentions du grand homme sur la maison par droit de conquête — et il passa à son Waterloo.

"J'ai pris cette maison", cria-t-il en s'approchant de la silhouette sombre sur le pas de la porte. "Quinze et un coup de pied par semaine, et pas cher à moitié prix", ajouta-t-il jovialement.

"'Eh bien, continue, Charley," cria-t-il par-dessus son épaule.

Charley, cependant, regardait son parent avec un intérêt plus grand qu'il n'en avait manifesté jusqu'à présent. Il semblait instinctivement saisir les possibilités dramatiques de la situation.

"Je pensais que j'apporterais les bâtons avec moi, mademoiselle", dit l'homme avec plaisir. "Il n'y a rien de mieux que d'en être sûr ces jours-ci." Il s'arrêta brusquement. Sans un mot, Mme Bindle s'était retournée et avait disparu dans la maison.

"Autant payer une caution", remarqua-t-il en fourrant une main sale dans la poche de son pantalon. Il jeta un coup d'œil par-dessus son épaule et fit un clin d'œil plaisant à la femme au chemisier foulard.

La prochaine chose qu'il savait, c'était que Drama avec un « D » majuscule avait pris part au jeu. La foule retint son souffle avec presque un sanglot d'attente surprise.

Dans les yeux vides de Charley apparut un regard intéressé, et dans la bouche du grand homme, juste au moment où il tournait la tête, apparut quelque chose qui était humide et avait un goût odieux d'acide carbonique.

Il recula en chancelant, les yeux exorbités, tandis que Mme Bindle, armée d'une grande serpillère qu'elle avait pris la précaution de mouiller, se tenait sur lui comme une furie vengeresse. Ses yeux brillaient et ses narines étaient distendues comme celles d'un pur-sang effrayé.

Avant que le grand homme n'ait eu le temps de bredouiller ses protestations, elle avait fait pivoter la serpillère et abaissé le manche avec un claquement sur sa tête nue et chauve. Puis, se tournant une fois de plus vers le côté professionnel de la vadrouille, elle recula d'un pas et chargea.

La vadrouille a attrapé le gros homme juste sous le menton. Pendant un instant, il resta debout sur une jambe, les bras tendus, comme la figure de Mercure sur la fontaine de Piccadilly Circus.

Mme Bindle donna un autre coup de balai, et il tomba avec un bruit sourd, sa tête heurtant avec un bruit sec les dalles du chemin.

La foule murmurait sa joie. Charley dansait d'un pied sur l'autre, l'expression de son visage prouvant de manière concluante que le regard vide avec lequel il était arrivé n'était qu'un masque assumé à des fins défensives.

"Se lever!"

Dans ces deux mots, Mme Bindle a précipité une quantité d'émotion qui a ravi la foule. Le grand homme, cependant, gisait à plat ventre, les yeux fixés avec peur sur le bout de la serpillière.

"Se lever!" répéta Mme Bindle. "Je vais t'apprendre à venir déranger une maison respectable. Regarde mon jardin."

Comme il ne tentait toujours pas de bouger, elle se retourna brusquement et fit demi-tour le long du couloir pour réapparaître un instant plus tard avec un seau d'eau avec lequel elle lavait l'arrière-cuisine. Sans un instant d'hésitation, elle vida le contenu sur le gisant du grand homme. Le torchon lui tombait sur les yeux, comme un pansement, et la pierre du foyer l'atteignait en plein nez.

"Oo-euh!"

Ce seul acte de Mme Bindle avait sauvé de l'anéantissement total la foi d'un enfant. Pour la première fois de son existence, Charley réalisa qu'il existait un Dieu du châtiment.

Des murmures d'approbation s'élevèrent de la foule.

"Donnez-le-lui, mademoiselle, c'est fait", a crié l'un d'eux. "Ce n'est pas la faute du gamin, cligne des yeux."

"Sale profiteur", s'écria la femme maigre. "Regardez, c'est stupide", a-t-elle ajouté comme pour appuyer ses propos.

"Se lever!" Une fois de plus, les paroles dures et infléchies de Mme Bindle sonnaient comme les accents du destin.

Elle accompagna son exhortation d'un coup du bout de son arme dirigé vers le centre de cette partie de l'anatomie du grand homme qui avait été avancée comme preuve de ses penchants profiteurs.

Il se releva de quelques centimètres ; mais Mme Bindle, avec toute l'inconséquence d'une femme, lui lança une fois de plus le balai au visage, et sa tête tomba de nouveau avec un craquement.

« Charley ! » il rugit ; mais il n'y avait rien du Paladin chez Charley. Entre lui et son père, à ce moment-là, il y avait onze années de tyrannie brutale, et Charley restait du côté de la sécurité, de la grille.

"Lève-toi ! Espèce de grande et imposante brute", s'écria Mme Bindle, renversant la serpillère et se lançant dans un coup au plexus solaire qui aurait fait sa renommée dans le piquage de porc.

"Grrrumph !" L'exclamation du gros homme était involontaire.

"Lève-toi, je te le dis", réitéra-t-elle. "Espèce de gros et laid fils de Satan, toi Belzébuth, toi lépreux, toi Judas, toi———" elle s'arrêta un moment dans sa recherche des indésirables des Saintes Écritures. Puis, inspirée, elle ajouta : « Barabbas ».

L'homme fit un nouvel effort pour se relever ; mais Mme Bindle lui abattit le bout du balai sur la tête avec un craquement qui ressemblait à un coup de pistolet.

L'expression du visage de Charley changea. La mâchoire inférieure se souleva. La bouche lâche et vide s'étendit. Charley souriait.

Pendant un moment, l'homme resta immobile. Mme Bindle se tenait au-dessus de lui avec la serpillière, un Saint-Georges tendu et justement indigné contre un dragon particulièrement maléfique.

Soudain, il a donné la langue.

"'Elp!" il cria. "Je suis en train d'être assassiné. 'Elp! Charley, où es-tu?" Mais le sourire de Charley s'était élargi et il se frottait les mains avec plaisir.

Mme Bindle a passé le balai sur la bouche de l'homme. "Arrêtez ça, fils blasphémateur de Bélial", cria-t-elle.

Le grand homme rugit encore plus fort ; mais il ne fit aucun effort pour se relever.

"'Ere arrive un flatty", cria une voix.

"Slop's a-comin'", répéta un autre, et une minute plus tard, une incarnation parfaitement rasée de la dignité et de la maîtrise de soi de la jeunesse, portant un casque et un uniforme bleu, s'approcha et commença à se frayer un chemin à travers la foule vers la maison des Bindles. grille.

De la position dans laquelle il se trouvait, le grand homme, incapable de voir que de l'aide était à portée de main, continuait à crier pour appeler à l'aide.

A l'approche de ce symbole de la loi, Mme Bindle recula et ramena sa serpillère en position debout.

Le policier les regarda tour à tour, puis fouilla quelque part dans les pans de sa tunique, d'où il sortit un carnet. Il s'agissait évidemment d'un cas nécessitant une expression littéraire.

Le grand homme, voyant Mme Bindle reculer, tourna la tête et aperçut le policier. Très prudemment, il se remit en position assise.

"Elle m'a assassiné", dit-il, un œil fixé avec méfiance sur la serpillère. "'Eh bien, Charley!" cria-t-il en regardant par-dessus son épaule gauche.

Charley s'approcha à contrecœur, regrettant que la loi et l'ordre aient triomphé de la révolution rouge.

"N'a-t-elle pas essayé de me tuer ?" » demanda le grand homme à sa progéniture.

"Je l'ai bluffé sur la tête avec la poignée", a corroboré le garçon d'une voix sans ton.

« Elle m'a versé de l'eau et ça m'a aussi frappé dans le tronc, n'est-ce pas, Charley ? » Une fois de plus, le grand homme se tourna vers son fils pour obtenir une confirmation.

"Je suis aussi un homme rare !" » acquiesça Charley, avec une émotion dans sa voix qui poussa son père à le regarder attentivement. "Je lui ai aussi frappé la mâchoire", a-t-il ajouté, comme s'il prenait plaisir à s'attarder sur les souffrances de son parent.

"Voulez-vous l'inculper ?" » demanda le policier d'une voix officielle.

"'Chargez-moi!'", interrompit Mme Bindle. "'Chargez-moi!" J'aimerais le voir le faire. Voir ce qu'il a fait à mes géraniums, en apportant ses sales bâtons dans mon jardin. "Chargez-moi !", répéta-t-elle. "Laisse-le essayer !" et elle a amené la serpillière dans une position d'où elle pouvait être lancée sur la tête du grand homme.

Instinctivement, il retomba sur le chemin, et le policier interposa son corps entre l'arme et le vaincu.

"Il y a beaucoup de témoins ici pour prouver ce qu'il a fait", cria Mme Bindle d'une voix stridente.

Une fois de plus, le grand homme se remit en position assise ; mais Mme Bindle n'avait aucune intention de lui permettre de contrôler la situation. Pour elle, un policier signifiait justice, et à ce garçon sûr de lui, en uniforme d'autorité illimitée, elle ouvrait son cœur et, en même temps, les coupes de sa colère.

"'J'étais alors en train de repasser dans ma cuisine quand cette canaille," désigna-t-elle la foule avec le manche de la serpillère, "s'abattit sur moi comme une invasion de sauterelles." Pour Mme Bindle, l'allusion scripturaire était une nécessité.

"Ils ont dit qu'ils voulaient prendre ma maison. Ils ont dit que je leur avais dit que c'était pour louer, la racaille parjure de Judas. Puis *il* est arrivé" - elle montra sa victime qui tâtait avec précaution la bosse que la vadrouille de Mme Bindle avait soulevé… « et jeté tout ce bois sale dans mon jardin, et… et… » Ici sa voix se brisa, car pour Mme Bindle ces bouts de géranium étaient très chers.

"Tu ferais mieux de te lever."

Aux paroles du policier, le grand homme se leva lourdement. Pendant un moment, il resta immobile, comme pour s'assurer qu'aucun os n'était cassé. Puis sa main se porta sur son foulard et il en sortit un morceau de pierre de foyer qui s'était apparemment détaché de la dalle mère.

"On m'a jeté des briques", s'est-il plaint en tendant le morceau de pierre au policier.

« Ananias ! » » fut la réplique sans compromis de Mme Bindle.

"Voulez-vous l'inculper ?" demanda brusquement le policier.

"Ça me sert très bien, n'est-ce pas", s'écria la femme à la casquette en tweed et à l'épingle à chapeau, se frayant un chemin devant un grand homme qui lui obstruait la vue.

"Je devrais être rodé moi-même", a convenu une femme pâle avec un châle sur la tête.

"Regarde, qu'est-ce qu'il a fait pour faire du jardinage", marmonna l'homme en haillons en désignant le parterre de fleurs de l'air de quelqu'un qui vient de faire une découverte importante.

"C'est comme ça que je fais des grèves", commenta la femme dans le dolman. "Un profiteur clignotant."

"Elle a du courage, de toute façon", a déclaré un mécanicien téléphonique, qui avait rejoint la foule juste avant que le père de Charley ne se soit plié sous le vent du mécontentement de Mme Bindle. "Je l'ai éliminé au premier tour. George Carpenter régulier", a-t-il ajouté.

" Sortez ces choses de mon jardin. Si vous ne le faites pas, je vous en confierai la responsabilité. "

Le grand homme cligna des yeux, une expression perplexe se dessinant dans ses yeux. Il regarda le policier sans comprendre. C'était un aspect de l'affaire qui ne l'avait pas frappé jusqu'alors.

« Est-ce que ce sont vos affaires ? » » demanda le policier, déterminé à démêler la situation avant de se servir du crayon dont il suçait méditativement la pointe.

Le père de Charley hocha la tête. Il réfléchissait encore à la remarque de Mme Bindle. Cela semblait ouvrir des possibilités déconcertantes.

"Maintenant, qu'est-ce que tu vas faire ?" » demanda sévèrement le policier. "Voulez-vous facturer?"

"Je le ferai", a déclaré Mme Bindle, "à moins qu'il n'enlève ses meubles et ne paie pour les dommages causés à mes fleurs. Je l'accuserai, la grande brute boudeuse, d'attaquer une femme sans défense parce qu'il sait ' euh, le mari est sorti."

"C'est vrai, mademoiselle, vous l'avez dit", cria l'homme en haillons. "'Je n'aurais pas dû faire ça à ton jardin."

"En essayant de nous branler, nous avions pris la maison", s'écria la femme à la casquette en tweed et à l'épingle à chapeau. "Je vois à travers lui dès le début, c'est vrai. Il n'y a pas beaucoup d'hommes qui peuvent me jeter de la poussière dans les yeux", a-t-elle ajouté, regardant avidement autour d'elle pour un regard dissident.

"'Ullo, 'ullo!" » cria une voix aux abords de la foule. "Quelqu'un donne quelque chose, ou est-ce un incendie ? 'Eh bien, laissez-moi passer, je suis la crique qui paie le loyer", et Bindle se fraya un chemin génial à travers la foule.

Ils s'écartèrent sans protester. L'arrivée du nouveau venu suggérait d'autres développements dramatiques, voire même un combat.

"'Salut, Tichborne !" s'écria Bindle en apercevant le grand homme. « Vous avez fait du scrapping ? »

Les trois protagonistes du drame se tournèrent, comme avec soulagement, vers cette nouvelle phase de la situation.

"'Oo, c'est 'e ?" » demanda Bindle au policier, en désignant le grand homme d'un coup de pouce.

"Il a essayé de m'assassiner, et si tu étais un homme, Joe Bindle, tu le tuerais."

Bindle a soumis le grand homme à un examen minutieux. "Il me semble", remarqua-t-il sèchement, "comme si quelqu'un était entré avant moi. Que s'est-il passé ?" Il leva un regard interrogateur vers le policier.

"'Oly 'Orace", s'écria-t-il soudain, en apercevant la collection de meubles divers qui entourent le lit de géranium. « Que fait ce petit prêteur sur gages dans notre jardin ? »

Avec l'aide de l'homme en haillons et de la femme à la casquette en tweed et à l'épingle à chapeau, toute la situation fut expliquée et exposée à Bindle et au policier.

Après avoir tout entendu, Bindle se tourna vers le grand homme, qui attendait les événements, boudeur.

"Maintenant, regarde ici, Cully," dit-il. "Vous n'auriez pas dû commencer à faire ce genre de choses avec une silhouette comme la vôtre. Quand Mme B. devient vieille avec un balai ou une vadrouille, la chose la plus sûre à faire est de dessiner dans votre plexus solaire un " Courez. Ça fait moins mal. Maintenant, en parlant comme un chrétien à un païen épanoui, ce qui s'est plutôt bien passé, à en juger par la taille du tablier, vous feriez mieux d'envoyer chercher le cocher, tenez-vous bien. qu'il y a le vôtre, emportez-les avec des morceaux de bâtons et laissez le passé derrière vous, n'est-ce pas un bon conseil ? » Il s'est tourné vers le policier pour obtenir une corroboration.

Il y avait un éclair de sourire aux coins de la bouche du policier, qui semblait avoir été un langage de bébé il n'y a pas si longtemps. Il regarda le grand homme. Ce n'était pas à lui de conseiller.

"'Eh bien, Charley, je t'en veux", s'écria le grand homme en se dirigeant vers la porte. Il avait décidé que les dés étaient contre lui. "Amène-les sur la barrière clignotante, espèce de jeune chiot bégayant. Wot the purple———"

"Tiens, ça suffit", dit une voix calme et déterminée, et les lignes douces du visage du policier se durcirent.

"Pourquoi voulait-elle dire que c'était pour louer ?" » grommela-t-il en se dirigeant vers la charrette à bras.

"' Avant que je vienne avec toutes ces choses pour prendre la maison clignotante, alors il y a toute cette agitation. Vas-tu aller dans ce jardin clignotant et aller chercher ces choses qui bégayent, ou dois-je les jeter tu es fini ?"

La dernière remarque s'adressait à Charley, qui, d'un œil méfiant sur ses parents, surveillait les événements, espérant contre tout espoir que le policier manifesterait des signes d'agressivité et poursuivrait le bon travail que Mme Bindle avait commencé.

Charley jeta un regard interrogateur au policier. Ne voyant dans ses yeux aucun encouragement à la mutinerie, il se dirigea vers la porte, un œil vigilant toujours sur son père. Un instant plus tard, il s'occupait de remettre les meubles par-dessus la grille.

Après que l'homme eut déposé la passoire, un bain en étain et deux casseroles dans la brouette, il parut soudain frappé par une idée.

Il sortit un journal sale de la poche de son pantalon. En y jetant un coup d'œil, il se dirigea vers l'endroit où le policier était en train de se déplacer sur la foule.

« Lisez ça », dit-il en mettant le papier sous le nez de l'officier et en lui désignant un passage avec un index sale. « Cela ne veut-il pas dire que la maison qui clignote est à louer ? Vous devriez y courir pour de faux... » Il fit une pause. "Pour faux..." répéta-t-il.

D'un mouvement de la main, le policier écarta le journal.

« Avancez par là, s'il vous plaît. Ne bloquez pas le sentier », dit-il.

Enfin, la brouette fut chargée.

Le policier se tenait là, avec l'air d'un homme dont le devoir est de mener à bien l'affaire.

La foule flânait toujours. Ils espéraient encore une rupture de la paix.

Le grand homme hésitait à partir sans un dernier effort de réhabilitation. Une fois de plus, il sortit le papier de sa poche et s'approcha du policier.

"Pourquoi a-t-elle mis ça dedans ?" » demanda-t-il en montrant l'annonce.

Ignorant la remarque, le policier sortit une nouvelle fois son carnet de sa poche.

"Je voudrais votre nom et votre adresse", dit-il d'un air officiel.

"Pourquoi le veux-tu ?"

"Maintenant, venez", dit le policier, et le grand homme donna son nom et son adresse.

"Pourquoi fait-elle ça?" répéta-t-il, et que va-t-il lui arriver de m'avoir frappé dans le pétrin ?

"Vous feriez mieux de vous entendre", dit le policier.

Avec un grognement dans la gorge, le grand homme se plaça entre les brancards de la brouette et, après avoir poussé Charley à l'action, s'éloigna.

« C'est un rare gâchis dans le jardin, n'est-ce pas ? » fit remarquer l'homme en haillons à la femme à la casquette de tweed et à l'épingle à chapeau.

"Un profiteur clignotant !" était son commentaire.

"Tout est de ta faute. Regarde ce qu'ils ont fait." Mme Bindle inspecta la désolation qui, ce matin-là, n'était qu'un jardin.

Le lit était foulé aux pieds, les géraniums brisés et la bordure des lobélies présentait de grandes lacunes dans son bleu et son vert.

"C'est toujours la même chose avec tout ce que j'ai", a-t-elle poursuivi. "Tu le gâches toujours."

"Mais ce n'était pas moi", protesta Bindle. "C'était cette grande crique avec le tablier."

"Qui a mis cette publicité ?" » demanda sombrement Mme Bindle. "C'est ce que *j'aimerais* savoir."

"Quelqu'un n'a pas mis le mauvais numéro", suggéra Bindle.

"Je me tromperais de numéro si je les attrapais."

Soudain, elle s'est retournée et s'est précipitée à l'intérieur de la maison.

Bindle regarda la porte ouverte avec surprise. Un instant plus tard, ses oreilles rapides captèrent le son des sanglots hystériques de Mme Bindle.

"Maintenant, cette plaisanterie ne ressemble-t-elle pas à une femme?" » était son commentaire. "Elle l'a endormi au premier tour, et elle n'est toujours pas contente. C'est drôle, les femmes", a-t-il ajouté.

Ce soir-là, alors que Mme Bindle fermait la porte d'entrée derrière elle pour se rendre au service de tempérance du mercredi, elle tourna son visage vers le jardin ; c'était dans son esprit toute la journée.

Elle cligna des yeux, incrédule. La lobélie semblait plus bleue que jamais, et à l'intérieur de la bordure circulaire se trouvait une véritable explosion de géraniums en fleurs.

"C'est encore ce Bindle," marmonna-t-elle avec les lèvres retroussées alors qu'elle se tournait vers la porte. " Dommage qu'il n'ait pas autre chose à faire avec son argent. " Néanmoins elle déposa sur la table du souper une tarte aux pommes préparée pour le dîner du lendemain, à laquelle elle ajouta une tasse de café, que Bindle aimait particulièrement.

CHAPITRE VII

MME. BINDLE EXIGE DES VACANCES

je

"Je vois qu'ils commencent des camps d'été." Mme Bindle leva les yeux après avoir lu le journal de la veille. Elle était invariablement en retard de douze heures sur les nouvelles du monde.

Bindle poursuivit son petit-déjeuner. Il était trop absorbé par la méthode de Mme Bindle consistant à servir de l'aiglefin séché avec des bulles et des grincements pour manifester beaucoup d'intérêt pour les choses extraterrestres.

"C'est vrai," continua-t-elle après une pause, "ne réponds pas. Tes oreilles sont dans ton ventre. Tu es un compagnon agréable. Aussi bien être sur une île déserte avec toute la compagnie que tu es."

"Si vous n'étiez pas une très bonne cuisinière, Mme B., je trouverais peut-être le temps de vous dire de jolies choses." Ce n'était qu'en ce qui concerne sa propre cuisine que les erreurs de conversation de Bindle se passaient sans reproche.

"Il doit y avoir des camps pour hommes, des camps pour femmes et des camps familiaux", a poursuivi Mme Bindle sans lever les yeux du journal devant elle.

"Personnellement, je dis de me mettre parmi les filles." La remarque parvint à Mme Bindle grâce à une bouchée d'aiglefin, de bulles et de grincements, ainsi qu'une arête de poisson.

"Vous ne méritez pas d'avoir une maison décente, à la façon dont vous parlez."

Il y avait des moments où aucune réponse, aussi douce soit-elle, n'était capable de détourner la colère de Mme Bindle. Le dimanche matin en particulier, le fardeau des transgressions de Bindle lui pesait lourdement.

Bindle suçait avec contentement une dent creuse. Il se sentait généreusement enclin à l'égard de toute l'humanité. Haddock, ses bulles et son grincement et sa propre philosophie lui ont permis de résister à l'impact de l'offensive la plus vigoureuse de Mme Bindle.

"Cela fait des années que je n'ai pas eu de vacances", a-t-elle continué en se plaignant.

"C'est vrai, Mme B.", acquiesça Bindle, sortant sa pipe de la poche de son manteau et commençant à la charger dans une petite boîte en fer blanc oblongue. "Nous ne sommes pas exactement ce que vous appelleriez un 'couple pour une lune de miel', toi et moi."

"La guerre est finie."

"C'est vrai", acquiesça-t-il.

"Alors pourquoi ne pouvons-nous pas prendre des vacances ?" » demanda-t-elle en levant agressivement les yeux de son journal.

"Maintenant, je vous le demande, Mme B.," dit-il en remettant la boîte en fer blanc dans sa poche, "pouvez-vous vous voir, vous et moi, dans une tente cloche, ou pagayer, ou jouer au ring-a- ça sonne des roses ?" et il alluma sa pipe avec l'air bienheureux d'un homme qui sait que c'est dimanche et que L'Autruche Jaune ouvrira ses portes hospitalières dans quelques heures.

"Cela dit qu'ils sont très à l'aise", a poursuivi Mme Bindle, les yeux toujours rivés sur le papier.

"Qu'est-ce que c'est ?"

"Les tentes."

"Tu devrais demander à Ging ce qu'est une tente cloche, ça te surprendrait en quelque sorte. C'est pire qu'une femme, plus froid que la religion, plus froid qu'un ruban bleu. Quand ce n'est pas ça, ça te cuit, quand il fait froid, il te laisse geler, et quand il souffle et bricole, il 'oof, et' te laisse sans réfléchir, rougissant comme un vicaire 'avin' 'est son premier plongeon avec les jeunes femmes dans le chœur. Voilà ce qu'est une tente cloche, Mme B. Dans l'armée, on les appelle « ell-tentes ».

"Oh ! ne me parle pas", dit-elle sèchement en se levant et en se mettant à ranger les affaires du petit-déjeuner, au cours duquel elle exprima l'état de ses sentiments par la vigueur avec laquelle elle frappait tous les ustensiles qu'elle manipulait. Ce faisant, Bindle entreprit d'expliquer et d'exposer les principales caractéristiques de la tente cloche de l'armée.

"Quand tu veux qu'il se lève," continua-t-il, "il descend, tu es en dessous. Quand tu veux qu'il descende, rien sur terre ne le fera bouger, jusqu'à ce que tu entres à l'intérieur pour jeter un coup d'oeil autour d'un " Voyez quel est le problème, alors ça vous tombe dessus. C'est un jeu, c'est ça, " ajouta-t-il avec conviction, " un jeu que personne ne va gagner à part la tente. "

"Continuez à parler, vous ne me faites pas de mal", dit Mme Bindle, avec la lèvre inférieure tirée vers l'intérieur, alors qu'elle faisait tomber la théière sur la commode avec un grand bruit.

"J'ai entendu Ging parler de jumeaux, de guerre, de femmes et de pénurie de bière ; mais pour l'entendre, c'est mieux, il faut le faire parler de tentes cloches."

"Tout le monde a des vacances sauf moi." Mme Bindle ne devait pas être détournée de son sujet. " Me voici, je travaille mes doigts jusqu'aux os, je tire et je pince pour te garder à l'aise, et je ne peux pas passer des vacances. C'est dommage, c'est ce que c'est, et tout est de ta faute. " Elle s'arrêta alors qu'elle était en train d'essuyer l'intérieur de la poêle à frire et se tint devant Bindle comme une furie accusatrice. La colère entachait toujours la pureté de sa diction.

"Eh bien, pourquoi ne pas passer des vacances si vous y mettez toute votre attention ? Je n'ai rien à redire." Il continuait à tirer avec contentement sa pipe, se demandant ce qu'était devenu le livreur de journaux. Bindle était devenu trop habitué aux qualités sinistres de la vie domestique pour se permettre de les perturber.

"'Comment puis-je y aller seul ?"

"Tu serais suffisamment en sécurité."

"Espèce de bête !" Bindle a été surpris par le caractère vindicatif avec lequel les mots ont été prononcés.

Pendant quelques minutes, il y eut un silence, ponctué par le vigoureux dégagement de Mme Bindle. Bientôt, elle se dirigea vers l'évier et ouvrit le robinet.

"C'est une bonne chose pour une femme mariée de partir seule", lança-t-elle à Bindle par-dessus son épaule, au milieu du ruissellement de l'eau.

"Eh bien, prenez 'Earty", suggéra-t-il, avec l'air d'un homme soucieux de trouver une issue à une difficulté.

"Vous êtes une bête à l'esprit sale", fut la réplique.

"Et ce dimanche aussi. Oh, vilain !"

"Tu ne m'emmènes jamais nulle part." Mme Bindle ne devait pas être niée.

"Une fois, je t'ai emmené à l'église", dit-il avec réminiscence.

"Pourquoi ne me fais-tu pas sortir maintenant ?" » demanda-t-elle, ignorant sa remarque.

"Eh bien," remarqua-t-il en enfonçant le fourneau de sa pipe avec une allumette, "quand vous prenez un bus, vous ne courez pas après, n'est-ce pas ?"

"Pourquoi ne prends-tu pas une semaine de congé et ne m'emmènes-tu pas ?"

"Eh bien, je vais y réfléchir." Bindle se leva et, ramassant son chapeau, quitta la pièce dans le but de chercher le livreur de journaux disparu.

La solitude de sa vie était l'un des principaux griefs de Mme Bindle. Si on lui avait rappelé le proverbe chinois selon lequel pour avoir des amis, il faut mériter des amis, elle aurait été méprisante. Les amis, semblait-elle penser, étaient une question de chance, comme une oie dans une tombola ou un oncle riche.

"C'est assez peu de plaisir que j'éprouve", criait-elle dans des moments de protestation passionnée.

À cela, Bindle répondait parfois que "c'est vouloir quelque chose qui vous fait l'obtenir". Parfois, il développait sa théorie sur l'impossibilité de « conserver quelque chose pour le dîner et de le conserver pour le petit-déjeuner ».

Par là, il voulait faire comprendre à Mme Bindle qu'elle était trop attachée aux joies post-mortem pour profiter pleinement de celles de ce monde.

Mme Bindle possédait l'âme d'une martyre potentielle. Si elle se rendait compte qu'elle s'amusait, elle deviendrait convaincue que, quelque part, associé à cela, devait être Sin avec un « S » majuscule, à moins bien sûr que la jouissance ne soit directement liée à la chapelle.

Elle était pleinement convaincue que ce n'était pas bien d'être heureuse. Le rire lui inspirait de la méfiance, comme le rire naissait des pensées charnelles exprimées charnellement. Elle combattit avec un courage implacable le vieil Adam qui était en elle, toujours animée par la pensée que sa récompense viendrait dans un monde autre et meilleur.

Sa théologie était que vous devez abandonner dans ce monde tout ce que votre « nature charnelle » réclame, et que votre récompense dans l'autre monde sera une sorte de jamboree perpétuel, où vous verrez les damnés être bouillis dans l'huile, ou mordus. avec des pinces chauffées au rouge par des petits diables aux queues frisées. En cela, elle n'avait pas grand-chose à apprendre ni de Dante ni de l'Inquisition espagnole.

Elle acceptait les descriptions bibliques du ciel dans toute leur littéralité. Elle attendait des rues dorées et des portes serties de joyaux, des ailes d'une blancheur ineffable et des harpes d'une douceur inspirée, le tout composé par un orchestre capable de jouer sans interruption ni intervalle.

Elle insistait sur le fait que le monde était méchant, tout comme elle insistait sur le fait qu'il était misérable. Elle lutta durement pour apporter la lumière du salut à Bindle, et elle gémit en esprit devant son bonheur évident, sachant qu'être heureux, c'était être damné.

Pour elle, une âme était ce qu'un scalp est pour l'Indien d'Amérique. Elle s'efforçait de les rassembler, sachant que le croyant qui irait au salut avec le plus grand nombre d'âmes sauvées à sa ceinture serait trois fois le bienvenu et trois fois béni.

Dans le cas de Bindle, cependant, elle a dû se rabattre sur le blé tombé sur un sol pierreux. Avec une gaieté qu'il ne faisait aucun effort pour dissimuler, Bindle refusa d'être sauvé.

"Regarde ici, Lizzie", disait-il joyeusement. "Deux 'arpes, c'est bien assez pour une famille et, comme toi et 'Earty en êtes sûrs, laissez-moi tranquille."

L'une des principales plaintes de Mme Bindle contre Bindle était qu'il ne l'avait jamais fait sortir.

"Une fois, tu pourrais m'éliminer assez vite", se plaignait-elle.

"Mais où dois-je t'emmener ?" s'écria Bindle. "Tu n'aimes pas les photos, tu n'iras pas dans les rues, et je ne supporte pas ta petite chapelle puante, en écoutant une crique qui te dit à quel point tu vas être mal à l'aise. quand tu es de la viande froide."

"Tu pourrais m'emmener faire un tour, n'est-ce pas ?" » demanda Mme Bindle.

"Quand je vous emmène faire le tour des maisons, vous me harcelez parce que j'encourage mes copains, et si nous passons devant un pub, vous faites de petites remarques agréables sur les gin-palaces. Dites-vous de quoi il s'agit, Mme B., " Il a fait remarquer à une occasion : " Vous n'êtes pas de bonne compagnie, du moins pas dans ce monde ", a-t-il ajouté.

"C'est vrai, continuez", concluait Mme Bindle. "Pourquoi m'as-tu épousé?"

"Voilà, Mme B.", répondait-il, "vous m'avez battu."

À partir du moment où Mme Bindle a entendu parler des camps d'été pour travailleurs fatigués organisés par l'évêque de Fulham, elle est devenue obsédée par l'idée de passer des vacances dans un camp d'été. Elle a été l'une des premières à postuler pour obtenir la littérature annoncée comme étant distribuée gratuitement.

Le journal du soir que Bindle rapportait à la maison présentait pour elle un nouvel intérêt.

"Quelque chose à propos des camps d'été ?" » demandait-elle, interrompant Bindle dans son étude de l'actualité du cricket et des courses, jusqu'à ce qu'il finisse par détester le nom même des camps d'été et tout ce qu'il impliquait.

"C'est la pire des religions", grommela-t-il un soir au Yellow Ostrich ; "Ça arrive dans ta vie, et alors il n'y a plus de paix."

"Je ne suis pas une vieille religion", grogna Ginger.

« Je n'ai rien à dire contre la religion *en tant que* religion », avait fait remarquer Bindle ; "mais je interdit les camps d'été."

Mme Bindle, cependant, faisait ses valises. Avec tous les soins d'une ménagère expérimentée, elle se consacra d'abord aux ustensiles de cuisine nécessaires. Elle faisait et déballait ses bagages une demi-douzaine de fois par jour, rangeant toujours un article dont, quelques minutes plus tard, elle constatait qu'elle avait besoin.

Sa conversation, aux heures des repas, était exclusivement consacrée à ce qu'ils devaient emporter avec eux. Elle a posé d'innombrables questions, auxquelles Bindle n'a pu répondre de manière satisfaisante à aucune. Pour lui, la vie bucolique était un livre fermé ; mais il se rendit vite compte que des vacances au camp d'été du Surrey étaient inévitables.

"Que dois-je faire dans un camp d'été ?" marmonna-t-il un soir après le souper. "Je peux conduire un cheval, si quelqu'un le mène, et je sais que c'est un cheval qui pond les œufs et le coq qui fait une bagarre le matin, comme ces vieilles erreurs. nous avions l'habitude de le faire, mais à part ça, j'ai fini.

"C'est vrai", interrompit Mme Bindle, "essayez de gâcher mon plaisir, c'est assez peu que j'obtiens."

"Mais qu'allons-nous faire à la campagne ?" » insista Bindle, le front ridé. "Je n'aime pas jardiner, et..."

" Dommage que ce ne soit pas le cas, " dit-elle sèchement.

"Oui, c'est dommage", acquiesça-t-il ; " Pourtant, ça m'a évité bien des maux de dos. Mais qu'allons-nous faire dans un camp d'été, c'est ce que je veux savoir. "

« Vous aurez de l'air frais et... et vous pourrez admirer les couchers de soleil. »

"Mais le soleil ne va pas se coucher de la journée", a-t-il insisté. "En plus, je peux voir le coucher de soleil depuis Putney Bridge, et de sacrément bons couchers de soleil aussi, pour eux comme ils les aiment. Il n'est pas nécessaire d'aller dans un camp d'été pour voir un coucher de soleil."

"Tu peux continuer, tu ne me fais pas de mal." Mme Bindle retroussa les lèvres et s'assit, regardant droit devant elle, une sombre silhouette de patience chrétienne.

"Je ne peux pas traire une vache", a poursuivi Bindle, inconsolable, en passant en revue ses limites. "Je ne peux pas attraper de poulets, moi avec diverses veines dans les jambes, je mange l'odeur des porcs et je ne suis pas doué pour désherber les jardins. Maintenant, je vous le demande, Mme B., à quoi ça sert?" Je suis dans un camp d'été ? Je ne serai qu'une sorte de mouche dans le dégoulinant.

"Tu peux t'amuser, je suppose, n'est-ce pas ?" Elle a perdu la tête.

"Mais comment ?"

"Oh ! ne me parle pas. J'en ai marre de tes grognements, de ton n'aime pas ceci, et tu n'aimes pas cela. Dommage que tu n'aies pas de quoi te plaindre."

"Mais je ne suis pas——"

"Il y a beaucoup d'hommes qui seraient heureux d'avoir une maison comme la vôtre, au hasard."

"Vilain!" s'écria Bindle en lui faisant un signe d'avertissement. "Si je--"

"Arrête ça!" cria-t-elle en se levant d'un bond et en se précipitant vers le feu, qu'elle entreprit d'éteindre.

Pendant ce temps, Bindle l'avait arrêté, saisissant l'occasion pendant que Mme Bindle était occupée avec le feu, de se faufiler vers l'autruche jaune.

II

"Ça a l'air un peu seul, n'est-ce pas ?" Bindle regardait autour de lui d'un air dubitatif.

« A quoi vous attendiez-vous dans ce pays ? » claqua Mme Bindle.

"Eh bien, un tram ou un bus donnerait un aspect plus "à moi".

Les Bindle se tenaient sur le quai inférieur de la gare de Boxton, entourés de leurs bagages. Il y avait un panier japonais qui éclatait pour révéler son contenu, une grande boîte à chapeau en carton, un petit sac en cuir sans anse et noué en son milieu avec une ficelle pour renforcer une fermeture douteuse. Il y avait un sac en ficelle avouant ouvertement son contenu hétérogène, et un rouleau de couvertures, au centre duquel passait le deuxième meilleur parapluie de Mme Bindle, avec une parodie de tête de perroquet pour poignée.

Il y avait une petite boîte de sapin sans couvercle et marquée « Tate's Sugar », ainsi qu'une poêle à frire recouverte de papier journal, mais c'était toujours une poêle à frire. Finalement, il y eut une petite baignoire en fer blanc, pleine à déborder et recouverte d'une nappe de couleur marron délavée qui avait connu des jours meilleurs.

Bindle baissa les yeux avec tristesse sur le tas de biens qui formait une oasis sur un désert de plate-forme.

"Ils n'ont pas peur que quoi que ce soit puisse arriver ici", remarqua-t-il en regardant autour de lui. « Drôle de petit vieux, comme je l'appelle. »

Mme Bindle était visiblement troublée. On lui avait clairement dit, dans les bureaux temporaires du Comité des camps d'été pour travailleurs fatigués, qu'une charrette rencontrait le train par lequel elle et Bindle avaient voyagé ; pourtant, nulle part il n'y avait de signe de vie. En vain, dans son esprit, elle s'efforçait d'associer Bindle à la cause de leur solitude sur un quai de chemin de fer de campagne, entouré d'une collection de bagages si peu attrayante.

Bientôt, on aperçut un vieil homme quittant le poste de signalisation éloigné et boitant lentement vers eux. Arrivé à quelques mètres des Bindles, il s'arrêta et regarda d'un air dubitatif, d'abord vers eux, puis vers la pile de leurs biens. Finalement, il ôta sa casquette de porteur de chemin de fer et se gratta la tête d'un air dubitatif.

"J'ai raté cette fois-là", dit-il enfin en remettant sa casquette.

« Qui a raté ? demanda Bindle.

"Les quatre heures quarante", répondit le vieil homme en s'écartant pour mieux voir les bagages. "J'ai parlé à Young Tom et je l'ai complètement oublié." Il était clair qu'il considérait l'épisode à la lumière d'une bonne blague. "Le vôtre?" » demanda-t-il un instant plus tard en désignant d'un mouvement de tête les détritus sur le quai.

"Je l'ai compris du premier coup, grand-père", dit joyeusement Bindle. "Nous venons ouvrir un prêteur sur gages dans ces régions", a-t-il ajouté.

Le porteur regarda Bindle avec une expression perplexe, puis son regard revint aux bagages et enfin à Mme Bindle.

"Nous sommes venus rejoindre le Summer-Camp", a-t-elle expliqué.

"Le camp d'été !" répéta l'homme, "le Summer-Camp!" Puis il éclata soudain de rire. Il regarda de Mme Bindle aux bagages et des bagages à Bindle, de petites rafales de croassements gutturaux tourbillonnant et coulant. Finalement, avec un bruit retentissant, il posa la main sur sa cuisse de futaine.

"Eh bien, je suis foutu," rigola-t-il, "si ce n'est pas une bonne idée. Je dois aller le dire à Young Tom," et il se tourna pour se préparer à se diriger vers le poste de signalisation.

Bindle, cependant, d'un mouvement rapide, lui barra le passage.

"Si c'est aussi drôle que ça, mon vieux sport, pourquoi ne pas nous raconter tout ça ?"

Une fois de plus, le vieil homme bégaya dans une fugue de rires.

"Le jeune Tom en rira, il le fera," haleta-t-il ; "Il va se séparer."

"Je suppose qu'ils n'ont pas grand-chose pour les amuser", dit patiemment Bindle. "Maintenant, de quoi s'agit-il?" il a ordonné.

"Mauvaise station", balbutia l'ancien. Puis, un instant plus tard, il a ajouté : "Vous voulez West Boxton. Le camp est là. À cinq kilomètres de là. Il n'y a pas d'autre train qui s'arrête ici ce soir", a-t-il ajouté.

Mme Bindle regarda Bindle. Ses lèvres avaient disparu ; mais elle n'a rien dit. Les arrangements étaient entièrement entre ses mains et c'était elle qui avait acheté les billets.

« Jusqu'où as-tu dit que c'était ? » demanda-t-elle au portier d'un ton qui semblait, comme par magie, tarir la fontaine de sa gaieté.

"Trois milles, maman," répondit-il, faisant un mouvement traînant en direction de l'endroit où Jeune Tom se tenait à côté de ses leviers, tout inconscient de la splendide plaisanterie qui était venue égayer sa solitude. Mme Bindle, cependant, se plaça directement sur son chemin, sombre et déterminée. L'homme recula d'un pas, jetant un regard attrayant à Bindle.

"Où pouvons-nous trouver un chariot ?" demanda-t-elle avec l'air de quelqu'un qui a pris une décision importante.

Le porteur se gratta la tête à travers sa casquette et réfléchit profondément, puis, avec un brusque mouvement de flanc et un murmure : « Je vais demander à Jeune Tom », il se dirigea d'un pas traînant vers le poste de signalisation.

Bindle regarda d'un air dubitatif la pile de leurs biens, puis Mme Bindle.

« Trois milles », marmonna-t-il. "Il ne fallait pas vous confier un jeune homme comme moi, Mme B.", dit-il avec reproche.

"Ça suffit, Bindle."

Sans ajouter un mot, elle longea résolument le quai en direction du poste de signalisation. Le vieux portier, qui jetait un coup d'œil par-dessus son épaule, la vit arriver et se mit au trot traînant, déterminé à obtenir l'appui moral du Jeune Tom avant une nouvelle rencontre.

Tirant sa pipe de sa poche, Bindle se laissa tomber sur le bain d'étain, bondissant instantanément, conscient que quelque chose avait cédé sous lui avec un craquement évoquant de la vaisselle cassée. Se réinstallant sur le paquet de couvertures, il se mit à fumer avec contentement. Après tout, quelque chose arrivait, quelque chose arrivait toujours.

Vingt minutes s'écoulèrent avant que Mme Bindle ne revienne avec l'annonce que le signaleur avait télégraphié à West Boxton pour demander une charrette.

"Eh bien, eh bien", dit Bindle avec philosophie, "c'est une journée heureuse, mais je pourrais prendre un verre."

Une heure plus tard, une charrette se dirigeait bruyamment vers la gare, devant laquelle se trouvaient les Bindle et leurs bagages. Un petit scout à l'allure professionnelle a glissé de la queue.

"Tu veux aller au Camp ?" » demanda-t-il vivement.

"Eh bien," commença Bindle, "je ne peux pas dire que je———"

"Oui", interrompit Mme Bindle, voyant dans le boy-scout son St. George ; "Nous sommes descendus à la mauvaise gare." Elle regarda Bindle tout en parlant, comme pour indiquer où se trouvait la responsabilité de l'erreur.

"D'accord!" dit l'ami du monde entier. "Nous vous y amènerons bientôt."

"Et qui pourrais-tu être, jeune-camarade-mon-garçon ?" demanda Bindle.

"Je suis le chef de patrouille Smithers de la Bear Patrol", fut la réponse.

"Vous ne le dites pas", a déclaré Bindle. "Eh bien, c'est du live and learn, n'est-ce pas ?"

"Maintenant, nous allons monter les bagages", a déclaré le chef de patrouille Smithers.

« Aïe, tu dois manquer à Aig et Foch », remarqua Bindle alors qu'ils soulevaient le bain d'étain ; mais le garçon était trop occupé à son travail pour persiflage.

Une difficulté se présenta quant à la façon dont Mme Bindle devait monter dans le chariot. Son intense sensibilité, associée au fait de savoir qu'elle serait surveillée par quatre étranges paires d'yeux masculins, constituait un obstacle sérieux. Le jeune Tom, en qui il n'y avait rien de l'esprit de Jack Cornwell, et son ami le vieux portier ne firent aucun effort pour dissimuler qu'ils étaient déterminés à aller jusqu'au bout du drame.

Mme Bindle avait ignoré la suggestion de Bindle selon laquelle il devrait la « hisser » et elle a catégoriquement refusé de grimper sur les rayons de la roue. La marche devant était à près d'un mètre du sol, et Mme Bindle en voulait au regard sablonneux du jeune Tom.

C'est le chef de patrouille Smithers qui a finalement résolu le problème en suggérant un fauteuil dandy, ce que Mme Bindle a accepté à contrecœur. En conséquence, Bindle et le porteur croisèrent les bras et se serrèrent les poignets.

Mme Bindle se plaça dos à la queue de la charrette, et les deux Sir Walter se penchèrent, tandis que le chef de patrouille Smithers lui tournait le dos et, avec une grande délicatesse, s'efforçait d'attirer l'œil fixe du jeune Tom ; mais sans succès.

"Maintenant, quand je dis 'avant-toit—'avant-toit", réprimanda Bindle au porteur.

Avec précaution, Mme Bindle s'assit sur leurs mains croisées.

« Un, deux, trois – Va-t-il ! » s'écria Bindle, et ils se soulevèrent.

Il y eut un rire bruyant de la part du jeune Tom, un cri étouffé, et Mme Bindle était en sécurité dans le chariot ; mais sur le dos, avec les semelles de ses bottes à élastiques pointées vers le ciel. Bindle avait sous-estimé les propos du porteur.

"Tout de suite!" » s'écria le chef de patrouille Smithers, estimant qu'une action rapide seule pourrait mettre fin à un incident aussi regrettable, et lui et Bindle grimpèrent dans la charrette, où Mme Bindle, ayant repris le contrôle de ses mouvements, retroussait avec colère ses jupes autour d'elle.

Le chariot s'avança brusquement, et le jeune Tom et son collègue sourirent en leur disant leurs adieux, sachant dans leur cœur qu'ils venaient de vivre une heure bien remplie de vie glorieuse.

La charrette avançait en cahotant sur la grande route poussiéreuse, avec Bindle à côté du conducteur, Mme Bindle assise sur les couvertures aussi sinistres que le Destin lui-même, occupée à monter un dossier contre Bindle, et le boy-scout vigilant et silencieux, comme incombe au dirigeant d'une entreprise.

Bindle découvrit bientôt que, dans la conversation, le charretier se limitait au « Oui » d'accord, varié dans les moments d'enthousiasme inhabituel par un « Oh, oui !

Au bout d'une demi-heure de cahots, de grincements et de craquements, la charrette s'engagea dans une allée surplombée d'ormes géants, où les ornières séchées au soleil étaient comme des tranchées miniatures.

« Mieux vaut tenir bon », conseilla le garçon en s'agrippant au panier japonais, qui risquait de passer par-dessus bord. "C'est un peu cahoteux ici."

"Endroit chic par temps pluvieux", murmura Bindle en se tenant à deux mains. « Voici donc le camp d'été du Surrey pour les travailleurs fatigués », et il regarda autour de lui avec curiosité.

CHAPITRE VIII

LE CAMP D'ÉTÉ POUR TRAVAILLEURS FATIGUÉS

Le camp d'été du Surrey pour les travailleurs fatigués avait été organisé par l'évêque de Fulham en raison de la grandeur de son cœur et de la plénitude de son inexpérience dans de telles entreprises. Il avait emprunté un pré, acquis une vache, loué un chapiteau et fabriqué cinquante tentes cloches militaires et une cuisine de campagne, au sujet desquelles, selon toute probabilité, des questions seraient posées à la Chambre. Finalement, à la suite d'une idée reçue, il avait réquisitionné les scouts locaux. Plus tard, il y aurait le diable à payer avec les chefs de la Boys' Brigade ; mais l'évêque était plein de tact.

Le moment venu, le pré était là, les tentes cloches, la vache et les scouts arrivèrent comme prévu ; mais à propos du chapiteau, rien n'avait été vu ni entendu, et quant à la cuisine de campagne, le War Office ne pouvait guère dire autre chose que le fait qu'elle avait quitté Aldershot.

Pendant des jours, l'évêque travailla infatigablement avec le téléphone et le télégraphe, s'efforçant de retrouver la cuisine de campagne errante et le chapiteau manquant ; mais il avait consacré une si grande partie de son temps à obtenir l'assistance nécessaire pour que la vache soit traite correctement et ponctuellement, que d'autres choses, plus éloignées, lui avaient semblé moins insistantes.

A cette époque, l'évêque avait beaucoup de soucis à lui faire ; mais sa vraie croix était Daisy, la vache. Tout le reste n'avait qu'une importance mineure comparée à cette responsabilité bovine. Vaguement, il avait eu l'impression que si on avait une vache, on avait du lait ; mais il devait découvrir qu'à l'occasion, une vache pouvait être aussi improductive en lait qu'un serpent de mer.

Aucune des campeuses n'avait jamais approché une vache à titre professionnel. Nuit et matin, il fallait la soulager d'une accumulation de lait de douze heures, tout le monde le savait ; mais comment? C'était une question qui avait perturbé l'évêque et les campeurs ; car tout le camp partageait l'inquiétude ecclésiastique au sujet de Daisy. Quelque part au fond de l'esprit cockney se trouvait le soupçon, presque certain, que, à moins d'être traites régulièrement, les vaches explosaient, comme des conduites d'eau surchargées.

Daisy est rapidement devenue quelque chose de plus qu'une vache. Lorsque les autres occupations échouaient (les divertissements n'existaient pas), les campeurs se rassemblaient autour de Daisy, l'examinant sous tous les angles.

Elle était un mystère, tout comme un jongleur ou un tour à trois cartes étaient des mystères, et en tant que telle, elle imposait le respect.

Chaque soir et chaque matin, l'évêque devait faire venir de quelque part une personne capable de répondre aux besoins de Daisy, et tout le monde dans le quartier était extrêmement occupé. En dehors de cela, West Boxton était un foyer de non-conformité, et certains habitants étaient très préoccupés par l'effet spirituel sur un dissident de traire une vache d'église.

Il y avait des moments où l'évêque se sentait comme un prestidigitateur, censé produire un cobaye à partir d'un haut-de-forme, qui avait laissé le cobaye à la maison.

Daisy n'était pas sans utilité, en dehors de celles pour lesquelles elle avait été prévue par la Providence et l'évêque. "Venez voir Daisy", était devenu l'espoir désespéré des campeurs lorsqu'ils étaient complètement en faillite de tout autre intérêt. Elle était leur bouclier contre l'ennui et la lance avec laquelle tuer le dragon de l'apathie.

"Pas de bière, pas de photos, seulement une vache rousse", avait fait remarquer un cynique en résumant les divertissements offerts par le camp d'été du Surrey pour les travailleurs fatigués. « Assez pour donner le vertige à une puce étourdie », avait-il conclu ; mais ce n'était qu'un point de vue isolé. Pour la plupart, ces cockneys naufragés étaient reconnaissants envers Daisy, et ils ne se lassaient jamais de regarder le lait jaillir musicalement dans le seau brillant situé sous elle.

L'évêque était bien intentionné, mais oublieux. En planifiant son camp, il avait complètement négligé la difficulté de l'approvisionnement en nourriture et en eau. L'un était éloigné d'un mile et ne pouvait pas être rapproché; l'autre avait été surmonté en installant une canalisation, à des frais considérables.

Dans l'ordre naturel du désastre, les campeurs étaient arrivés et, en très peu d'heures, ils étaient teintés de l'hérésie de l'anticléricalisme. Les maris se disputaient avec leurs femmes pour savoir qui devait porter la responsabilité de l'aventure dans laquelle ils se retrouvaient engagés. Tous mettaient en doute le droit d'un évêque de se précipiter dans le cercle domestique comme porteur de discorde et de colonies de vacances.

Au moment de l'arrivée des Bindle, tout semblait chaotique. Il y avait des éclaboussures de tentes cloches sur la face de la prairie, des tas d'effets personnels à l'entrée des tentes, tandis que les « ouvriers fatigués » flânaient en manches de chemise, ou s'efforçaient de préparer les repas malgré les handicaps des dont ils étaient encerclés. Les enfants restaient là, les yeux écarquillés et graves, comme s'ils ne pouvaient pas jouer à leurs jeux urbains dans un cadre bucolique.

Lorsque, sous le commandement compétent du chef de patrouille Smithers, les affaires des Bindle furent entassées juste à l'intérieur du pré et que Mme Bindle l'aida à descendre, endolori de corps et d'humeur perturbée, l'infatigable boy-scout ouvrit la voie vers une tente. Il portait le panier japonais dans une main et le sac sans anse sous l'autre bras, tandis que Bindle suivait avec le bain en fer-blanc, et Mme Bindle se rendait responsable du paquet de couvertures, au centre duquel le parapluie à tête de perroquet. » jeta un coup d'œil timide.

Leur guide s'arrêta à l'entrée d'une tente cloche et déposa le panier japonais par terre.

"C'est votre tente", annonça-t-il, "je vais envoyer un membre de la patrouille pour vous aider", et, avec l'air de celui sur les épaules duquel repose le destin des planètes, il partit.

Bindle et Mme Bindle se regardèrent après lui, puis l'un l'autre, enfin la tente. Bindle s'avança et passa la tête à l'intérieur ; mais il l'a rapidement retiré.

"Ça sent le bus par une journée pluvieuse", marmonna-t-il.

Avec un air décidé, Mme Bindle entra dans la tente. Ce faisant, Bindle fit un clin d'œil grave à un petit garçon qui s'était égaré et qui attendait maintenant les événements avec une gravité aux yeux bleus. Au clin d'œil de Bindle, il se retourna et se dirigea au trot vers une tente voisine, depuis l'abri de laquelle il continuait d'observer la tragédie domestique des nouveaux arrivants.

"Il n'y a pas de sommiers." La voix de Mme Bindle venait de l'intérieur de la tente sur un ton de tragédie étouffée.

"Vous ne le dites pas", dit distraitement Bindle, son attention concentrée sur un petit chevalier du mât, qui s'approchait de leur tente.

"Où sont les couettes, 'Orace ?" » demanda-t-il lorsque le garçon fut à portée de voix.

"Il y a un tapis de sol imperméable et nous fournissons des matelas en paille", annonça-t-il en s'arrêtant brusquement à deux pas de Bindle.

"Oh ! c'est vrai, n'est-ce pas ?" » dit Bindle, « et qui vient fournir le lit double en laiton, sur lequel moi et Mme B. avons l'habitude de dormir. P'raps, peux-tu me dire ça, jeune rasoir ?

Avant que le garçon n'ait eu le temps de répondre, Mme Bindle apparut à l'entrée de la tente, plus sombre et plus intransigeante que jamais. Pendant un instant, elle regarda le garçon avec sévérité.

"Où dois-je dormir ?" » a-t-elle demandé.

"Etes-vous avec ce monsieur ?" » demanda le boy-scout.

"Elle l'est, fiston", dit Bindle, "elle est avec moi depuis vingt ans maintenant. Je ne peux pas la perdre maintenant."

"Bindle, comporte-toi bien!" Les mâchoires de Mme Bindle se fermèrent en un claquement.

"Nous allons avoir des sacs de paille à la place du lit de missionnaire sur lequel vous et moi dormons à Fulham", a expliqué Bindle ; mais Mme Bindle avait disparu une fois de plus dans la tente.

Pendant l'heure suivante, les Bindles et leur assistant éclaireur s'employèrent à remettre la tente cloche dans un état habitable. Au cours du processus, l'éclaireur expliqua que le chapiteau devait être utilisé pour les repas communs, que la cuisine de campagne devait fournir ; mais aucun des deux n'était arrivé, et l'évêque était monté lui-même à Londres pour s'enquérir.

"Et que va-t-il nous arriver jusqu'à ce que nous les traversions ?" demanda Bindle. "J'ai moi-même un petit creux maintenant, je ne sais pas ce que je serai dans une heure."

"Je vais vous montrer comment construire un feu d'éclaireur", proposa le garçon.

"Mais je ne suis pas un cracheur de feu", objecta Bindle. "Je veux un peu de steak, ou une tranche et un œuf."

"A quoi me sert un feu d'éclaireur avec des harengs pour cuisiner ?" demanda Mme Bindle en réapparaissant à l'entrée de la tente.

À ce moment-là, un autre « ouvrier fatigué » se dirigea vers la tente des Bindle. C'était un homme long et mince, avec une moustache éparse et une barbe de trois jours. Il était en manches de chemise, sans col, avec un gilet déboutonné, et il arborait un air général de découragement et de tristesse.

"'Ça va, mon pote ?" il a demandé.

Bindle se redressa après avoir inspecté l'intérieur du bain d'étain qu'il était en train de déballer.

"Oh! milieu; mais je sais ce que c'est que d'être plus appétissant", a déclaré Bindle avec un sourire.

"Pareil ici", fut la réponse sombre.

"Les choses semblent avoir mal tourné", suggéra Bindle dans la conversation.

"C'est vrai", dit l'homme en frottant les poils de son menton avec un pouce méditatif.

"'Ow, tu vas manger de la bouffe ?" » demanda Bindle.

L'homme secoua la tête lugubrement.

"Et pourquoi pas un pub ?"

"À un kilomètre et demi", dit l'homme d'un air sombre.

« Gawd Tout-Puissant ! » L'exclamation de Bindle ne concernait pas la remarque de l'homme, mais quelque chose qu'il avait extrait du bain. "Eh bien, je suis époustouflé", marmonna-t-il.

"'Eh bien, Lizzie," cria-t-il.

Mme Bindle apparut à l'entrée de la tente. Bindle brandit une botte à bords élastiques d'où la marmelade tombait solennellement et à contrecœur.

Alors les vannes de la colère de Mme Bindle éclatèrent, et elle déversa sur la tête de Bindle un déluge de reproches. Lui et lui seul étaient responsables de tous les désastres qui leur étaient arrivés. Il l'avait fait exprès parce qu'elle voulait des vacances. Ce n'était pas un mari, c'était un blasphémateur, un athée, un encombrant de la terre, et tout cela était mauvais.

Elle fut interrompue dans sa tirade par l'approche d'un petit homme à la tête ronde, chauve et luisante, à l'expression inquiète.

"Tu sais comment traire une vache, mon pote ?" » demanda-t-il à Bindle, apparemment tout à fait inconscient du fait qu'il s'était précipité au milieu d'une scène domestique.

"Est-ce que je sais comment ça va ?" » demanda Bindle, regardant l'homme comme s'il avait posé une question des plus inhabituelles.

"Il y a une vache en fleurs là-bas et personne ne peut la traire, et l'évêque est parti, et nous voulons notre thé."

Bindle se gratta la tête à travers sa casquette, puis, se tournant vers la tente dans laquelle Mme Bindle avait de nouveau disparu, il cria :

"Salut, Lizzie, je sais comment traire une vache ?"

"Ne soyez pas bestial", fut la réponse depuis la tente.

"Ce n'est pas une de ces vaches", a-t-il répondu, "c'est une vache laitière, et il y a une crique qui veut du thé."

Mme Bindle apparut à l'entrée de la tente et observa le groupe de trois hommes.

"Comment avez-vous fait hier?" » demanda-t-elle pratiquement.

"Une fille est venue de la ferme, mademoiselle", dit le petit homme, "et elle n'a pas fait de lait."

"Tenez votre langue", a lancé Mme Bindle.

L'homme la regarda avec surprise.

"Pourquoi tu n'achètes pas la même fille ?" » demanda Mme Bindle.

"Elle dit qu'elle est trop occupée. J'avais essayé moi-même", a déclaré l'homme, "mais c'était un échec."

"Je vais y jeter un oeil", annonça Bindle, et les trois hommes traversèrent la prairie, se frayant un chemin parmi les tentes avec leurs piles de literie, de couvertures et d'autres obstacles à l'extérieur. Tout le monde se préparait pour la nuit.

Lorsque Bindle rejoignit Daisy, il découvrit que le problème avait été résolu par l'un des ouvriers agricoles de M. Timkins, qui était très occupé au travail, surveillé par un groupe de campeurs intéressés.

Au cours de la demi-heure suivante, Bindle se promena parmi les tentes, apprenant beaucoup de choses, dont la principale était que « tout le camp rougeâtre était un désastre ». Le commissariat avait gravement échoué et le verre le plus proche se trouvait à un kilomètre et demi, au Trowel and Turtle. Beaucoup de choses ont été dites sur l'évêque et les organisateurs du camp.

Lorsqu'il revint à la tente, il trouva Mme Bindle en train de faire bouillir de l'eau dans un bidon d'essence au-dessus d'un feu de reconnaissance. Avec la providence d'une bonne ménagère, elle avait apporté ses provisions d'urgence, et Bindle savoura bientôt un repas composé de hareng, de thé, de pain et de margarine. Lorsqu'il eut fini, il s'annonça prêt à affronter les terreurs de la nuit.

"Je ne peux pas dire si j'aime ça", a-t-il fait remarquer alors qu'il se tenait à l'entrée de la tente, luttant pour défaire son col. "Il me semble que c'est plutôt courant d'air."

"C'est vrai, continuez", cria Mme Bindle en le dépassant. "Qu'est-ce que vous attendiez?"

"Eh bien, puisque vous me le demandez, je suis comme ces anses en religion qui n'attendent rien, mais qui reçoivent beaucoup de choses."

« Ne blasphèmez pas. C'est dimanche demain », fut la réplique ; mais Bindle s'était éloigné pour communier avec l'homme au menton chauve et à l'âme pessimiste.

« Est-ce que tu dors bien, mon pote ? » il a demandé, conversationnellement.

"Crikey ! Dormir, c'est ça ? Il n'y a pas de sommeil dans cet ancien camp vermeil."

"Quoi de neuf ?" » demanda Bindle.

"En haut!" fut la réponse lugubre. "Je me suis réveillé toute la nuit, je l'étais."

"Qu'est-ce que tu faisais ?" » demanda Bindle avec intérêt.

« Gratter ! » fut la réplique sauvage.

"Scratchin' ! Qui grattais-tu ?"

"Qui étais-je en train de gratter ? Qui diable devrais-je gratter à part moi-même ?" » demanda-t-il, son apathie tombant momentanément de lui. "J'aimerais savoir d'où ils ont trouvé cette paille clignotante sur laquelle ils nous donnent pour nous allonger. J'ai fait un peu de grattage dans les tranchées, mais hier soir, je n'ai pas assez de doigts, bon sang. "

Bindle siffla.

"Alors," continua l'homme avec un enthousiasme sombre, "il y a ces poules rousses le matin, qui chantent leurs tripes. Pas un clin d'œil pour dormir après trois heures pour personne", ajouta-t-il avec toute la haine des gens. cockney pour les sons de basse-cour. "Oh ! c'est un jour de vacances, d'accord", ajouta-t-il avec un sarcasme cinglant, "mais ce n'est pas le nôtre."

"On dirait", dit Bindle sèchement, alors qu'il tournait les talons et se dirigeait vers sa propre tente.

Cette nuit-là, il réalisa pleinement les iniquités de celui qui avait fourni la paille pour les matelas. Aux bruits qui venaient de l'autre côté du mât de la tente, il comprit que Mme Bindle était également troublée.

Vers l'aube, Bindle commença à somnoler, au moment même où les coqs annonçaient l'arrivée du soleil. Si l'homme au menton chauve avait raison dans son diagnostic, les oiseaux, comme Prométhée, avaient, pendant la nuit, renouvelé leurs organismes manquants.

"Eh bien, je suis époustouflé !" murmura Bindle. "Ole six pieds de mélancolie n'a pas non plus pris la tête. 'Oly onguent! Je n'ai jamais entendu une telle dispute dans toutes mes bouffées. Il n'y a aucun doute mais pourquoi Mme Bindle a-t-elle un pays' "C'est une journée de vacances", et sur ce, il se leva et entreprit d'enfiler son pantalon, décidant que c'était une folie d'essayer de chercher davantage le sommeil.

À l'extérieur de la tente, il rencontra le chef de patrouille Smithers.

"Bonjour Foch", dit Bindle.

"Smithers", dit le garçon. "Le chef de patrouille Smithers de la Bear Patrol."

"Mon erreur", a déclaré Bindle; "Mais toi et Foch, c'est comme deux pois. Vous n'avez pas l'impression d'avoir vu un coq égaré, n'est-ce pas ?"

"Un coq", répéta le garçon.

"Oui!" » dit Bindle, penchant la tête d'un côté avec l'air de quelqu'un écoutant attentivement, tandis que de tous côtés retentissait le hurlement effronté des chanteurs extatiques. "Je pensais en avoir entendu un tout à l'heure."

"Ce sont les poules du fermier Timkins", dit gravement le chef de patrouille Smithers.

"Vous ne le dites pas", a déclaré Bindle. « On dirait qu'ils chantent bien ce matin. Une bande de canaris réguliers.

À cette désinvolture, le chef de patrouille Smithers ne répondit rien.

"Est-ce qu'il y aurait un endroit où je pourrais me rincer, 'Indenberg ?" il a demandé.

"Il y a un robinet là-bas pour les hommes", a déclaré le chef de patrouille Smithers, en désignant l'extrême droite du terrain, "et pour les femmes là-bas", a-t-il indiqué dans la direction opposée.

"Pas de bain mixte, je vois", murmura Bindle. "Maintenant, d'homme à homme, Ludendorff, que conseilleriez-vous ?"

Le garçon le regardait avec des yeux graves. "Le robinet des hommes est là-bas", et il pointa encore une fois.

"Eh bien, eh bien," dit Bindle, "peut-être que vous avez raison ; mais je n'aime pas prendre un bain au milieu d'un champ", marmonna-t-il.

"Les robinets sont fermés."

"Eh bien, eh bien, vis et apprends", murmura Bindle en se dirigeant vers le robinet des hommes.

Lorsque Bindle retourna à la tente, il trouva le chef de patrouille Smithers qui expliquait à Mme Bindle comment inciter un éclaireur à se mettre en activité.

"Tu ne dois pas le pousser, maman", dit le garçon. "Il s'éteint si tu le fais."

Mme Bindle retroussa les lèvres et replia plus étroitement autour d'elle l'imperméable marron qu'elle portait. Elle n'était pas habituée aux critiques, surtout dans les affaires domestiques, et son instinct lui faisait de n'en pas tenir compte ; mais le sérieux du garçon semblait décourager toute réplique, et elle avait déjà vu le mauvais effet d'attaquer un feu d'éclaireur avec un tisonnier.

Soudain, son regard tomba sur Bindle, debout, en chemise et en pantalon, au dos duquel pendaient ses bretelles avec découragement.

"Pourquoi n'entres-tu pas et ne t'habilles-tu pas ?" » a-t-elle demandé. "Je me promène dans cet état !"

"Je suis allé me rincer", expliqua-t-il en se dirigeant vers la tente et en disparaissant par l'ouverture.

Mme Bindle renifla avec colère. Elle avait vécu une mauvaise nuit, à laquelle s'ajoutait le fait que le feu avait résisté à son assaut en s'éteignant incontinent, nécessitant un appel à un simple enfant.

Après avoir enfilé un col, un manteau et un gilet, Bindle se promenait dans le camp, échangeant un mot ici et un mot là avec ses camarades de camp qui, dans une atmosphère d'intenses grossièretés, étaient en train de préparer le petit-déjeuner.

"Je n'ai jamais entendu un tel langage", marmonna Bindle avec un sourire. "Ce petit camp enverra un nombre rare de personnes dans un endroit où ils ne rencontreront pas l'évêque."

Au bout d'une demi-heure, il revint et trouva du thé, des œufs et du bacon, et Mme Bindle l'attendait.

"Alors tu es enfin là", dit-elle sèchement alors qu'il s'asseyait sur une caisse en bois.

"J'ai compris cette fois," répondit-il cordialement, reniflant l'air avec appréciation. "'Ope, tu as quelque chose de sympa pour ton petit tourtereau."

"Ne me faites pas un tourtereau", s'écria Mme Bindle, qui cherchait quelqu'un sur qui exprimer son mécontentement. "Je suppose que tu vas me laisser faire tout le travail pendant que tu vas jouer le gentleman."

"Je n'ai pas besoin d'y jouer, Mme B., je le suis. Vere de Vere avec du sang aussi bleu que les histoires d'Earty."

"Si vous pensez que je vais travailler dur et cuisiner pour vous ici comme je le fais à la maison, vous vous trompez. Je suis venue me reposer. J'ai à peine dormi de la nuit," renifla-t-elle. de façon inquiétante.

"Je pensais avoir entendu ce que tu disais", dit Bindle avec sympathie.

"Bindle!" Il y avait un avertissement dans son ton.

"Mais n'est-ce pas ?" Il la regarda avec surprise, la bouche pleine d'œufs et de bacon.

"Je—j'ai eu une nuit perturbée," dessina-t-elle entre ses lèvres d'un air pincé.

"Moi aussi", dit sombrement Bindle. "Je les aurais dérangés si j'avais pu les attraper. Mon Dieu ! Il devait y en avoir des millions", a-t-il ajouté avec réminiscence.

"Si tu parles comme ça, je m'en irai", annonça-t-elle.

"J'aimerais rencontrer la crique qui a rempli ces matelas", fut le commentaire sinistre de Bindle.

"Ce... ce n'était pas ça", a déclaré Mme Bindle. "C'était le——" Elle s'arrêta un instant.

"Ces bites", suggéra-t-il.

"Ne sois pas dégoûtant, Bindle."

"Dégoûtant ? Je n'ai jamais vu un type comme moi être dégoûtant et blasphématoire. Comment les appeler s'ils ne sont pas des bites ?"

"Ce sont des coqs, les oiseaux mâles."

"Mais ils ne se perchaient pas, soufflez-les. Ils chantaient, comme des fous."

Mme Bindle ne fit aucun commentaire ; mais a continué à prendre son petit-déjeuner.

"Personnellement, je vais dire un petit mot à l'évêque à propos de ce petit jeu avec lequel je me suis produit, et qui s'est produit avant que vous appeliez ça, les oiseaux mâles ne commencent à donner la langue." Il fit une pause pour reprendre son souffle. "Je n'aime pas mentionner ce que c'était ; mais je vais me démanger pendant un mois. 'Ullo Fatigué !" » cria-t-il au long homme au menton ras.

L'homme s'est approché. Il portait le même air lugubre et le même gilet, déboutonné exactement de la même manière que la veille.

"Vous aviez raison à propos des matelas et des oiseaux mâles", a déclaré Bindle en jetant un coup d'œil à Mme Bindle.

« Qu'est-ce que c'est ? » demanda l'homme en regardant Bindle d'un air absent.

"Les oiseaux mâles."

"'Oo, désolé, maman,' à Mme Bindle. Puis se tournant une fois de plus vers Bindle, il ajouta : "Ces bites, tu veux dire ?"

"'Euh!" dit Bindle. « Ce ne sont pas des coqs ici, ce sont des oiseaux mâles, et des coqs dimanche. Vous voyez, ma demoiselle… » mais Mme Bindle s'était levée et, avec des yeux furieux, avait disparu dans la tente.

« Vous en avez un ? » » demanda Bindle en désignant du pouce l'ouverture de la tente.

L'homme au menton chauve hocha la tête tristement.

"Je le pensais", a déclaré Bindle. "Tu en as l'air."

Pendant que Bindle se promenait dans le camp avec l'homme au menton chauve, Mme Bindle se familiarisait mieux avec le tempérament particulier d'une tente cloche. Elle avait déjà réalisé ses inconvénients en tant que dressing. Il faisait sombre, c'était petit, c'était étouffant. Les deux matelas occupaient pratiquement toute la surface du sol et il n'y avait nulle part où s'asseoir. Il était impossible de se déplacer librement en raison des restrictions d'espace dans la zone supérieure.

Après avoir lavé les provisions du petit-déjeuner, épluché les pommes de terre fournies par M. Timkins par l'intermédiaire du chef de patrouille Smithers, et préparé pour le four un petit morceau de bœuf qu'elle avait apporté avec elle, Mme Bindle se retira de nouveau dans la tente.

Lorsqu'elle réapparut finalement en alpaga marron avec un bonnet assorti sur lequel reposaient deux pensées violettes, Bindle revenait tout juste de ce qu'il appelait "un tour de nez", au cours duquel il s'était lié d'amitié avec la plupart des campeurs, des hommes, des femmes et des enfants, qui n'étaient pas déjà ses amis.

A la vue de Mme Bindle, il siffla doucement.

"Vous pouvez me montrer où se trouve le boulanger", dit-elle d'un ton glacial, tout en enfilant une paire de gants en chevreau marron. Les inconvénients liés au fait de s'habiller dans une tente cloche lui avaient gravement irrité.

"Les boulangers !" répéta-t-il bêtement.

"Oui, les boulangers", répéta-t-elle. "Je suppose que tu ne veux pas manger ton dîner cru."

Bindle s'efforça alors d'expliquer la tragédie complexe de la disparition de la cuisine de campagne et du chapiteau, sans parler de l'évêque.

Dans les petites communautés, les nouvelles circulent rapidement et les Bindle se sont vite retrouvés au centre d'un groupe d'hommes et de femmes (avec des enfants qui les surveillaient), tous désireux de fournir des informations, principalement au sujet d'évêques malavisés qui ont attiré des citadins sans méfiance dans le monde. pays sous de faux prétextes.

Mme Bindle était une bonne ménagère et elle était venue préparée avec des rations suffisantes pour les deux premiers jours. Elle s'était toutefois appuyée sur les déclarations contenues dans le prospectus du SCTW, selon lesquelles des installations de cuisine seraient fournies par le comité.

Elle s'efforçait de contrôler la colère qui montait en elle. C'était le sabbat et elle était parmi des étrangers.

Bien que prêts et disposés à fournir des informations, les autres campeurs ne voyaient aucune raison de retenir leur surprise et leur désapprobation à l'égard de la toilette de Mme Bindle. Les autres femmes portaient leur tenue de travail quotidienne, comme il convenait aux femmes au foyer qui avaient des dîners à cuisiner malgré de graves handicaps, et elles étaient mécontentes de ce qu'elles considéraient comme le « chic » d'un nouveau venu.

Ce premier jour de vacances, pour lequel elle s'était battue avec une détermination si farouche, resta longtemps gravé dans la mémoire de Mme Bindle. Elle prépara le dîner à l'aide de la poêle et de la casserole qu'elle avait apportées. Il aurait fallu quelque chose de plus que l'absence d'une cuisine de campagne pour empêcher Mme Bindle de faire ce qu'elle considérait comme son devoir domestique.

Cependant, le sens complet de sa tragédie se manifesta lorsque, le dîner terminé, elle se lava.

Il n'y avait rien à faire jusqu'à l'heure du thé. Bindle avait disparu avec l'homme au menton chauve et deux autres personnes à la recherche du pub le plus proche, à un kilomètre et demi de là. Le chef de patrouille Smithers était à l'école du dimanche, tandis que ses camarades de camp ne montraient aucune envie de faire des progrès.

Elle marcha un peu parmi les autres tentes ; mais son attitude générale n'était pas propice aux amitiés hâtives. Elle est donc retournée à la tente et a écrit à M. Hearty, lui disant, sous l'autorité du chef de patrouille Smithers, que M. Timkins avait une grande quantité d'excellentes fraises à vendre.

M. Hearty était un marchand de légumes qui avait un œil sur ses affaires et l'autre sur Dieu, en cas d'accident. En apprenant que les Bindle partaient à la campagne, son esprit s'était instinctivement tourné vers les fruits et légumes. Il avait demandé à Mme Bindle de « lui envoyer une carte postale » (M. Hearty était toujours économe en matière d'affranchissement, même pour les affranchissements des autres) si elle entendait parler de quelque chose qui, selon elle, pourrait l'intéresser.

Mme Bindle a raconté en termes élogieux l'histoire des hordes de fraises du fermier Timkins, donnant l'impression qu'il ne savait pas quoi en faire.

Trois heures apportèrent l'évêque et un court service en plein air, auquel assistèrent toute la bande des campeurs, à l'exception de Bindle et de ses compagnons.

L'évêque était plein d'excuses pour le passé et d'espoir pour l'avenir. Au lieu d'un sermon, il prononça un discours presque jovial ; mais il n'y eut aucun sourire en réponse. Tout le monde se demandait ce qu'ils pourraient faire jusqu'à l'heure d'aller se coucher, les plus imaginatifs allant encore plus loin et spéculant sur ce qu'ils feraient une fois sur place.

« Mes amis, conclut l'évêque, il ne faut pas se laisser décourager par de petits incidents. Nous sommes ici pour nous amuser.

Et les campeurs retournèrent à leurs tentes comme Achille l'avait fait quelques milliers d'années auparavant, le front sombre et le cœur sombre.

CHAPITRE IX

M. RENCONTRES chaleureuses avec un taureau

je

"Il est sûr de se perdre à travers les champs", s'écria Mme Bindle avec colère.

« Earty est trop prudent pour perdre quoi que ce soit », dit Bindle tandis que, d'une petite boîte en fer blanc, il fourrait du tabac dans sa pipe. "'E est habitué au chemin étroit où il est", a-t-il ajouté.

"Tu aurais dû aller à sa rencontre."

"Mes jambes sont un peu fatiguées..." commença Bindle, qui n'appréciait la société de son beau-frère que lorsqu'il y avait d'autres personnes pour en profiter avec lui.

"Dérangez-vous les jambes," dit-elle sèchement.

"Supposons que vous ayez diverses veines dans vos jambes."

"Ne sois pas méchant."

"Eh bien, pourquoi veux-tu parler de mes jambes, si je ne dois pas parler des tiennes," grommela-t-il.

"Tu as un esprit obscène, Bindle," rétorqua-t-elle, "et tu le sais."

"Eh bien, de toute façon, je n'ai pas de bonnes jambes."

Elle retroussa ses lèvres ; mais je n'ai rien dit.

"Je ne sais pas pourquoi Earthy veut venir voir un drôle de petit gars comme celui-ci", grommela Bindle, alors qu'ils traversaient la prairie attenante au terrain de camping, en direction d'un endroit qui leur donnerait une vue sur le chemin de campagne menant à la station.

"C'est parce qu'il veut acheter des fruits."

"Je pensais qu'il y avait quelque chose au fond de l'esprit du vieil oiseau", a-t-il remarqué. "'Earty n'est pas du genre à dépenser les billets de train pour plaisanter pour l'amour de vous voir et moi, Mme B. Ce sont des pommes après - le vieux Adam ordinaire l'est. Vous n'avez qu'à le surveiller. avec ces filles dans la chorale.

« Si tu parles ainsi, je te quitterai », s'écria-t-elle avec colère ; "et ce sont des fraises, les pommes ne sont pas encore là", a-t-elle ajouté, comme si c'était une circonstance en faveur de M. Hearty.

M. Hearty s'est révélé être un homme d'action. Le récit élogieux de Mme Bindle sur les vastes réserves de fraises, disponibles presque sur demande, lui avait arraché un télégramme annonçant qu'il serait au camp d'été pour travailleurs fatigués peu après deux heures ce lundi après-midi.

Mme Bindle était presque chaleureuse à l'idée de revoir son beau-frère et de mériter ses remerciements pour l'aide qu'il lui avait apportée. Les conditions dans le camp sont restées inchangées. Après le service de la veille, l'évêque avait de nouveau disparu, apparemment à la poursuite de la cuisine de campagne et du chapiteau égarés, promettant de revenir tôt le lendemain après-midi.

Arrivé à la porte de l'autre côté du terrain, Bindle fit une pause. Puis, comme Mme Bindle refusait sa suggestion selon laquelle il devrait la « hisser », il grimpa lui-même sur la rampe supérieure et s'assit en fumant avec contentement.

"Je n'ai pas l'impression de voir 'Earty marcher' à travers un champ", remarqua-t-il d'un ton méditatif. "Cela ne semble pas naturel."

"Vous ne pouvez rien voir d'autre que ce qu'il y a dans votre propre esprit méchant", rétorqua-t-elle avec acidité.

"Bien bien!" dit-il avec philosophie. "P'raps tu as raison. Je suppose que nous verrons ces joyeuses moustaches de 'ça arrive' au coin de la rue, 'je mène' un agneau avec un ruban rose. Je peux voir 'Earty avec un petit agneau , et un brin de menthe pour la sauce.

Pendant près d'un quart d'heure, Bindle fuma en silence, tandis que Mme Bindle restait les yeux fixés sur un montant de l'autre côté du champ, par lequel M. Hearty devait venir.

"Ca c'était quoi?"

Involontairement, elle agrippa le genou de Bindle, tandis qu'un formidable rugissement brisait le calme de l'après-midi d'été.

"C'est le taureau du vieux fermier Timkins", expliqua Bindle. "C'est un vieux sport rare. J'ai jeté une crique la semaine dernière et j'ai fait un rare gâchis."

"Cela ne devrait pas être autorisé."

"Quoi ?"

"Des animaux dangereux comme ça", rétorqua-t-on.

"Eh bien, personnellement, j'aime une coupe de veau", remarqua Bindle, observant secrètement Mme Bindle ; mais ses pensées étaient concentrées sur M. Hearty, et l'allusion passa inaperçue.

"Ce serait une mauvaise chose pour le vieux Earthy, si ce taureau l'attrapait par le dos du pantalon", pensa Bindle. "'Ullo, voilà." Il indiqua avec le tuyau de sa pipe un point de la haie à droite du champ, sur lequel était poussée une grosse tête brune.

De nouveau, un rugissement terrifiant fendit l'air. Instinctivement, Mme Bindle recula et saisit le parapluie à tête de perroquet qu'elle portait.

"Il essaie de passer. Je ne vais pas attendre ici", annonça-t-elle avec décision. "Cela pourrait--"

"Ne vous inquiétez pas, Mme B.," la rassura-t-il. "'Je ne suis pas du genre à sauter. De plus, il y a un 'bord entre' moi et nous, pour ne pas parler de 'ici' porte."

Mme Bindle s'éloigna d'un mètre ou deux, les yeux toujours fixés sur la tête brune.

Elle et Bindle étaient si absorbés par l'observation du taureau qu'aucun d'eux n'a vu M. Hearty gravir l'échalier opposé.

Alors qu'il se tenait sur la plus haute marche, se découpant sur le ciel bleu, les pans de sa redingote battant, Bindle l'aperçut.

"'Ullo, voici le vieux 'Earty!" s'écria-t-il en agitant la main.

M. Hearty descendit avec précaution sur la terre ferme, puis, voyant Mme Bindle, il leva son chapeau de feutre semi-clerical. Dans de telles affaires, M. Hearty était extrêmement pointilleux.

À ce moment, le taureau parut apercevoir la silhouette aux pans de manteau battants.

Il fit un assaut formidable contre la haie, et il y eut un bruit de branches crépitantes ; mais la haie a tenu.

"Appelle-le, Bindle. Crie ! Préviens-le ! Entends-tu ?" s'écria Mme Bindle avec enthousiasme.

"'E va bien", dit Bindle avec complaisance. "Ce taureau ne va pas passer à travers un bord comme celui-là."

"M. Hearty, il y a un taureau ! Courez !"

La voix mince de Mme Bindle n'a absolument pas réussi à porter là où M. Hearty marchait avec dignité et insouciance, quel que soit le danger que Mme Bindle prévoyait le menacer.

Le taureau fit une autre attaque contre la haie. Les bas pans battants de M. Hearty semblaient le rendre fou. Il y eut un nouveau crépitement et les épaules massives de l'animal devinrent alors visibles ; mais il n'a toujours pas réussi à percer.

"Appelle-le, Bindle. Il sera tué, et ce sera de ta faute", cria-t-elle hystériquement, pâle et tremblante d'anxiété.

"Attention, 'Earty!" » a crié Bindle. "Il y a un taureau en fleurs", et il montra la direction de la haie ; mais le taureau avait disparu.

M. Hearty regarda vers le point indiqué ; mais, ne voyant rien, il poursuivit son chemin digne, convaincu que Bindle se livrait une fois de plus à ce que M. Hearty était connu pour décrire comme « ses plaisanteries intempestives ».

Il se trouvait à une cinquantaine de mètres de la porte où les Bindles l'attendaient, lorsqu'il y eut un fracas terrible suivi d'un puissant rugissement : le taureau avait passé. Il s'était apparemment retiré pour charger la haie et percer grâce à son imposante masse.

Bindle a crié, Mme Bindle a crié, et M. Hearty a jeté un regard sauvage par-dessus son épaule et, avec la terreur dans les yeux et son chapeau semi-clerical flottant derrière, attaché seulement par un protège-chapeau, il a couru comme il n'avait jamais couru. avant.

Bindle descendit de la porte afin de laisser la voie libre, et Mme Bindle mit son parapluie entre les mains de Bindle. On lui avait toujours dit qu'aucun taureau ne chargerait un parapluie ouvert.

"Allez, 'Earty!" » a crié Bindle. "Courez comme si vous étiez!" Dans son enthousiasme, il s'accroupit sur ses hanches, comme un homme encourageant un whippet.

M. Hearty courut, et le taureau, la tête baissée et avec un reniflement qui frappa de terreur le cœur du fugitif, courut aussi.

"Courez, M. Hearty, courez !" cria encore Mme Bindle.

Le taureau courait en diagonale en direction de la silhouette en fuite de M. Hearty. En cela, il était désavantagé.

"Préparez-vous à l'aider", cria Mme Bindle, la terreur lui serrant le cœur.

"Il me semble que 'Earty, le taureau et tout le caboodle en fleurs vont venir ensemble", marmonna Bindle.

"Oooooh !"

Une nouvelle possibilité sembla frapper Mme Bindle et, avec un regard terrifié sur le taureau qui approchait, qui à ce moment poussa un super rugissement, elle se tourna et s'enfuit vers la porte de l'autre côté du champ.

Pendant une seconde, Bindle détourna son regard du drame qui se tenait devant lui. Il aperçut plusieurs centimètres de jambe blanche au-dessus d'une paire de bottes à côtés élastiques, d'où pendaient des languettes noires et orange.

"Au secours, Joseph, au secours !" M. Hearty a crié de terreur et, une seconde plus tard, il s'est écrasé contre la porte sur laquelle Bindle avait grimpé, prêt à le hisser.

Saisissant son beau-frère par le col et un pantalon heureusement lâche, il le souleva violemment. Un instant plus tard, les deux tombèrent au sol ; mais du côté droit de la porte. Ce faisant, le taureau s'est cogné la tête contre celui-ci.

Toute la structure frissonna. Pendant un instant, Bindle se crut perdu ; mais heureusement les postes furent tenus. L'animal enragé ne pouvait rien faire d'autre que d'enfoncer son museau entre les barreaux du portail et de renifler sa fureur.

La bouche écumante et les yeux injectés de sang à l'air maléfique firent que Bindle se remit précipitamment sur ses pieds.

"Oh mon Dieu ! Je suis un misérable pécheur", gémit M. Hearty ; "mais épargnez-moi afin que je puisse me repentir." Puis il se mit à gémir, tandis que Bindle avait une vision de Mme Bindle disparaissant par-dessus la porte la plus éloignée avec une exposition surprenante de bas blancs.

"Eh bien, je suis époustouflé !" il murmura. "N'est-ce pas drôle comment la religion entre dans les jambes quand il y a un taureau dans les parages ? Un peu de ralentissement dans l'arpège, si vous me demandiez !"

Pendant quelques secondes, il resta à contempler la forme rampante de M. Hearty, un œil anxieux sur le taureau qui, avec des reniflements de colère, frappait la porte d'une manière qui lui causait une certaine inquiétude.

"Regarde ici, 'Earty, tu ferais mieux de mordre orf", dit-il enfin, mettant doucement sa botte en contact avec une partie proéminente de la forme prostrée du marchand de légumes. M. Hearty se contentait de gémir et de murmurer des appels au Tout-Puissant pour le sauver.

"Ça ne sert à rien de déchaîner toute cette querelle", a poursuivi Bindle. « Ce morceau de bœuf semble vous avoir pris d'affection, Terre, et cette porte n'est pas trop solide non plus. une course vicieuse avec sa tête contre la porte.

M. Hearty se redressa et lui lança un regard sauvage. A la vue des yeux injectés de sang de l'animal enragé, il se remit sur pied.

"Maintenant, faites un verrou pour ce montant là-bas," dit Bindle, en pointant son pouce dans la direction où Mme Bindle venait de disparaître, "et vous trouverez Mme B. quelque part de l'autre côté."

Après avoir jeté un autre regard inquiet sur le taureau, M. Hearty se tourna et se dirigea vers l'étable. Son allure évoquait étrangement celle d'un homme trichant lors d'une course à pied.

La vue de sa proie s'enfuyant semblait encore plus enrager le taureau. Avec un rugissement terrifiant, il se précipita furieusement vers la porte.

Le son du rugissement donna des ailes aux pieds de M. Hearty en vol. Renonçant à tout faux-semblant, il se dirigea précipitamment vers l'échalier au-delà duquel se trouvait la sécurité. Pendant quelques secondes, Bindle observa la silhouette volante de son beau-frère. Puis il tourna à droite, le long de la haie qui séparait le pré du champ occupé par le taureau.

"Eh bien, c'est la victoire ou l'abbaye de Westminster", marmonna-t-il en se faufilant à travers un trou dans l'aubépine, espérant que le taureau ne l'observerait pas. Son but était d'avertir le fermier de la fuite de l'animal.

Une demi-heure plus tard, il escaladait l'étable par-dessus laquelle Mme Bindle avait disparu ; mais il n'y avait aucun signe ni d'elle ni de M. Hearty.

Ce n'est que lorsqu'il atteignit le camp d'été qu'il les trouva assis devant la tente des Bindle. M. Hearty, l'air pâteux, s'efforçait de porter à ses lèvres blanchies une tasse de thé que Mme Bindle venait de lui tendre ; mais le tremblement de sa main la fit retomber sur le côté de la coupe et sur son pantalon.

"'Ullo, 'nous y sommes de nouveau", s'écria joyeusement Bindle.

"Je me demande que vous n'ayez pas honte de vous-même", s'écria Mme Bindle.

Bindle la regarda avec une expression perplexe. Il regarda M. Hearty, puis de nouveau Mme Bindle.

"Laisser M. Hearty et moi comme ça. Nous aurions pu être tués." Sa voix trembla.

"Cela aurait été un raccourci vers les arpes et les ailes."

"J'ai honte de vous, c'est vrai", a-t-elle poursuivi, tandis que M. Hearty tournait vers son beau-frère une paire d'yeux légèrement reprocheurs.

"Eh bien, je suis époustouflé", marmonna Bindle en s'éloignant. "Si ces deux-là, ce n'est pas ça. *Moi , je les* laisse . Si ce n'est pas un moment juteux."

M. Hearty n'était qu'à la moitié de sa deuxième tasse de thé lorsque l'évêque de Fulham, suivi de plusieurs campeurs d'été, apparut et marcha d'un pas vif vers eux.

"Où est votre mari, Mme Bindle ?" » demanda-t-il, comme s'il soupçonnait Bindle de se cacher de lui.

"Je suis sûre que je ne sais pas, monsieur", s'écria-t-elle en se levant, tandis que M. Hearty, lui emboîtant le pas, marchait sur les pans de son manteau et versait le reste du thé sur son pantalon.

"Ah," dit l'évêque. "Je dois le trouver. C'est un brave garçon, qui traverse le champ derrière ce taureau pour avertir M. Timkins. Si la bête était entrée dans le camp, cela aurait été très–très désastreux", se corrigea-t-il, et avec un signe de tête, il partit, suivi des autres campeurs.

"C'est exactement comme Bindle", se plaignit-elle, "ne disant pas un mot et me rendant ridicule devant l'évêque. Il me traite toujours comme ça", et il y avait un gémissement dans sa voix.

"C'est... c'est très malheureux", dit nerveusement M. Hearty.

"Merci, M. Hearty", dit-elle. "C'est assez peu de sympathie que je reçois."

II

Ce n'est que vers quatre heures que Bindle réapparut avec l'indication qu'il était prêt à conduire M. Hearty chez le fermier Timkins au sujet des fraises dont l'achat avait fait l'objet de la visite de M. Hearty. .

"Tu ne viendras pas aussi, Elizabeth ?" » demanda M. Hearty en se tournant vers Mme Bindle.

"Merci, M. Hearty, j'aimerais bien", répondit-elle en resserrant les cordons de son bonnet comme si elle anticipait un nouveau mouvement violent.

M. Hearty a donné l'invitation plus par précaution contre la bonne humeur de Bindle que par désir de compagnie de sa belle-sœur.

"'Eh, pas par là", s'écria Bindle, alors qu'ils se dirigeaient vers la porte menant à la route.

M. Hearty regarda avec hésitation Mme Bindle, qui régla cependant la question en marchant résolument vers la porte.

"Mais cela prendra ainsi un quart d'heure", protesta Bindle.

"Si vous pensez que je traverse encore des champs avec des taureaux sauvages, Bindle, vous vous trompez", annonça-t-elle avec décision. "Vous avez failli tuer M. Hearty une fois aujourd'hui. Que cela suffise."

Avec un sentiment de gratitude, M. Hearty le suivit.

"Mais ce petit morceau de bœuf est attaché avec un anneau à travers son nez fleuri. Je l'ai regardé."

"Sonne ou pas de sonnerie," dit-elle sèchement, "Je te ferai savoir que je ne traverserai plus de champs. C'est une chance que nous soyons l'un ou l'autre en vie."

Bindle savait qu'il n'était pas l'autre personne mentionnée, et il le suivit à contrecœur, se plaignant des longues distances et des diverses veines.

Bien que sur la grande route, Mme Bindle et M. Hearty étaient ce que Bindle considérait comme « un peu nerveux ».

De temps en temps, ils regardaient autour d'eux avec une appréhension évidente, comme s'ils s'attendaient à ce que de tous les points de l'horizon un taureau se prépare à foncer sur eux.

Ils s'arrêtèrent à l'entrée principale de la ferme, permettant à Bindle de montrer la voie.

A mi-chemin vers la maison, leurs narines furent assaillies par une odeur ravageuse ; M. Hearty retenait son souffle, tandis que Mme Bindle sortait un mouchoir, s'essuyait les lèvres puis le portait à son nez. On lui avait toujours fait comprendre que le seul antidote contre une mauvaise odeur était de cracher ; mais elle était trop raffinée pour se conformer à ce dicton sans l'aide de son mouchoir.

"Les cochons!" remarqua Bindle en levant la tête et en reniflant d'un air de connaisseur.

"Extrêmement insalubre", murmura M. Hearty. "Tu as bien dit que le... euh taureau était attaché, Joseph ?" il a demandé.

"Eh bien, c'était quand je l'ai vu", a déclaré Bindle, "mais bien sûr, il ne lui faudrait pas longtemps pour se défaire."

M. Hearty jeta autour de lui un regard anxieux.

Devant la maison, la fête s'est arrêtée. Nulle part on ne voyait personne. Une vieille charrette dont les brancards pointaient vers le ciel se dressait au bord d'une mare aux canards, verte de bave.

L'endroit était boueux et sale, et Mme Bindle, avec un air de dégoût, remonta ses jupes presque jusqu'au sommet de ses bottes à élastiques.

Bindle regarda autour de lui avec intérêt. Une poule apparut au coin de la maison, regarda quelques secondes les nouveaux arrivants, la tête de côté, puis disparut d'où elle venait.

Les canards se tenaient sur la tête dans l'eau ou cancanaient confortablement pendant qu'ils nageaient, apparemment inconscients ou indifférents au fait qu'il y avait des appelants.

De quelque part au loin, on entendait le bruit d'un cheval piétinant dans son box.

Au bout de cinq minutes, un vieillard apparut portant un seau. A la vue d'étrangers, il s'arrêta net, ses lèvres baveuses béantes de surprise.

"Puis-je voir M. Timkins ?" » demanda M. Hearty d'un ton raffiné mais laineux.

"Le fermier sera là-bas avec Bessie. Je vous dis qu'elle mettra bas avant la nuit; mais elle l'aura, elle ne le fera pas. Nous verrons. Elle le fera", a-t-il ajouté d'un air de fataliste.

M. Hearty se détourna et s'intéressa aux canards, tandis que Mme Bindle rougissait d'un vermillon profond. Bindle ne dit rien ; mais regardait avec plaisir la confusion des autres.

L'homme les regardait, perplexe quant à la raison de leur conduite.

« Où avez-vous dit que M. Timkins se trouvait ? » demanda M. Hearty.

"Je viens de te le dire, dans l'écurie avec Bessie. E dit qu'elle ne mettra pas bas ; mais je sais qu'elle le fera. Pourquoi elle..."

M. Hearty n'a pas attendu de plus amples informations ; mais il se tourna et se dirigea vers ce que, d'après le mouvement de la tête de l'homme, il prit pour l'écurie.

Les autres suivirent.

"Non, pas là", a crié l'homme, comme s'il s'adressait à quelqu'un dans le champ voisin. "Tournez-vous à gauche, là, c'est de la merde."

Un frisson convulsif parcourut le corps de M. Hearty. Il était consterné par la grossièreté engendrée par une existence agricole. Il se dépêcha pour ne pas avoir à croiser le regard de Mme Bindle.

À ce moment-là, on vit le fermier Timkins s'approcher. C'était un petit homme au visage rouge, vêtu d'un manteau à queue courte avec de grandes poches à rabat, d'une culotte d'équitation et de guêtres. Dans sa main, il portait une cravache qu'à la vue de Mme Bindle, il leva jusqu'à son chapeau en guise de salutation.

"Bonjour."

"Bon après-midi", dit M. Hearty avec gentillesse.

Le fermier fixa ses yeux sur la couleur jaunâtre et émaciée de M. Hearty, avec toute la supériorité de quelqu'un qui sait qu'il est un bel homme.

"C'est toi qui as bouleversé Oscar, n'est-ce pas ?" Il y avait plus d'accusation que de bienvenu dans son ton.

"Oscar bouleversé ?" » s'enquit M. Hearty, regardant nerveusement du fermier à Mme Bindle, puis de nouveau au fermier.

"Oui, mon taureau", a expliqué M. Timkins.

"C'est Oscar qui a failli bouleverser le vieux 'Earty", sourit Bindle.

"Une bête sauvage comme celle-là devrait être abattue", s'écria Mme Bindle en regardant fixement le fermier. "Ça a failli tuer——"

"Il faudrait qu'on lui tire dessus !" répéta le fermier, une rougeur sourde lui montant au visage. "Tirez sur Oscar ! Êtes-vous en colère, madame ?" » demanda-t-il, faisant un effort évident pour contenir sa colère.

"N'ose pas m'insulter", crie-t-elle. "Vous avez lancé cette brute sauvage contre M. Hearty et cela l'a presque tué. Je vais vous dénoncer à l'évêque... et... et... à la police", a-t-elle ajouté après coup. "Vous devriez être poursuivi."

Les lèvres de Mme Bindle avaient disparu dans une ligne grise, son visage était très blanc, particulièrement aux commissures des lèvres. Pendant près de deux heures, elle s'était retenue. Maintenant qu'elle se trouvait face à face avec le propriétaire du taureau qui avait failli la plonger dans le deuil, sa colère éclata.

Le fermier les regardait tour à tour avec perplexité.

« Dénoncez-moi à la police », répéta-t-il d'un ton sourd. "Quoi--"

"Oui, et je le ferai aussi", s'écria Mme Bindle, interprétant les manières étranges du fermier comme un signe de peur. "Les taureaux fous sont toujours abattus."

Le fermier concentra son regard sur Mme Bindle, comme si elle appartenait à une nouvelle espèce. Sa colère avait disparu. Il fut stupéfait que quiconque soit si ignorant des taureaux et de leurs mœurs qu'il croie Oscar fou.

"Eh bien, madame, Oscar n'est pas plus fou que vous ou moi. Il est juste un peu frais. La plupart du temps, il est aussi doux qu'un agneau."

"Ne me parlez pas d'agneaux", cria Mme Bindle, maintenant complètement réveillée. "De mes propres yeux, je l'ai vu poursuivre M. Hearty à travers le champ. C'est étonnant qu'il n'ait pas été tué. J'insisterai pour que l'animal soit détruit."

Le fermier se tourna vers Bindle, comme pour lui demander une explication de ces idées étranges sur les taureaux en général et sur Oscar en particulier.

"Oscar va bien, Lizzie", dit Bindle d'un ton pacifique. "'E voulait seulement jouer à chat avec 'Earty."

« Tais-toi ! » s'écria Mme Bindle. Elle sentait qu'elle avait déjà l'ennemi bien battu et qu'elle craignait d'être poursuivie.

« Je suppose, » continua-t-elle en se tournant une fois de plus vers M. Timkins, « que vous vouliez cacher le fait que vous élevez un taureau fou jusqu'à ce que vous puissiez le transformer en bœuf et l'envoyer au marché ; mais... »

"Transformez Oscar en bœuf !" rugit le fermier. "Eh bien, bon Dieu, madame, vous êtes folle ! Je ne vendrais pas Oscar pour mille livres."

"Je le pensais", dit Mme Bindle en regardant M. Hearty, qui se sentait extrêmement mal à l'aise, "et les gens doivent être pourchassés à travers le pays et assassinés simplement parce que vous ne voulez pas..."

"Mais bon sang, madame ! il n'y a pas de taureau comme Oscar à vingt milles à la ronde. L'année dernière, j'ai eu... laissez-moi voir, combien de veaux..."

"Ne soyez pas dégoûtant", cria-t-elle, tandis que M. Hearty tournait la tête de côté et toussait modestement dans sa main droite.

M. Timkins se regardait tour à tour avec un pur étonnement, tandis que Bindle, qui avait assez manœuvré pour se placer derrière Mme Bindle, croisait le regard du fermier et lui tapota le front de manière significative.

Cette simple action semblait avoir un effet magique sur M. Timkins. Sa colère disparut et sa gentillesse bluffante habituelle revint.

Il répondit par un clin d'œil au signal de Bindle, puis se tourna vers Mme Bindle.

" Vous voyez, madame, c'est toute ma terre, et j'ai laissé son camp à l'évêque... "

"Cela ne vous excuse pas d'avoir un taureau fou", rétorqua sans compromis. La vie de son héros était en danger et Mme Bindle ne pouvait pas se laisser apaiser par des mots.

"Mais Oscar n'est pas fou", protesta le fermier en ôtant son chapeau et en s'épongant le front avec un grand mouchoir coloré qu'il avait sorti de sa poche de queue. "Je vous le dis, il n'est pas plus fou que moi."

"Et je vous le dis", rétorqua-t-elle avec toute l'assurance d'une personne parfaitement versée dans les voies des taureaux.

"Tu vois, c'est comme ça ici, maman", dit-il d'une manière apaisante, déterminé à apaiser quelqu'un qui n'était pas "tout à fait là", comme il l'aurait exprimé. "C'est à cause du vent qui souffle du sud-ouest. S'il n'y avait pas eu ça..."

"Ne me parle pas de ces conneries", l'interrompit-elle avec mépris. "Je me demande si tu ne dis pas que c'est parce qu'il y a une nouvelle lune. Je ne suis pas idiot, même si je n'ai pas vécu toute ma vie dans une ferme."

Le fermier regarda autour de lui, impuissant. Puis il fit un nouvel effort.

"Vous voyez, madame, quand le vent souffle du sud-ouest, Oscar sent les vaches de la maison..."

"Comment oses-tu!" La couleur des joues de Mme Bindle transcendait tout ce que Bindle avait jamais vu. "Comment oses-tu me parler ! Comment... espèce de grossière... espèce de bête dégoûtante !"

À la vue des yeux flamboyants et de la poitrine haletante de Mme Bindle, le fermier recula involontairement d'un pas.

Plusieurs fois, il cligna des yeux en succession rapide.

M. Hearty se tourna et concentra son regard sur ce que le vieil homme avait décrit comme « cette merde là-bas ».

"Bindle!" s'écria Mme Bindle. "Voulez-vous rester là et laisser cet homme m'insulter ? C'est un grossier et bas..." Sa voix tremblait de passion réprimée. M. Hearty a sorti son mouchoir et a toussé dedans.

Pendant plusieurs secondes, Mme Bindle regarda fixement le fermier, puis, d'un mouvement brusque, elle se retourna et s'éloigna à petits pas saccadés d'indignation.

M. Hearty continuait de contempler le tas de fumier, tandis que le fermier observait la forme de Mme Bindle qui s'éloignait, comme si elle eût été un veau à deux têtes ou un canard à trois pattes.

Lorsqu'elle eut disparu au coin de la maison, il s'épongea encore une fois le front avec le mouchoir de couleur, puis, le mettant dans sa poche, il reprit son chapeau de l'air d'un homme qui a échappé à quelque péril mortel. .

"C'est tout ça là Jim," marmonna-t-il. "Je lui ai dit de faire attention au vent et de déplacer les vaches ; mais le fera-t-il ? Pas s'il le sait, bon sang."

"Ne le prenez pas à cœur", dit gaiement Bindle. "Ce n'est pas bon de commencer à discuter avec ma femme."

"Mais elle a dit qu'Oscar devait être abattu", grogna le fermier. "Tirez sur Oscar!" murmura-t-il pour lui-même.

" Vous voyez, c'est comme ça ici, la religion est une drôle de chose. Quand ça vieillit chez vous, soit elle vous rend doux, comme " Earthy " ici, soit elle vous rend comme des oignons, comme ma mademoiselle. Elle ça ne veut pas dire pas de bras ; mais quand tu passes la tête la première par-dessus un montant, et que tu es plutôt timide avec tes jambes, ça ne te donne pas l'impression que tu veux donner ton ticket de sucre au taureau qui l'a fait. ".

"Les—les fraises, Joseph", interrompit M. Hearty au cours de la conversation, s'adressant à Bindle plutôt qu'au fermier, dont il était quelque peu impressionné.

"Ah ! bon sang, bien sûr, ces fraises", s'écria le fermier, qui avait été informé par le chef de patrouille Smithers qu'un client potentiel appellerait. "Venez par ici", et il ouvrit la voie vers une grande grange, marmonnant toujours dans sa barbe.

"Par ici", cria-t-il encore en entrant et en montrant les rangées de paniers remplis de fraises, parfumant lourdement l'air. Hearty traversa la grange, ramassa un spécimen de fruit et le mordit.

"Quel prix demandez-vous pour eux ?" il a demandé.

"Quatre pence", fut la réplique.

« Je crains, » dit M. Hearty avec tous les instincts du chafferer, « de ne pas pouvoir payer plus que… »

"Alors va en enfer !" rugit le fermier. "Vous quittez ma ferme ou... ou je laisse Oscar se déchaîner", ajouta-t-il avec inspiration.

Depuis un dernier quart d'heure, il se retenait avec peine ; mais l'instinct marchand de M. Hearty avait été l'étincelle qui avait allumé le volcan de sa colère.

M. Hearty recula violemment ; trébucha contre une grosse pierre et s'assit avec une brusquerie qui fit claquer ses dents.

« C'est parti ! » cria le fermier, violet de rage. "Ici Jim", a-t-il crié ; mais M. Hearty n'attendait plus rien. Se relevant, il s'enfuit aveuglément, il ne savait où. Il lui suffisait qu'il soit éloigné de ce bras musclé qui agrippait une cravache d'apparence redoutable.

Bindle se tourna pour le suivre, sentant que sa propre popularité avait été submergée par les qualités négatives de sa femme et de son beau-frère ; mais le fermier leva la main pour se retenir.

"Pas toi", dit-il, "tu viens à la maison. Je peux te donner une chope de bière comme tu n'en as pas goûté depuis des années. Je suis tout bouleversé, je le suis", a-t-il ajouté, alors que si pour excuser son éclat. "Je n'oublie pas que c'est toi qui es venu me parler d'Oscar. Il a peut-être fait un peu de dégâts."

Puis, se rappelant soudain la cause de tous ces ennuis, il ajouta : « Bon sang, ce vieux Jim ! Ce sont ces vaches qui ont fait ça. Tirez sur Oscar !

CHAPITRE X

L'ARRIVÉE DU TOURBILLON

je

"C'est arrivé, mon pote."

"Va-t'en, nous ne sommes pas encore debout", cria la voix de Mme Bindle depuis l'intérieur de la tente.

"C'est arrivé, mon pote", répéta une voix lugubre, que Bindle reconnut comme celle du grand homme découragé au menton chauve.

"Qui est venu ?" » demanda Bindle en se redressant et en jetant les draps de sa poitrine, révélant une chemise de nuit en flanelle rose délavée.

"La cuisine de campagne clignotante", fit la voix de l'extérieur. "Tu viens y jeter un oeil ?"

"Bien sûr, vieux sport. Je serai dehors dans deux temps."

"Je ne veux pas que cet homme vienne à la tente quand... quand nous ne sommes pas debout", dit Mme Bindle avec colère.

"Tout va bien, Lizzie", rassura Bindle, "'il ne peut pas voir à travers - et ce n'est pas ce genre de crique non plus", a-t-il ajouté.

Mme Bindle murmura une réplique colérique.

Cinq minutes plus tard, Bindle, avec ses bretelles, quittait la tente et rejoignait le groupe d'hommes et d'enfants qui regardaient un objet cabossé qui rappelait étrangement la première machine à vapeur de Stevenson.

"C'est ça", dit l'homme au menton ras, dont le nom était Barnes, connu de ses intimes sous le nom de "'Arry", se tournant pour saluer Bindle et pointant un pouce sale en direction de la cuisine itinérante.

Des têtes dubitatives furent secouées. Beaucoup d'hommes avaient déjà fait l'expérience pratique du tempérament d'un cuisinier de campagne militaire.

"Chez Givenchy, j'en vois un coupé en deux par un "Crump", marmonna un petit homme brun, aux yeux cerclés de rouge qui semblaient cligner automatiquement. "Ce n'était pas du tout un spectacle non plus", a-t-il ajouté.

"Qui va alimenter?" » demanda Barnes en se frottant affectueusement le menton avec la pulpe de son pouce droit.

"'C'est moi qui ai été le plus méchant", suggéra Bindle.

Mais ils n'étaient pas d'humeur à la légèreté. Aucun n'avait encore déjeuné, et tous avaient subi les graves inconvénients de camper sous la direction suprême d'un clerc bienveillant mais malavisé.

"Pourquoi je suis venu ici, je ne sais pas", a déclaré un homme au visage humide et sale. "Je pourrais peut-être aller à Southend avec mon beau-frère, je pourrais", a-t-il ajouté avec réminiscence.

"Tu n'étais pas une vraie idiote, n'est-ce pas ?" remarqua un petit homme nerveux en maillot et pantalon kaki.

"Tu es là, mon pote", fut la réponse. "Blinkin 'barmy, je dois l'être."

"J'allais à Yarmouth", confia un troisième, "seulement ma femme a eu ce camp rougeâtre sur le cerveau en mouvement. J'en ai parlé jusqu'à en être malade et j'ai cédé pour la paix et la tranquillité. Maintenant, regardez-moi."

"C'est tout un gouvernement crasseux qui a lancé ces camps avant de bégayer", se plaignait un homme aux cheveux roux au visage de bolcheviste.

"Il y a aussi des courses à Yarmouth", a grommelé l'orateur précédent.

"Pas avant septembre", répondit un autre.

"Août", a déclaré le premier orateur avec agressivité, et les deux hommes ont discuté avec acharnement de la date des courses de Yarmouth.

Lorsque la dispute fut allée aussi loin qu'elle le pouvait sans coups et eut calmé toute autre conversation, Bindle s'éloigna du groupe et retourna à la tente pour trouver Mme Bindle occupée à préparer le petit-déjeuner.

Il fit claquer ses lèvres avec la conscience que de tous les campeurs, il était le mieux nourri.

"J'y vais," cria-t-il joyeusement, et une fois de plus il se fit claquer les lèvres.

"Dommage que vous ne puissiez pas faire quelque chose pour aider", rétorqua-t-elle, "au lieu de flâner avec cette bande de coquins paresseux."

Bindle se retira à l'intérieur de la tente et commença à faire sa toilette.

"C'est vrai, ne fais pas attention quand je te parle," dit-elle sèchement.

"Oh mon Dieu!" il gémit. "C'est du scratch toute la nuit et du scrap toute la journée. C'est bien des vacances."

Il s'efforça de trouver quelque chose de délicat à dire ; mais pour le moment, rien ne semblait se suggérer, et Mme Bindle cassa méchamment trois œufs dans la poêle à frire dans laquelle le bacon grésillait déjà, comme une usine sans fil énergique.

L'odeur savoureuse des œufs au plat et du bacon atteignit Bindle à l'intérieur de la tente, lui inspirant des sentiments de bienveillance et de bonne volonté.

"Je suis désolé, Lizzie," dit-il contrit, "mais je ne t'ai pas écouté."

"Vous avez assez bien entendu ce que j'ai dit", fut la réplique de Mme Bindle en cassant un quatrième œuf dans la poêle.

"La cuisine est arrivée", dit-il agréablement.

"Oh, n'est-ce pas ?" Mme Bindle ne leva pas les yeux de la poêle à frire qu'elle tenait au-dessus du feu de reconnaissance.

Pendant une minute ou deux, Bindle garda le silence, se demandant quel sujet il possédait pour apaiser son évidente irritation.

« On dit que la grande tente est en panne à la gare », remarqua-t-il, répétant une rumeur qu'il avait entendue alors qu'il examinait la cuisine de campagne.

Mme Bindle n'a garanti aucune réponse.

"As-tu bien dormi, Lizzie ?" il a demandé.

"Dormir!" répéta-t-elle avec mépris. "Comment ai-je pu dormir ainsi sur de la paille rugueuse. J'ai mal partout."

Il comprit qu'il avait commis une erreur en abordant le sujet du sommeil.

"Le lait n'est pas arrivé", annonça-t-elle sur-le-champ avec l'air de faire une déclaration qu'elle savait impopulaire. Lier le thé détesté sans lait.

"Vous ne le dites pas", remarqua-t-il. "Je dois dire un mot à Daisy. Elle n'aurait pas dû mettre des fioritures fleuries."

"La paraffine est entrée dans le sucre", fut la bombe suivante.

"Eh bien, eh bien", a déclaré Bindle. "Je suppose que vous ne pouvez pas tout penser comme vous le souhaiteriez."

"Une autre fois, peut-être que tu te lèveras toi-même et que tu aideras à préparer les repas."

"Je ne suis pas très doué dans ce genre de choses", répondit-il, conscient que la colère de Mme Bindle montait.

"Tu me laisses tout faire, comme si j'étais ton esclave au lieu de ta femme."

Bindle resta silencieux. Il réalisa qu'il y avait des moments où il valait mieux s'incliner devant la tempête.

"Ce n'est pas encore fait ?" » demanda-t-il en regardant la poêle avec inquiétude.

"C'est tout ce qui compte pour toi, ton estomac", cria-t-elle, sa voix s'élevant de manière hystérique. "Tant que tu as beaucoup à manger, rien d'autre n'a d'importance. Je me demande si je le supporterai. Je—je——"

Les yeux de Bindle étaient toujours fixés avec inquiétude sur la poêle à frire que, dans son excitation, Mme Bindle faisait bouger d'un côté à l'autre du feu.

"Attention!" s'écria-t-il, tu vas le bouleverser, et je suis aussi affamé qu'un maladroit.

Soudain, une lueur de folie jaillit dans ses yeux.

"Oh ! c'est vrai, n'est-ce pas ? Eh bien, demandez à quelqu'un d'autre de préparer vos repas", et sur ce, elle retourna la poêle à frire, versant le contenu dans le feu. Alors que Bindle sautait de la boîte sur laquelle il était assis, elle frotta la poêle à frire sur les cendres, créant un désordre hideux avec le bois brûlé, les œufs et le bacon.

Avec un cri qui ressemblait à un demi-sanglot, elle s'enfuit vers l'abri de la tente, laissant Bindle contempler l'épave de ce qui était destiné à son petit-déjeuner.

Ramassant un bâton carbonisé à une extrémité, il se mit à ratisser parmi les braises dans le vague espoir de pouvoir déterrer de l'épave quelque chose de mangeable ; mais l'action de Mme Bindle en frottant la poêle sur les cendres avait enlevé du contenu toute apparence de nourriture. Avec un soupir, il se leva et trouva l'évêque qui le regardait.

« Vous avez eu un accident ? » demanda-t-il aimablement.

"Vous l'avez compris, monsieur", sourit Bindle. "Il y a vingt ans", ajouta-t-il dans un murmure.

"Il y a vingt ans!" murmura l'évêque, une expression perplexe sur le visage. "Qu'était-ce il y a vingt ans ?"

"Le petit incident dont vous parliez, monsieur", expliqua Bindle, toujours à voix basse. "J'ai épousé Mme B. à l'époque, et elle devient un peu nerveuse de temps en temps."

« Je vois, murmura l'évêque, elle a bouleversé le petit déjeuner.

"Eh bien, monsieur, vous pouvez le dire ainsi; mais personnellement, je pense que c'est le petit-déjeuner qui l'a bouleversé."

"Et tu n'as rien à manger ?"

"Pas même une boîte de conserve à lécher, monsieur."

"Cher moi, cher moi !" s'écria l'évêque, sincèrement affligé, puis, apercevant soudain la forme lugubre de Barnes surgir de derrière une tente voisine, il le salua.

Barnes s'approcha avec toute la délibération et l'insouciance d'un fataliste prononcé.

"Notre ami ici présent a eu un accident", dit l'évêque en désignant l'incendie. "Veux-tu passer sous ma tente chercher des œufs et du bacon. Dépêche-toi, c'est un brave garçon."

Barnes tourna délibérément les talons, tandis que Bindle et l'évêque se mirent à reconstituer le feu d'éclaireur.

Un quart d'heure plus tard, lorsque Mme Bindle jeta un coup d'œil hors de la tente, elle vit l'évêque et Bindle occupés à faire frire des œufs et du bacon ; tandis que Barnes les regardait avec un pessimisme impassible.

Se levant pour dégourdir ses jambes à l'étroit, l'évêque aperçut Mme Bindle.

"Bonjour, Mme Bindle. J'espère que votre mal de tête va mieux. M. Bindle m'a dit qu'il avait eu un problème avec votre petit-déjeuner, alors je l'aide à le préparer. J'espère que cela ne vous dérangera pas si Je me joins à vous pour le manger.

"C'est ce que j'appelle du tac," marmonna Bindle dans sa barbe, "mais mon Dieu, je ne suis pas un menteur, je suis aussi un pasteur."

Mme Bindle s'avança, une expression sur son visage qui était généralement réservée au révérend M. MacFie, de la chapelle d'Alton Road.

"C'est très gentil de votre part, monsieur. Je suis désolé que Bindle vous ait laissé aider à cuisiner."

"Mais je vais aider à manger", s'écria gaiement l'évêque.

"Mais ce n'est pas un travail digne d'un——"

" Je sais ce que vous allez dire, " dit l'évêque, " et je ne veux pas que vous le disiez. Ici, nous sommes tous amis, nous nous entraidons et nous donnons à manger quand les affamés apparaissent. Pour ce matin Je vais jouer le rôle de celui qui a faim. Je me demande si vous allez préparer le thé, Mme Bindle, M. Bindle me dit que votre thé est merveilleux.

"Oh mon Dieu!" murmura Bindle en levant les yeux.

Avec ce qui ressemblait presque à un sourire, Mme Bindle se mit à exécuter les ordres de l'évêque.

Pendant le repas, Bindle resta silencieux, laissant la conversation à Mme Bindle et à l'évêque. Au moment où il eut fini sa troisième tasse de thé, Mme Bindle était presque gay.

L'évêque parlait de ménage, touchait à la religion et à la charité chrétienne, repartait vers les colonies de vacances, puis s'occupait du mariage, des bébés et des cent et une autres choses chères au cœur d'une femme.

Lorsqu'il se leva finalement pour partir, Bindle vit dans les yeux de Mme Bindle un sourire qui atteignit presque ses lèvres.

"J'espère que si jamais vous nous honorez à nouveau, monsieur, vous me le ferez savoir..."

"Non, Mme Bindle, c'est l'inattendu qui me ravit, et je vais être égoïste. Merci pour votre hospitalité et notre agréable conversation", et sur ce, il partit.

"Eh bien, je suis époustouflé !" murmura Bindle en regardant la silhouette de l'évêque en retraite, "et moi, je pense toujours que tu dois avoir un 'ymn' et une boîte de saumon pour faire l'amour à Mme B."

"Et maintenant, je suppose, tu vas partir et me laisser faire toute la vaisselle. Le beurre ne fondrait pas dans ta bouche quand l'évêque était là. Tu ne pouvais pas dire un mot devant lui," dit-elle sèchement. , et elle commença à rassembler les plats.

"Non," marmonna Bindle alors qu'il allait chercher des bâtons pour le feu. "'Je peux bien parler; mais quand on veut que ça dure, il vaut mieux avoir une boîte de saumon sur laquelle se rabattre."

Ce matin-là, Daisy avait une rivale sérieuse dans la cuisine de campagne, qui, comme elle, était une quantité inconnue, capable aussi bien de contribuer au bonheur de tous que de refuser ce qu'on attendait d'elle.

Il fut bientôt évident pour l'évêque que la cuisine de campagne allait se révéler une source d'anxiété aussi grande que Daisy. Personne n'a manifesté une quelconque inclination marquée à jouer le rôle de chauffeur. En outre, l'évêque avait complètement oublié l'importante question du combustible, ayant omis de commander du charbon ou du coke. En outre, les épouses se méfiaient fortement de ce qu'elles considéraient comme une manière nouvelle de préparer un repas. Beaucoup d'entre elles avaient déjà entendu parler des cuisines de campagne militaires par leurs maris et étaient pleines de pressentiments.

Il fallut tout le tact et l'enthousiasme de l'évêque pour modifier leur antagonisme évident.

"Je ne vais pas faire confiance à quoi que ce soit en ce qui me concerne dans une vieille chose rouillée comme celle-là", a déclaré une grosse femme à la peau crasseuse et aux cheveux rares.

"Pareil ici, ils n'auraient pas dû nous laisser descendre sans faire une perspicacité appropriée", se plaignit un second, saisissant l'occasion, lorsque la tête de l'évêque était dans la chaudière, de proférer l'hérésie.

"Bénissez-moi!" dit-il en retirant la tête, inconscient qu'il y avait une tache noire sur la joue épiscopale droite. "Cela nécessitera énormément de carburant. Maintenant, qui se portera volontaire pour alimenter ?" tournant son sourire le plus convaincant vers le groupe d'hommes, qui avaient été vivement intéressés par son examen de l'appareil.

Les hommes traînaient les pieds, se regardaient, comme si chacun espérait trouver chez l'autre l'esprit de sacrifice qui lui manque.

Leur réticence était si marquée que le visage de l'évêque tomba, jusqu'à ce qu'il aperçoive soudain Bindle qui approchait.

"Ah!" il pleure. "Voici l'homme que je veux. Maintenant, Bindle," cria-t-il, "tu nous as sauvés du taureau, aimerais-tu devenir chauffeur ?"

"Je ne suis sûrement pas aussi mauvais que ça, monsieur", sourit Bindle.

"Je ne parle pas professionnellement", a ri l'évêque, qui s'était déjà attiré les bonnes grâces des hommes parce qu'il ne "parlait pas comme un curé vermeil". "Je veux que quelqu'un prenne en charge cette cuisine de campagne", a-t-il poursuivi. "Je le ferais moi-même, mais j'ai tellement d'autres choses à faire. J'emprunterai du charbon à M. Timkins."

Bindle regarda d'un air dubitatif la masse de fer peu attrayante, tamponnée des verts et des bruns usés par les intempéries du camouflage et de la guerre.

"C'est bien simple", dit l'évêque. "Vous allumez le feu ici, c'est le four, et vous faites bouillir les choses ici, et... nous allons bientôt le faire démarrer."

« Cela ne me dérange pas de chauffer, monsieur, » dit enfin Bindle ; "Mais je ne vais pas m'occuper du dîner de 'oo. S'il doit y avoir des disputes avec les dames, eh bien, je n'y participe pas."

Finalement, il fut convenu que Bindle allumerait le feu et mettrait la cuisine en état de marche, et que la mise au four et le retrait des différents plats seraient laissés à la discrétion des campeurs eux-mêmes, qui étaient être responsable du temps nécessaire à la préparation de leurs propres repas.

Avec une énergie étonnante, l'évêque chargea les enfants de ramasser du bois, et bientôt Bindle, se jetant dans le travail avec enthousiasme, alluma le feu. Une bonne provision de charbon et de coke était arrivée de la ferme.

"Tu n'es pas vraiment malchanceux, mon pote", dit l'homme au menton hérissé. "J'aurais dû embaucher un cuisinier", a-t-il ajouté. "Nous venons ici pour nous amuser, pas pour jouer les chauffeurs. C'est comme ces pasteurs roux", a-t-il ajouté, "ils veulent toujours quelque chose pour Nuffin."

"'Eh bien, viens, joyeux", s'écria Bindle, "donne-moi un 'et avec ce coca,' et, une minute plus tard, le lugubre Barnes se retrouva en sueur comme un cheval et à pelleter du carburant dans la gueule vorace de la cuisine.

"Ce n'est pas comme ça !"

L'homme redressa le dos et, une main sur la pelle, regarda Mme Bindle, qui s'était approchée sans être remarquée. Avec le pouce sale de son autre main, il se frotta le menton, donnant à ses traits peu engageants une apparence déséquilibrée.

"Qu'est-ce qui ne va pas, mademoiselle ?" » demanda-t-il de l'air de quelqu'un prêt à entendre raison.

"Le coca doit être mouillé", fut la réponse, "et vous en mettez trop."

"Mais nous voulons que ça brûle", a-t-il protesté.

Mme Bindle lui tourna ostensiblement le dos.

" *Tu* devrais au moins en savoir plus, Bindle," dit-elle sèchement, et elle commença à lui enseigner l'art d'entretenir un feu.

"Tu ferais mieux d'en sortir", dit-elle.

"'Ere vieux sport," s'écria Bindle, "donne-nous..." il s'arrêta brusquement. Son assistant avait disparu.

" Vous ne devez laisser personne mettre quoi que ce soit à l'intérieur avant que le four ne soit chaud ", continua Mme Bindle, " et vous ne devez pas ouvrir la porte trop souvent. Vous feriez mieux de fixer une heure à laquelle ils pourront apporter la nourriture, disons onze heures. 'horloge."

« Portes anticipées, trois pence de plus ? » demanda Bindle.

"Nous allons avoir du crapaud-saucisse dans le trou, et attention, ne le brûlez pas."

"Je vais le regarder comme si c'était ma propre joue", a juré Bindle.

"Si l'évêque vous connaissait comme je vous connais, il ne vous aurait pas fait confiance pour cela", a déclaré Mme Bindle, alors qu'elle s'éloignait avec les lèvres tirées et la tête en l'air, marchant avec la gêne d'un bantam qui sent ses éperons.

"C'est foutu si elle ne pense pas que je me suis porté volontaire pour ce travail de floraison", marmonna-t-il en cessant d'extraire des morceaux de coke du fourneau. "Eh bien, si leur dîner n'est pas terminé, c'est de leur faute, et s'il est trop cuit, ce n'est pas la mienne", et sur ce, il sortit sa pipe de sa poche et la remplit.

"Pas de chance", s'écria-t-il tandis qu'une vieille femme aux cheveux gris, avec la saleté des autres années sur le visage, boitait avec un plat à tarte. "Les portes ne sont pas encore ouvertes."

"Mais c'est une tarte à l'oignon", grommela la vieille dame, "et les oignons demandent beaucoup de temps à cuire."

"Je n'y peux rien", sourit Bindle. "Les portes ne sont ouvertes qu'à onze heures."

"Mais..." commença la femme.

"Rien, maman," dit Bindle obstiné. "Vous voyez, c'est une cuisine religieuse. C'est un genre différent d'une cuisine blasphématoire ordinaire."

Sur le coup de onze heures, Mme Bindle apparut avec un grand plat à tarte brun, dont la vue fit mettre l'eau à la bouche de Bindle.

"Maintenant," cria-t-il, "faites la queue pour la file d'attente des pâtisseries. Shillin' a 'ead et' toutes les mauvaises noix ont changé. Oh ! non, vous ne le faites pas, " cria-t-il alors qu'une femme lui tendait une bassine. "Je suis chauffeur, pas cuisinier. Vous les mettez vous-même et vous les récupérez quand vous le voulez. S'il y a quelque chose à faire, je serai arbitre."

Un à un, les plats furent mis au four, et un à un leurs propriétaires se retirèrent, avec un sentiment de plus grande confiance dans leur cœur maintenant qu'ils pouvaient préparer un vrai dîner. Les hommes allèrent boire un verre et bientôt Bindle se retrouva seul.

Au cours de la première demi-heure, Mme Bindle fit trois visites distinctes à la cuisine de campagne. Pour elle, c'était un appareil nouveau et déroutant, et elle n'avait aucun moyen de mesurer la chaleur du four. Elle le considéra avec méfiance et, lors de la deuxième visite, adressa un avertissement particulier à Bindle.

À 11 h 40, Barnes revint avec une grande bouteille noire, qu'il tendit à Bindle avec une invitation à « prendre un verre ».

Bindle ôta le bouchon et porta la bouteille à ses lèvres, et sa pomme d'Adam sautilla joyeusement.

"Ah!" s'écria-t-il en baissant enfin la bouteille et la tête en même temps. "C'est ce qu'il faut leur donner", et à contrecœur il rendit la bouteille à son propriétaire, qui se retira précipitamment à la vue de Mme Bindle qui approchait.

Lorsqu'elle fut partie, Bindle commença à se sentir somnolente. Le soleil était chaud, l'air était calme et le monde était très agréable à vivre. Pourtant, il y avait la cuisine de campagne à entretenir.

Pendant quelque temps, il lutta contre l'appel du sommeil ; mais, quoi qu'il voulût, sa tête continuait à hocher et ses paupières semblaient alourdies de plomb.

Soudain, il eut une inspiration. S'il alimentait la cuisine de campagne, elle prendrait soin d'elle-même et il pourrait avoir juste les « quarante clins d'œil » dont sa nature avait besoin.

Avec une énergie fébrile, il se mit au travail avec la pelle, traitant les deux piles de charbon et de coke en toute impartialité. Puis, après avoir rempli le fourneau, il ferma la porte de l'air de la sentinelle romaine se déchargeant de sa responsabilité en déclenchant une alarme antivol. S'éloignant du rayon de chaleur provoqué par le fourneau, il se décida à dormir derrière le tas de coke.

Soudain, il fut réveillé d'un rêve dans lequel il se trouvait sur le pont d'un bateau à vapeur naufragé, entouré de vapeur qui s'échappait avec des sifflements vicieux des chaudières endommagées.

Il s'assit et regarda autour de lui. L'air semblait blanc de vapeur, dans et hors de laquelle on voyait bouger deux personnages. Il se releva péniblement et regarda autour de lui.

À quelques mètres de là, il vit Mme Bindle en train de jeter de l'eau sur la cuisine de campagne, puis de reculer rapidement pour échapper à l'étouffement de vapeur qui en résultait. L'évêque, muni d'un seau et d'une cruche rose et bleue, jetait de l'eau sur le dos du monstre.

Bindle regarda la scène avec étonnement, puis, faisant un détour, il s'approcha du côté opposé, pour voir ce qui avait provoqué la crise. A ce moment précis, l'évêque jugea que le seau avait été suffisamment allégé par l'usage de la cruche rose et bleue pour lui permettre de le soulever.

Un instant plus tard, Bindle était au centre d'une cascade d'eau et d'un manteau d'embruns.

"'Ere! Qu'est-ce que c'est?" il a braillé.

L'évêque passa de l'autre côté et s'excusa abondamment, expliquant comment Mme Bindle avait découvert que la cuisine de campagne était devenue surchauffée et qu'ils essayaient ensemble d'abaisser la température.

"Oui, mais je n'ai pas trop mangé", protesta Bindle.

"Vous avez mis trop de charbon dedans, Bindle ; l'endroit aurait été chauffé au rouge en une demi-heure."

"Eh bien, mais regarde tous ces dîners qui..."

"Ne lui parlez pas, monseigneur", dit Mme Bindle, qui, grâce à un camarade de camp, avait appris comment s'adresser à un évêque. "Il l'a fait exprès."

"Non, non, Mme Bindle", dit cordialement l'évêque. "Je suis sûr qu'il n'avait pas l'intention de faire ça. C'est vraiment de ma faute."

Et Mme Bindle en est restée là.

À partir de ce moment-là, cependant, elle prit en charge les opérations, l'évêque et Bindle travaillant sous sa direction. La nouvelle de l'incendie de la cuisine de campagne, transmise aux parents par les enfants, avait soulevé les campeurs en pleine force et au pas de course.

Il y avait eu une ruée vers le four ; mais Mme Bindle montra bientôt qu'elle avait la situation bien en main, et la vue de l'évêque exécutant ses ordres eut un effet rassurant.

Sous sa surveillance, chaque plat et bassine était retiré et les premiers soins étaient administrés à ceux qui en avaient besoin. Ceux qui ont été brûlés ont été soignés avec une habileté et une rapidité qui ont suscité l'admiration de toutes les ménagères présentes. Ils se contentaient de laisser les choses entre des mains qu'ils reconnaissaient plus compétentes que les leurs.

Lorsque les travaux de récupération furent terminés et que la vaisselle et les bassines furent remises dans un four réduit à une température convenable, l'évêque s'épongea le front, tandis que Mme Bindle reculait et regardait la cuisine de campagne comme aurait pu le faire Saint-Georges. regarda le dragon vaincu.

Son visage était rouge et ses mains étaient crasseuses ; mais dans ses yeux il y avait une vive satisfaction. Pour une fois dans sa vie, elle avait occupé le centre de quelque chose de plus grand qu'une scène domestique.

"Mes amis", s'écria l'évêque, toujours prêt à dire quelques mots ou à souligner la morale, "nous avons tous une très grande obligation envers notre compétente amie Mme Bindle, une véritable Marthe parmi les femmes ;" il désigna Mme Bindle avec une motion de ce qui était probablement la main épiscopale la plus sale de l'histoire de l'Église. "Elle a sauvé la situation et, qui plus est, elle a sauvé nos dîners. Maintenant", s'écria-t-il d'un ton enfantin, "j'appelle à trois acclamations pour Mme Bindle."

Et ils furent donnés avec une cordialité qui provoqua à Mme Bindle une étrange sensation au fond de la gorge.

Les campeurs se sont rassemblés autour d'elle et ont découvert qu'elle, qu'ils considéraient comme « hautaine », pouvait être presque aimable. Quoi qu'il en soit, elle avait sauvé leurs dîners.

C'était l'heure de Mme Bindle.

"J'imagine que j'appelle Martha, alors qu'elle s'appelle Lizzie", marmonna Bindle alors qu'il s'éloignait. Il n'avait pas joué un rôle très important dans les débats ; il avait un peu honte du rôle qu'il avait joué dans ce qui s'était avéré presque une tragédie.

Ce jour-là, les travailleurs fatigués dînèrent à cause de Mme Bindle, et ils le savaient. Les propos échangés parmi les groupes rassemblés à l'extérieur des tentes étaient variés.

"Elle n'a pas du tout ordonné à l'évêque", a fait remarquer à sa femme l'homme qui aurait dû se rendre à Yarmouth.

"De toute façon, si ce n'était pas pour ça, vous auriez des cendres au lieu de côtelettes et d'oignons cuits au four pour votre dîner", fut la réplique, alors que sa femme, une petite femme guêpe, frottait un morceau. de pain autour de son assiette. "Elle n'a pas grand-chose à apprendre sur une cuisinière, je dirai ça pour elle", a-t-elle ajouté, avec l'air de quelqu'un qui voit la vertu dans des endroits inhabituels.

Cet après-midi-là, Bindle était allongé dans la tente, s'efforçant d'en digérer environ cinquante pour cent. plus de crapaud-saucisse dans le trou qu'il n'était autorisé à en transporter, il fut tiré de sa somnolence par le bruit des voix extérieures.

"Nous les avons apportés pour vous, mademoiselle." C'était l'homme au menton ras qui parlait.

"J'ai dû te faire un peu d'abord, tout ça," remarqua une autre voix.

Bindle se redressa. Les événements devenaient intéressants. Il se glissa jusqu'à l'ouverture de la tente et écarta légèrement le rabat.

"Le meilleur dîner que nous ayons jamais proposé." L'orateur était l'homme qui avait vu une cuisine de campagne disséquée chez Givenchy. Il était juste dans la ligne de vision de Bindle.

En écartant encore davantage le rabat, il vit une demi-douzaine d'hommes se tenant maladroitement devant Mme Bindle qui, avec une bouteille de Guinness' stout dans chaque main, souriait en fait.

"C'est très gentil de votre part", dit-elle. "Merci beaucoup."

Dans son étonnement, Bindle laissa tomber le rabat et l'image fut effacée.

"Viens jeter un oeil à Daisy", entendit-il dire l'homme au menton ras. C'était évidemment sa conception de mettre fin à une interview délicate.

"Bonjour", entendit-il marmonner une voix, à laquelle Mme Bindle répondit avec presque cordialité.

Bindle retourna précipitamment à son matelas, juste au moment où Mme Bindle écartait le rabat de la tente et entrait, une bouteille toujours dans chaque main. A cette vue, Bindle prit conscience d'une soif qui jusque-là dormait.

"Je peux me contenter d'une goutte de Guinness", cria-t-il joyeusement, les yeux rivés sur les bouteilles. "C'est gentil de penser à nous dans ces criques."

"C'était moi, pas vous", fut la réplique de Mme Bindle alors qu'elle se dirigeait vers son matelas.

"Mais tu ne bois pas de bière, Lizzie," protesta-t-il. "Tu es la tempérance. Je les boirai pour toi."

"Si tu le fais, je te tuerai, Bindle." Et l'intensité avec laquelle elle prononçait la menace le décida qu'il valait mieux laisser sévèrement le couple de Guinness tranquille ; mais il était profondément perplexe.

II

Ce soir-là, dans la salle sablée de La Truelle et de la Tortue, les estivants mâles s'exprimèrent pour la vingtième fois sans compromission au sujet des évêques et des colonies de vacances. Ils en avaient « marre jusqu'au cou » et ne donneraient pas un peu pour revenir à Londres, où il était possible de trouver un pub « sans avoir une ampoule clignotante sur votre anguille bégayante ».

Il est vrai que la cuisine de campagne était arrivée, qu'ils avaient mangé leur premier bon repas, et il y avait tout lieu de croire que le chapiteau était à la gare ; Pourtant, ils en avaient « marre de toute cette affaire de streaming ».

Pour ajouter à leurs ennuis, le propriétaire de The Trowel and Turtle a exprimé de sérieuses inquiétudes quant à la météo. Le verre tombait et tout indiquait qu'il pleuvait.

"La pluie va bien mettre le couvercle écarlate sur ce beano clignotant", fut l'opinion exprimée par l'un des participants et approuvée par tous, car, avec le conseil du propriétaire de veiller à ce que tout soit bien ajusté pour la nuit, ils sortirent en troupe. de la confortable salle de robinetterie et tournèrent la tête vers le Summer-Camp.

A l'entrée du pré, ils furent accueillis par le chef de patrouille Smithers.

"Il faut détendre les cordes de vos tentes", annonça-t-il, "il se peut qu'il pleuve. Détendez-les juste un peu ; n'en faites pas trop, sinon elles vous tomberont dessus si le vent se lève. "

"Oh criard !" » gémit un long homme avec une moustache éparse, alors qu'il regardait le chef de patrouille Smithers marcher d'un pas vif dans l'allée.

Pendant quelques instants, les hommes se regardèrent avec consternation ; chacun visualisait l'état d'inconfort désespéré qui résulterait du vent et de la pluie.

"Allons jeter un œil à Daisy", dit Bindle sans conséquence.

Ses compagnons le regardèrent avec surprise. Une voix aiguë au loin appelant « 'Enery » semblait leur donner de la décision, particulièrement à 'Enery lui-même. Ils se tournèrent et se dirigèrent vers l'endroit où Daisy était en train de préparer la réserve de lait du lendemain. Elle avait été traite et était contente.

"Écoutez, mes amis", commença Bindle, après s'être assuré qu'il n'y avait pas d'écoute indiscrète, "nous en avons tous marre des camps d'été pour travailleurs fatigués, c'est vrai ?"

"Jusqu'au cou", dit un grand homme à la peau sale, exprimant l'opinion de tous.

"Il n'y a pas de pubs", dit un homme costaud à moustaches noires, "pas de photos, je ne peux pas mettre un shillin sur un cheval, je ne peux rien faire——"

"Mais attention à cette vache rousse", interrompit l'homme au menton ras.

"Eh bien, peut-être que vous avez raison, mais je n'aurais pas pu le dire aussi poliment", a déclaré Bindle avec un sourire. "Nous sommes tous pour le bon vieux Fulham, où une crique peut déposer la poussière. N'est-ce pas, les amis ?"

Les hommes exprimaient leur accord selon l'intensité de leurs sentiments.

"Eh bien, écoutez", dit Bindle, "et je vais vous le dire." Ils se rapprochèrent et écoutèrent.

Vingt minutes plus tard, lorsque la voix réclamant « Enery » devint trop insistante pour être niée, la fête se sépara, et il y eut aux yeux de tous ce qui parlait d'espoir.

III

Cette nuit-là, comme l'avait prédit le chef de patrouille Smithers, un vent violent se leva et frappa vigoureusement les tentes du camp d'été pour travailleurs fatigués de Surrey. Pendant un certain temps, les tentes résistèrent à la fureur du souffle ; ils se balançaient et se courbaient devant lui, mais se défendaient vigoureusement. Bientôt un cri annonça la première catastrophe ; puis suivirent un autre et encore un autre, et bientôt l'obscurité fut déchirée par des cris, des cris et des lamentations, tandis que quelque part près de la tente des Bindles s'élevait la voix de quelqu'un criant depuis un désert de toile pour « Enery ».

Mme Bindle fut réveillée par le claquement bruyant du rabat de la tente. Le chaos semblait s'être déchaîné. Le vent hurlait et sifflait à travers les cordes de la tente, la pluie balayait les côtés de la toile avec un « bruissement » menaçant, le poteau se courbait tandis que la tente se balançait d'un côté à l'autre.

"Bindle", cria-t-elle, "lève-toi !"

"'Ullo!" » répondit-il d'un ton endormi. Il avait pris la précaution de ne pas retirer son pantalon, circonstance qui a ensuite été utilisée comme preuve contre lui.

"La tente est en train de tomber", crie-t-elle. "Lève-toi et tiens l'accessoire."

Tout en parlant, elle sortit de dessous les couvertures et saisit l'imperméable marron qu'elle gardait à portée de main en cas d'accident. Enveloppant cela autour d'elle, elle s'agrippa au poteau de flexion, tandis que Bindle se débattait pour sortir des draps.

Se relevant, il trébucha sur la baignoire en fer-blanc. S'agrippant sauvagement alors qu'il tombait, il plaça Mme Bindle juste au-dessus des genoux, dans le style d'un rugger approuvé.

Avec un cri, elle lâcha le bâton pour libérer ses jambes de l'emprise frénétique de Bindle et, perdant pied, elle tomba sur lui.

« Partez », cria-t-elle.

"Lève-toi de mon ventre alors," haleta-t-il.

À ce moment-là, le vent souleva énormément la tente. Mme Bindle s'agrippait sauvagement à la base du poteau, Bindle s'efforçait de se tortiller sous elle. La combinaison des forces a fait osciller énormément la tente. Un instant plus tard, il sembla surgir du sol avec colère, et elle tomba à la renverse, tandis qu'une masse de toile détrempée descendait, étouffant à la fois ses cris et les protestations de Bindle disant qu'il était en train d'être tué.

Il fallut à Bindle près de cinq minutes pour sortir des lourds plis de la toile mouillée. Puis il dut retourner dans l'obscurité pour chercher Mme Bindle. Afin de pouvoir s'enfuir, Bindle avait coupé les cordes de la tente. Juste au moment où il avait trouvé Mme Bindle, une violente rafale de vent entra derrière lui, souleva la tente et l'emporta.

La soudaineté de la catastrophe parut rendre Mme Bindle muette. Être assise au milieu d'une prairie en pleine nuit, vêtue seulement d'une chemise de nuit et d'un imperméable, sous une pluie battante, lui semblait à la limite de l'indécence.

"Tu es là, Lizzie ?" » fit la voix de Bindle, comme le cri de quelqu'un hélant une personne qui se noie.

"Où est la tente ?" » demanda Mme Bindle sans conséquence.

« Dieu sait ! » il a crié en retour. "Il est probablement à Yarmouth maintenant. 'Oly pommade", a-t-il crié.

"Quel est le problème?"

"J'ai marché sur la marjarine."

"C'est tout ce que nous avons", a-t-elle crié, ses peurs de femme au foyer triomphant même du stress du vent et de la pluie et de sa propre situation intolérable.

De l'obscurité environnante sortaient des cris et des demandes de renseignements tandis que les désastres se succédaient. Des masses de toile soulevantes travaillaient et, une à une, produisaient des personnages dépourvus de vêtements et pleins de protestation ; mais heureusement invisible.

Les femmes pleuraient, les enfants criaient et les hommes juraient avec volubilité.

"Je suis assis dans quelque chose de collant", s'écria Bindle à présent.

"Tu as bouleversé la marmelade. Pourquoi ne peux-tu pas rester tranquille ?"

Ne bouge pas! Bindle cherchait les deux bouteilles de Guinness' stout qu'il savait se trouver quelque part parmi les débris, inconscient que Mme Bindle les avait rangées dans le bain de fer-blanc.

Tandis que les autres tentes déversaient leur contenu humain, le chaos s'intensifiait. Partout, des appels étaient lancés pour obtenir des nouvelles d'unités perdues.

A côté du bain d'étain, Mme Bindle priait pour obtenir du secours et la tente cloche perdue, qui s'était précipitée vers l'est comme à la recherche des sages, laissant tout en dessous nu aux quelques étoiles qui jaillissaient du ciel. fuyant les nuages au-dessus, pour ensuite cacher leur visage un instant plus tard, comme s'ils étaient choqués par ce qu'ils avaient vu.

Soudain, une lumière brillante traversa la prairie et commença à osciller comme un feu follet à la puissance d'une centaine de bougies. Il esquivait sans relâche d'un endroit à l'autre, comme s'il cherchait quelque chose.

Derrière une grande lampe à moteur à acétylène marchait le chef de patrouille Smithers, à la recherche d'une seule tente cloche dressée – il n'y en avait pas.

Les cris de terreur devenaient désormais des cris d'alarme. Les formes qui avaient vaillamment lutté pour s'échapper de la toile gonflée commençaient maintenant désespérément à revenir vers l'isolement qu'exigeait la modestie. La tête toujours en avant, ils regardaient la scène, priant pour que la violence du vent ne les trahisse pas.

Prenant immédiatement les commandes, le chef de patrouille Smithers rassembla les hommes et donna ses ordres à haute voix, et ses ordres furent obéis.

Au moment où l'aube avait commencé à pointer nerveusement vers l'est, suffisamment de tentes pour abriter les femmes et les enfants avaient été reconstruites, la cause du problème découverte et les hommes réprimandés pour un relâchement imprudent des cordes.

"J'aurais dû y veiller moi-même", remarqua le chef de patrouille Smithers avec l'air de quelqu'un qui sait qu'il a affaire à des imbéciles. "Tout ira bien maintenant", ajouta-t-il d'un ton rassurant.

"Très bien maintenant," grogna l'homme au menton chauve alors qu'il levait les yeux vers les nuages gris fuyant puis vers l'herbe détrempée par la pluie. "Nous le ferions si nous étions des canards ou des scouts roux ; mais nous sommes des hommes, nous sommes en vacances", ajouta-t-il avec inspiration, et il se retira dans sa tente, conscient d'avoir exprimé l'opinion de tous.

V

Plus tard dans la matinée, trois chariots chargés de bagages se dirigèrent vers la gare de West Boxton, suivis par un flot dispersé d'hommes, de femmes et d'enfants. Au-dessus de nous, de lourds nuages de pluie se balançaient de manière menaçante dans le ciel. Les hommes fumaient leur pipe avec contentement, car à eux appartenait la paix qui vient de la pleine connaissance. Derrière eux, ils avaient laissé un tas de tentes cloches et la conviction que Daisy allait très probablement exploser avant l'heure du dîner. Qu'est-ce qui les importait ? Dans quelques heures, ils seraient de nouveau dans leur Fulham connu et compris.

En arrivant à la gare, ils aperçurent deux hommes aux prises avec une masse grise qui ressemblait à un ballon dégonflé.

Les hommes ont salué le parti et ont appelé à l'aide.

"C'est le chapiteau rougeoyant", cria une voix.

"La tente clignotante", s'écria un autre, pour ne pas être en reste en matière d'intelligence spéculative.

"Vous pouvez le rapporter avec vous", a crié l'un des hommes du camion.

"Nous sommes démobilisés, mon vieux fils", dit gaiement Bindle. "Nous avons frappé."

"Plus de camps clignotants pour moi", dit l'homme au menton ras.

"'Oreille, 'oreille," vint de plusieurs voix.

"Sommes-nous déprimés ?" demanda une voix.

« Noooooooooo ! »

Et les voix des femmes et des enfants ont été entendues dans la réponse.

Environ une demi-heure plus tard, alors que le train quittait la gare, Bindle appela les porteurs :

"Dites à l'évêque de ne pas oublier de traire Daisy."

"Eh bien, Mme B.", dit Bindle ce soir-là en allumant sa pipe après un excellent souper de saucisses, d'oignons frits et de purée de pommes de terre, "vous êtes en vacances."

"Je crois que tu étais au pied de ces tentes, Bindle," cria-t-elle avec conviction.

"Eh bien, tu étais en dessous, n'est-ce pas ?" fut la réponse, et Bindle fit un clin d'œil entendu à la cruche blanche avec le papillon rose sur le bec.

CHAPITRE XI

MME. BINDLE PREND UN REFROIDISSEMENT

je

" Ton dîner est dans la grande casserole noire et les pommes de terre dans la bleue. Vide le steak mijoté dans le plat à tarte jaune et les pommes de terre dans le légumier bleu et verse de l'eau dans les casseroles après je me couche, je suis se sentir malade.

"EB

"N'oubliez pas de mettre de l'eau dans les casseroles vides, sinon elles brûleront."

Bindle jeta un coup d'œil au poêle comme pour vérifier la déclaration de Mme Bindle, puis, le front ridé, il resta à regarder la table, soigneusement dressée pour une personne.

"Je n'avais jamais vu Lizzie céder auparavant", marmonna-t-il, et il se dirigea vers l'évier et procéda à son "rinçage" du soir, une affaire impliquant une dépense considérable de savon et beaucoup de soufflages et d'éclaboussures.

Après s'être essuyé le visage et les mains avec le rouleau de papier, il traversa doucement la cuisine, ouvrit la porte, écouta, sortit dans le couloir et monta enfin sur la pointe des pieds.

Devant la porte de la chambre, il s'arrêta et écouta à nouveau, son oreille appuyée contre le panneau. Il n'y avait aucun son.

Avec la furtivité d'un cambrioleur, il tourna la poignée, poussa la porte de dix-huit pouces et tourna la tête vers le coin.

Mme Bindle était allongée sur le dos, le visage vide de toute expression, tandis qu'à chaque inspiration, il y avait un son dur et métallique.

Bindle tortilla le reste de son corps autour du montant de la porte, fermant la porte derrière lui. Avec un soin ostentatoire, toujours sur la pointe des pieds, il traversa la pièce et se plaça au chevet du lit.

"Tu ne te sens pas bien, Lizzie ?" demanda-t-il dans un murmure rauque, suffisant à lui seul pour rappeler la mort à un malade.

"As-tu mis de l'eau dans les casseroles ?" Elle posa la question sans tourner la tête et avec l'air de quelqu'un qui a quelque chose en tête. La dureté de sa voix alarma Bindle.

"Je ne suis pas encore au dîner", dit-il. "Y a-t-il quelque chose que tu aimerais?" » s'enquit-il avec sollicitude, toujours dans le même murmure déprimant.

"Non, laisse-moi tranquille", murmura-t-elle. "N'oubliez pas l'eau dans les casseroles", ajouta-t-elle un instant plus tard.

Pendant quelques secondes, Bindle resta indécis. Il était convaincu qu'il fallait faire quelque chose ; mais exactement ce qu'il ne savait pas.

« Ne voudriez-vous pas un peu de poisson frit, ou… ou une côtelette de porc ? » il nomma au hasard deux de ses plats de dîner préférés. Le poisson qu'il pouvait acheter tout prêt, la côtelette qu'il se sentait égal à cuisiner lui-même.

"Laisse-moi tranquille." Elle détourna la tête avec un faible frisson.

"Où es-tu malade, Lizzie ?" » s'enquit-il longuement.

"Va-t'en", gémit-elle, et Bindle se tourna, se dirigea sur la pointe des pieds vers la porte et sortit de la pièce. Il était conscient que la situation le dépassait.

Ce soir-là, il mangea sans goût. Son esprit était occupé par le malade à l'étage et par le problème de ce qu'il devait faire. Il n'était pas habitué à la maladie, ni chez lui ni chez les autres. Son instinct était d'aller chercher un médecin ; mais est-ce qu'elle aimerait ça ? Il était toujours un peu difficile d'anticiper l'opinion de Mme Bindle sur une action particulière, aussi bien intentionnée soit-elle.

A la fin du repas, il sortit sa pipe de sa poche et se mit à fumer en vue de l'inspiration.

Soudain, il fut réveillé par un fort martèlement au-dessus de sa tête.

"'Oly pommade, elle est tombée !" » marmonna-t-il en se dirigeant vers la porte et en montant les escaliers deux à la fois.

En ouvrant la porte, il trouva Mme Bindle assise dans son lit, un jupon de flanelle rouge sur les épaules, reniflant l'air comme un chien affamé.

"Tu brûles ma meilleure casserole", croassa-t-elle.

"Je ne le suis pas, Lizzie, en fait, je ne le suis pas..." Puis la mémoire lui revint. Il avait oublié de mettre de l'eau dans l'une ou l'autre des casseroles.

"Je peux sentir le brûlé," persista-t-elle, "tu——"

"J'ai renversé du stoo sur la cuisinière", mentit-il, se sentant rassuré de savoir qu'elle ne pouvait pas réfuter cette affirmation.

Avec un gémissement, elle se laissa tomber sur son oreiller.

"C'est comme une porcherie. Je le sais", gémit-elle avec une conviction tragique.

"Non, ce n'est pas le cas, Lizzie. Je vais juste faire le ménage. Tu ne voudrais pas penser à manger ?" » s'enquit-il à nouveau, puis, avec inspiration, ajouta : « Que pensez-vous d'une boîte de saumon, ça vous fera du bien à l'haleine. Je vais pincer et attraper une tique sur deux.

Mais Mme Bindle secoua la tête.

Pendant près d'une minute, il y eut un silence pendant lequel Bindle la regarda, impuissant.

« Je vais chercher un médecin », annonça-t-il enfin.

"N'ose pas m'amener un médecin."

"Mais si tu ne vas pas bien..." commença-t-il.

" Je vous le dis, je n'aurai pas de médecin. Écoutez... " Elle fut interrompue par une quinte de toux qui parut presque l'étouffer. "Regarde l'état de la chambre," haleta-t-elle longuement.

"Mais qu'est-ce qui va arriver ?" » demanda Bindle. "Tu ne peux pas———"

"Ça n'aura pas d'importance," gémit-elle. "Si je meurs, vous serez heureux", ajouta-t-elle, comme pour ne laisser aucun doute dans l'esprit de Bindle quant à sa propre opinion sur la question.

"Non, je ne devrais pas. 'Comment pourrais-je continuer sans toi ?"

"Je pense à toi comme d'habitude", fut la réplique.

Puis, tout à coup, elle se souleva à moitié dans son lit et, relevant de nouveau la tête, renifla l'air avec méfiance.

« Je sais que cette casserole brûle », dit-elle avec conviction ; mais elle retomba, haletante. Brûler une casserole semblait une chose de moins en moins importante.

"Non, ce n'est pas le cas, Lizzie, en fait, ce n'est pas le cas. Je l'ai rempli jusqu'au bord. C'est ce peu de bêtise que j'ai renversé sur la cuisinière. Ça pue le Billy-o, n'est-ce pas ?" Son sentiment de culpabilité le rendait bavard. "Je vais aller le gratter," ajouta-t-il, et sur ce, il disparut.

"Oh mon Dieu !" » marmonna-t-il en ouvrant la porte de la cuisine, et fut accueilli par un volume de fumée bleuâtre qui semblait lui prendre la gorge.

Il se précipita vers le poêle, saisit la casserole et, la portant vers l'évier, ouvrit le robinet.

Un instant plus tard, il laissa tomber la casserole dans l'évier et repartit, aveuglé par un volume de vapeur qui s'échappait de l'intérieur.

Rapidement et doucement, il ouvrit la fenêtre et la porte extérieure.

"Tu n'es pas cuisinier, JB", marmonna-t-il en détachant le rouleau de serviette et en se mettant à l'utiliser comme ventilateur, dans le but de chasser l'odeur de la fenêtre et de la porte de l'arrière-cuisine.

Lorsque l'air fut plus clair, il retourna à l'évier et, cette fois, remplit les deux casseroles d'eau et les replaça sur la cuisinière.

"Je me demande ce que je ferais mieux", marmonna-t-il, et il regarda autour de lui, impuissant.

Puis, avec une inspiration soudaine, il se souvint de Mme Hearty.

Grimpant doucement à l'étage, il passa la tête par la porte de la chambre et annonça qu'il sortait acheter un journal. Sans attendre ni critique ni commentaire, il referma rapidement la porte.

Dix minutes plus tard, il ouvrait la porte vitrée, avec des rideaux blancs et des attaches bleues, qui menait du magasin de M. Hearty à Fulham au salon situé derrière.

Mme Hearty était assise à table, un verre à moitié plein de Guinness's stout devant elle.

A la vue de Bindle, elle se mit à rire, et le rire la réduisait toujours à un état mi-angoisse, mi-extase.

"Oh, Joe !" elle eut une respiration sifflante, puis commença à se soulever et à onduler de gaieté.

A la vue de l'air anxieux sur son visage, elle s'arrêta brusquement et, de son poing fermé, commença à lui frapper la poitrine.

"C'est mon souffle, Joe," siffla-t-elle. "Ça ne semble pas s'améliorer. 'Ave une goutte", haleta-t-elle en désignant la bouteille de Guinness sur la table. "Il y a un verre sur la commode", a-t-elle ajouté ; mais Bindle secoua la tête avec inquiétude.

"C'est Lizzie", dit-il.

« Lizzie ! » » siffla Mme Hearty. "Qu'est-ce qu'elle fait maintenant ?"

Mme Hearty ne se faisait aucune illusion sur la capacité de sa sœur à assurer le bonheur domestique de n'importe quel homme. Sa propre philosophie était : « Si les choses doivent arriver, laissez-les arriver », alors qu'elle était bien consciente que Mme Bindle s'efforçait de contrôler les rouages du destin.

« Quand tu as ma taille, disait-elle, tu ne voudras t'inquiéter de rien ; ce sont les maigres comme les grisonnants.

"Elle est malade au lit", a-t-il expliqué, "et je ne sais pas quoi faire. Elle dit qu'elle ne verra pas de médecin, et elle est un peu agitée parce qu'elle pense que je brûle les casseroles fleuries. — et je les ai brûlés, Martha, ajouta-t-il confidentiellement. "Ça pue."

À ce moment-là, Mme Hearty commença à se soulever et des mouvements étranges se répercutèrent sur ses multiples mentons. Elle riait.

Il n'y avait cependant aucune lueur d'humour correspondante dans les yeux de Bindle, et elle se reprit rapidement. "Qu'est-ce qu'il a, Joe ?" Elle haleta.

"Elle ne dira pas où il se trouve", a-t-il répondu. "Je pense que c'est sa poitrine."

"Très bien, je vais revenir", et elle commença à faire une série d'étranges mouvements de soulèvement jusqu'à ce que, finalement, elle acquière suffisamment de rebond pour la remettre sur ses pieds. "Retourne, Joe", a-t-elle ajouté.

"Bien sûr, Martha ! Tu as toujours été un sport", et Bindle se dirigea vers la porte. En l'ouvrant, il se tourna. "Vous ne direz rien de ces casseroles", dit-il anxieusement.

"Oh ! vas-y, chérie, fais-le", siffla Mme Hearty, recommençant à onduler une fois de plus.

Avec son beau-frère, Mme Hearty n'a jamais su faire la distinction entre le sacré et le profane.

Une demi-heure plus tard, Mme Hearty et Bindle se tenaient de chaque côté du lit de Mme Bindle. Mme Hearty portait une cape en peluche de soie très usée et un vieux tam-o-shanter bleu pâle, appartenant à l'origine à sa fille, ce qui lui donnait une apparence libertine.

"Qu'est-ce qu'il y a, Lizzie ?" » demanda-t-elle en soufflant comme un colley à l'époque canine.

« Je suis malade. Laissez-moi tranquille ! gémit Mme Bindle d'une voix rauque.

Bindle regarda Mme Hearty d'une manière qui semblait dire : « Je vous avais dit qu'elle était mauvaise.

"Ne sois pas idiote, Lizzie", fut le commentaire sans compromis de sa sœur. "Tu vas chercher un médecin, Joe."

"Je n'aurai pas…" commença Mme Bindle, puis elle s'arrêta brusquement, une toux bronchique sévère coupant le reste de sa phrase.

"Vous avez une bronchite", dit Mme Hearty avec conviction. "Mets la bouilloire avant de sortir, Joe."

"Laissez-moi tranquille", gémit Mme Bindle. "Oh ! Je ne veux pas mourir, je ne veux pas mourir."

"Tu ne vas pas mourir, Lizzie", dit Bindle en se penchant sur elle, l'anxiété sur le visage. "Tu vas vivre pour être un 'undred."

"Allez chercher un médecin, Joe. Je vais m'en occuper," et Mme Hearty commença à retirer sa cape en peluche noire élaborée.

"Je ne veux pas de médecin", gémit Mme Bindle. Dans son cœur régnait une grande crainte qu'il ne confirme ses propres craintes que la mort était proche ; mais Bindle avait disparu lors de sa mission de miséricorde, et Mme Hearty avait une respiration sifflante et gémissait tandis que, les bras au-dessus de la tête, elle s'efforçait de découvrir l'unique épingle à chapeau avec laquelle elle avait fixé le tam-o-shanter à ses rares cheveux. .

"Il y a deux tranches de bacon et un œuf sur l'étagère supérieure du garde-manger pour le petit-déjeuner de Joe", murmura Mme Bindle d'une voix rauque.

Mme Hearty hocha la tête alors qu'elle passait la porte.

Malgré son poids et son essoufflement, elle descendit vers la cuisine. Lorsque Bindle revint, il trouva la chambre empestant l'odeur du vinaigre. Mme Bindle était assise dans son lit, une serviette enveloppant sa tête, de sorte que les vapeurs du vinaigre bouillant ne pouvaient s'échapper de la bassine que par ses bronches.

"'Comment va-t-elle ?" » demanda-t-il anxieusement.

"Elle va bien", haleta Mme Hearty. "Est-ce qu'il vient ?"

"Soyez là dans deux ticks", fut la réponse. "Deux d'entre eux étaient sortis, c'était le troisième."

Il regarda d'un air soulagé l'étrange contour de la tête de Mme Bindle enveloppée dans la serviette. Quelqu'un avait enfin fait quelque chose.

"Elle ne va pas mourir, Martha, n'est-ce pas ?" » s'enquit-il auprès de Mme Hearty, le front plissé d'anxiété.

"Pas euh," souffla Mme Hearty d'un ton rassurant. "C'est une bronchite. Allume juste un feu, Joe."

Presque avant que les mots ne soient sortis de sa bouche, Bindle s'était dirigée vers la porte sur la pointe des pieds et montait les escaliers trois à la fois. L'action était la seule chose qu'il désirait. Il décida qu'une fois le feu allumé, il se mettrait au travail pour nettoyer la casserole qu'il avait brûlée. D'une manière ou d'une autre, cette casserole semblait profondément entailler sa conscience.

Le médecin est venu, a vu et a confirmé le diagnostic de Mme Hearty. Après avoir prescrit une bouilloire à vapeur, des inhalations d'eucalyptus, de la nourriture, de la chaleur et de l'air, il partit en promettant de revenir le lendemain.

Au bas des escaliers, il a été attaqué par Bindle.

"Ce n'est pas..." commença-t-il avec empressement, puis il s'arrêta.

Le médecin, un jeune homme blond, baissa les yeux sur le visage inquiet et interrogateur de Bindle.

"Il n'y a pas de quoi s'alarmer", dit-il joyeusement. "Je reviendrai demain, et nous la retrouverons bientôt."

"Merci, monsieur", dit Bindle, poussant un soupir de soulagement évident. "C'est drôle," marmonna-t-il en fermant la porte au docteur, "qu'on ne semble jamais penser à mourir jusqu'à ce que quelqu'un tombe malade. Je suis content que ce soit un grand", ajouta-t-il sans conséquence. "Mme B. les aime gros", et il retourna à la cuisine, où il commença à racler la cuisinière et à récurer la casserole, tandis que Mme Hearty continuait à s'occuper de sa sœur affligée.

Les pensées de Mme Bindle semblaient préoccupées par ses responsabilités domestiques. De temps en temps, elle donnait ses instructions.

"Faites à Joe un lit sur le canapé du salon", murmura-t-elle d'une voix rauque. "Je le garderais éveillé s'il dormait ici."

"Essayez de faire venir Mme Coppen pour préparer le dîner de Joe", dit-elle quelques minutes plus tard.

Et encore une fois, elle demanda à sa sœur de surveiller le moule à pain pour s'assurer que l'approvisionnement était maintenu. "Joe mange beaucoup de pain", a-t-elle ajouté.

À toutes ces remarques, Mme Hearty a répondu la même chose. "Ne t'inquiète pas, Lizzie. Tu vas juste dormir."

Cette nuit-là, Bindle travailla longuement et sérieusement pour que les choses soient telles que Mme Bindle les avait laissées ; mais le destin était contre lui. Rien de ce qu'il pouvait faire ne pouvait faire disparaître de l'intérieur de la casserole les preuves accablantes de sa culpabilité. Le poêle, cependant, était une affaire plus facile ; mais même cela présentait des difficultés ; car, dès qu'il appliquait la mine de plomb humide, elle séchait avec un sifflement et la brosse à polir, avec au bout le demi-cercle de poils qui lui rappelait les « moustaches d'Earty », au lieu de produire un cirage, ne réussissait qu'à se brûler. De plus, il a eu le malheur de casser une assiette et un plat à tarte.

Au deuxième fracas, on frappa de la pièce du dessus et, alors qu'il se dirigeait vers la porte, il entendit Mme Hearty demander avec une respiration sifflante ce qui était cassé.

"Seulement un vieux pot de galère, Martha", mentit-il avant de revenir ramasser les morceaux. Il les enveloppa dans un journal et les plaça dans le tiroir de la commode, bien décidé à les emporter le lendemain. Il était convaincu que si Mme Bindle était de nouveau là avant l'arrivée miséricordieuse du éboueur, elle soumettrait inévitablement la poubelle à un examen rigoureux.

À dix heures, Mme Hearty descendit lourdement les escaliers et, autant que sa respiration le lui permettait, elle lui indiqua quoi faire pendant les quarts de nuit. Bindle écouta attentivement. Jamais de sa vie il n'avait fait de cataplasme aux graines de lin, et la conduite d'une bouilloire à vapeur était pour lui une activité nouvelle.

Lorsqu'il entendit parler du lit sur le canapé, il parut surpris. Mme Bindle ne lui a jamais permis de s'asseoir dessus. Cependant, il a résolument opposé son veto au lit. Il allait s'asseoir et « essayer de le faire revenir », comme il l'exprimait.

"Est-ce qu'elle va mourir, Martha ?" » interrogea-t-il anxieusement. Cette question semblait obséder ses pensées.

Mme Hearty secoua la tête et se frappa la poitrine. Elle manquait de l'oxygène nécessaire pour répondre de manière plus explicite.

Après avoir conduit Mme Hearty à la porte du jardin, il revint, ferma et verrouilla la porte et monta à l'étage. En entrant dans la chambre, il fut accueilli par une toux bronchique rauque qui le terrifia.

"Tu te sens mieux, Lizzie ?" » demanda-t-il avec tout l'optimisme forcé d'un homme visiblement anxieux.

Mme Bindle ouvrit les yeux, le regarda un instant, puis, les refermant, secoua la tête.

"'Comme tu t'as envoyé des médicaments ?" il a demandé.

De nouveau, Mme Bindle secoua la tête, cette fois sans ouvrir les yeux.

Le cœur de Bindle se serra. Si le médecin n'a pas vu la nécessité de recourir à des médicaments, le cas doit en effet être désespéré.

"Qu'a-t-il dit, Joe ?" » demanda-t-elle d'une voix rauque.

Malgré lui, Bindle sursauta légèrement à ce nom. Il ne l'avait pas entendu depuis de nombreuses années.

"'E a dit que tu allais bien", a-t-il menti.

"Suis-je très malade ? Est-ce———"

"Tu n'as pas grand-chose à faire, Lizzie," répondit-il légèrement, dans son désir de réconfort, donnant l'impression qu'elle était en danger extrême. "Je plaisante un peu."

"Est-ce que je suis en train de mourir, Joe ?"

Malgré sa répétition, ce nom lui semblait encore inconnu.

"Je serai mort bien avant toi, Lizzie", dit-il, et son incapacité à répondre directement à sa question confirma Mme Bindle dans son opinion que la fin était très proche.

"Je vais te préparer de l'arrow-root, maintenant," dit-il, avec une assurance dans la voix qu'il était loin de ressentir. Depuis que Mme Hearty lui avait expliqué les mystères de la fabrication de l'arrow-root, il sentait à quel point il n'était absolument pas à la hauteur de cette tâche.

Dans l'esprit de Mme Bindle apparut une vision de lait qu'on laissait déborder ; mais elle se sentait trop proche de la Fin pour mettre des mots sur ses pensées.

Le cœur incertain et l'anxiété dans les yeux, Bindle descendit vers la cuisine. Sélectionnant une petite casserole que Mme Bindle réservait pour les oignons, il y versa, selon les instructions de Mme Hearty, une tasse de lait pour le petit-déjeuner. Il le plaça sur le poêle, qui, à un endroit, présentait une teinte rouge terne. Bindle était minutieux en toutes choses, particulièrement en matière d'alimentation.

Il ouvrit ensuite le paquet d'arrow-root et le versa dans une bassine à boudin blanc. Au moment où Mme Hearty aurait dû indiquer la quantité d'arrow-root à utiliser, elle était plus que d'habitude essoufflée, de sorte que Bindle n'a pas attrapé les « deux cuillères à soupe » qu'elle avait mentionnées.

Il se tourna ensuite vers la cuisinière pour surveiller le lait, oubliant que Mme Hearty lui avait conseillé de mélanger l'arrow-root en une pâte fine avec du lait froid avant d'y verser le chaud.

Comme le lait ne manifestait aucune excitation particulière, Bindle sortit de sa poche le journal du soir qu'il avait oublié jusqu'à présent. Il s'est rapidement absorbé dans l'histoire de la découverte à Enfield du corps d'une jeune fille portant des preuves d'un acte criminel.

Il fut tiré de sa concentration par un violent sifflement provenant du poêle et, un instant plus tard, il tenait en l'air la casserole, d'où un Niagara d'écume blanche coulait sur les côtés jusqu'au poêle en colère en dessous.

"Qu'est-ce qui pue," marmonna-t-il en reculant et en se tournant vers la table de la cuisine. "Ce n'est qu'une plaisanterie dans le temps, cependant", ajouta-t-il alors que, avec une cuillère à la main, il versait le lait bouillant sur l'arrow-root, tout en remuant assidûment.

"Eh bien, je suis soufflé", marmonna-t-il alors qu'au bout de cinq minutes environ, il se tenait devant une masse particulièrement lourde composée d'une substance gluante dans laquelle se trouvaient des bulles blanches contenant une fine poudre.

Pendant plusieurs minutes, il resta là à le regarder d'un air dubitatif, puis, de l'air d'un homme qui désire être doublement sûr, il versa la masse sur une assiette et se leva de nouveau pour l'observer.

"On dirait qu'il veut quelques groseilles", murmura-t-il d'un air dubitatif, alors qu'il soulevait l'assiette de la table, avant de l'apporter à Mme Bindle.

"Je t'ai apporté quelque chose à manger, Lizzie," annonça-t-il en fermant la porte derrière lui.

Mme Bindle secoua la tête, puis ouvrant les yeux, les fixa sur l'étrange masse visqueuse que Bindle lui tendait.

"Quelle est cette odeur?" murmura-t-elle avec lassitude.

"Sentez", dit Bindle, reniflant l'air comme un chat lorsque le poisson bout. "Je ne sens rien, Lizzie."

"Tu as brûlé quelque chose," gémit-elle faiblement.

"'Eh bien, mange ça," dit-il avec une gaieté forcée, "alors tu te sentiras mieux."

Une fois de plus, Mme Bindle ouvrit les yeux, regarda la masse, puis secoua la tête et tourna son visage vers le mur.

Pendant cinq minutes, Bindle s'efforça de la persuader. Finalement, reconnaissant sa défaite, il plaça l'assiette sur une chaise près du lit et, s'asseyant sur une petite boîte peinte en vert, usée sur les bords de manière à laisser transparaître le bois blanc d'origine, il se mit à regarder l'impuissance qu'il ressentait.

"Tu te sens mieux, Lizzie ?" » demanda-t-il longuement, retenant son souffle avec impatience en attendant la réponse.

Mme Bindle secoua tristement la tête et son cœur se serra.

Soudain, il se souvint de l'exhortation sincère de Mme Hearty à maintenir la bouilloire à vapeur en marche. Il redescendit à la cuisine et, tandis que la bouilloire bouillait, il s'occupa de racler le lait en flocons chauffé sur le dessus du poêle.

Toute la nuit, il travailla à la bouilloire à vapeur ou resta assis à regarder Mme Bindle, impuissant, le désespoir lui serrant le cœur, l'impuissance le suivant. De temps en temps, il lui offrait le morceau d'arrow-root désormais froid, ou bien il lui demandait si elle allait mieux ; mais Mme Bindle refusa l'un et nia l'autre.

Avec l'aube est venue l'inspiration.

"Voudrais-tu un hareng pour le petit-déjeuner, Lizzie ?" » demanda-t-il, l'espoir brillant dans ses yeux.

Cette fois, Mme Bindle non seulement secoua la tête, mais manifesta par son expression une telle répugnance qu'il se sentit repoussé. La simple pensée des harengs lui mettait l'eau à la bouche et, se rappelant que Mme Bindle leur était particulièrement attachée, il réalisa que son état devait être extrêmement grave.

Peu après neuf heures, Mme Hearty arriva et insista pour préparer le petit-déjeuner pour Bindle. Après l'avoir envoyé à son travail, elle entreprit de ranger.

Après l'appel du médecin, Mme Bindle a de nouveau demandé des nouvelles de son état. Cette fois, Mme Hearty, visiblement soucieuse de rassurer le malade, réussit aussi à confirmer ses convictions morbides.

À la vue de l'assiette contenant la conception de Bindle d'arrow-root pour un invalide, Mme Hearty avait d'abord manifesté de la curiosité, puis, en découvrant les éléments constitutifs de ce désordre d'apparence peu recommandable, elle s'était effondrée sur la boîte peinte en vert, avec une respiration sifflante et haletant jusqu'à ce que ses halètements fassent que Mme Bindle ouvre les yeux.

Pendant près d'une semaine, Bindle et Mme Hearty se sont consacrés à la malade. Chaque matin, Bindle était en retard au travail et, lorsqu'il pouvait rentrer chez lui, il passait plus de la moitié de son heure de dîner au chevet de Mme Bindle, posant l'inévitable question de savoir si elle se sentait mieux.

Le soir, il rentrait chez lui aussi vite que le bus, le train ou le tram le pouvaient et ne se couchait pas une seule fois.

Pendant toute cette période, Mme Bindle était aussi docile et aussi docile à la raison qu'un parent pauvre. Jamais elle n'avait été aussi réservée. De Mme Hearty, elle prit la nourriture qui lui était préparée et accepta les remèdes administrés. Au milieu d'une parfaite tornade de respirations sifflantes et de halètements, Mme Hearty avait confié à Bindle qu'il ferait mieux de s'abstenir de toute cuisine invalide.

Rien de ce que le médecin ou Mme Hearty pourraient dire ne parviendrait à convaincre Mme Bindle qu'elle était longue pour ce monde. La gaieté même de son entourage semblait prouver qu'on s'efforçait de lui inspirer un espoir qu'elle était loin de ressentir.

Dans sa contemplation de l'éternité, Mme Bindle a oublié sa cuisine et la désolation probable que Bindle provoquait. Les odeurs de brûlé, aussi piquantes soient-elles, la laissaient de marbre, et Bindle, se rendant compte que pour la première fois de sa vie l'immunité l'entourait, passa d'un triomphe gastronomique à l'autre. Il brûlait des saucisses dans la poêle, faisait bouillir de l'aiglefin séché dans une casserole à lait tapissée de porcelaine et, n'osant pas confondre la saveur des saucisses et du poisson, avait eu l'idée nouvelle de cuire une paire de ballonnements sur le dessus de la poêle. poêle lui-même.

L'enthousiasme culinaire s'empare de lui et il invente lui-même plusieurs petits plats. Certaines furent des réussites incontestables, notamment celle composée de tomates, d'oignons frits et de petites lanières de bacon ; mais il rencontra son Waterloo dans un plat composé d'oignons frits et d'œufs. Les œufs partaient beaucoup plus vite que les oignons et gagnaient au galop. Il s'est vite rendu compte qu'une décision rapide était essentielle. Il s'agissait soit d'oignons crus et d'œufs cuits, soit d'oignons cuits et d'œufs hachés.

Jamais de telles odeurs ne s'étaient élevées du poêle de Mme Bindle jusqu'aux narines réceptives des dieux ; Pourtant, à travers tout cela, Mme Bindle n'a fait ni protestation ni enquête.

Même Mme Hearty était consternée par l'état dans lequel elle trouvait la cuisine chaque matin.

"Ma parole, Joe !" elle aurait une respiration sifflante. "Vous ne faites pas de dégâts", et elle regardait de la cuisinière à la table, et de la table à l'évier, qui portaient toutes des preuves évidentes des activités culinaires de Bindle.

Mme Bindle, cependant, semblait inconsciente des soucis de ce monde dans son anxiété de ne pas faire le voyage vers l'autre. À mesure que sa respiration devenait plus restreinte, son inquiétude augmentait.

Dans ses yeux, il y avait un appel muet que Bindle, pour sa part, ne pouvait ignorer. Instinctivement, il sentait ce qui la troublait, et il ne perdait aucune occasion de s'efforcer de la rassurer en lui disant qu'elle serait de retour avant de pouvoir dire « Jack Robinson ».

Il y avait toujours dans ses yeux une Grande Peur. Elle n'avait jamais eu de bronchite auparavant et les difficultés respiratoires qu'elle éprouvait lui semblaient morbidement évocatrices d'une mort imminente. Même si elle n'avait jamais vu personne mourir, elle avait dans son esprit associé la mort à une terrible lutte pour respirer.

Un jour, alors que Bindle suggérait qu'elle aimerait peut-être voir M. MacFie, le ministre de la chapelle d'Alton Road, Mme Bindle lui lança un regard si angoissé qu'il recula instinctivement.

"Peut-être qu'Ole Nick lui-même", a-t-il confié plus tard à Mme Hearty, "et moi, je pensais à lui plaire."

"Elle a peur de mourir, Joe", dit Mme Hearty d'une voix sifflante. "Alf était pareil quand il a attrapé la grippe."

Bindle dépensait de l'argent avec l'imprudence d'un homme désespéré. Il achetait des aliments étranges et inappropriés dans l'espoir qu'ils tenteraient l'appétit de Mme Bindle. Peu importe où son travail le menait, il était toujours à la recherche d'un mets délicat, qu'il achetait et rapportait chez lui en triomphe à Mme Hearty.

"Tu n'es pas du tout une blague, Joe", a-t-elle sifflé un soir, s'effondrant sur une chaise et se mettant à se soulever et à s'agiter de rires réprimés.

Bindle regarda d'un air lugubre le plat à tarte jaune dans lequel il venait de vider environ un litre de bulots, achetés dans le Mile End Road.

"C'est pas bon pour la bronchite ?" » s'enquit-il avec un air découragé.

"Hier soir, c'était des pattes de porc", haleta Mme Hearty, "et la nuit précédente, c'était des saveloys", et elle se frappa la poitrine avec un poing sale.

Après cela, Bindle s'était rabattu sur des choses moins discutables. Il avait acheté des papiers illustrés, des fleurs, un quart de livre de crèmes au chocolat, un peu fanées, à cause de l'encombrement du tramway dans lequel il était rentré chez lui ce soir-là.

Durant ces jours anxieux, il rassemblait un étrange assortiment d'articles, périssables ou non. Ce qu'il ne pouvait pas faire, c'était rentrer chez lui sans une marque de sa sollicitude.

Un soir, il fit l'acquisition d'un oléographie aux couleurs vives, dans un cadre doré, qui représentait une tombe béante, tandis qu'au loin on apercevait un ange portant au ciel un esprit d'apparence très matérielle.

La réception du cadeau par Mme Bindle fut un regard sauvage de terreur, suivi d'une quinte de toux qui effraya Bindle presque autant qu'elle.

"C'est drôle", remarqua-t-il plus tard en emportant la photo hors de la pièce. "Je pensais qu'elle aurait aimé un ange."

C'est Bindle qui a finalement résolu le problème de savoir comment réconforter l'esprit désemparé de Mme Bindle.

Un soir, il accompagna le médecin dans sa chambre. Après les questions et réponses habituelles entre le médecin et le patient, Bindle éclata soudainement.

"J'ai un pari avec le docteur, Lizzie."

D'une contemplation anxieuse du visage du médecin, où elle s'était efforcée de lire le pire, Mme Bindle tourna ses yeux vers le visage joyeux de Bindle.

"'Je me parie une livre que tu prépareras mon dîner ce jour de la semaine", annonça-t-il.

L'effet de cette annonce sur Mme Bindle fut saisissant. Une nouvelle lumière jaillit dans ses yeux, ses joues devinrent légèrement roses alors qu'elle tourna vers le médecin un regard interrogateur.

"C'est vrai, Mme Bindle, et votre mari va perdre, si vous faites attention et ne prenez pas froid."

En dix minutes, Mme Bindle s'était endormie profondément, après avoir d'abord ordonné à Bindle de mettre une autre couverture sur le lit – elle n'allait prendre aucun risque.

"C'est la première fois que j'ai connu Mme B. qui m'a entendu parler de paris sans me traiter de "païen", remarqua Bindle en accompagnant le médecin. "Les merveilles ne cesseront jamais", murmura-t-il en retournant à la cuisine. « Un de ces jours, elle me demandera de mettre un shillin dans les deux sens. C'est drôle, les femmes !

II

Le complot de Bindle avec le médecin a fait plus pour accélérer le rétablissement de Mme Bindle que tous les soins qui lui avaient été prodigués. Dès l'heure où elle s'est réveillée d'un sommeil long et réparateur, elle a commencé à manifester de l'intérêt pour son environnement. Son appétit s'est amélioré et son odorat est devenu plus aigu, de sorte que Bindle a dû choisir pour sa vaisselle des matériaux dégageant une odeur moins piquante.

Il prit la précaution supplémentaire de faire sa cuisine avec la fenêtre et la porte de l'arrière-cuisine ouvertes au maximum.

Mme Bindle, de son côté, prenait plaisir à planifier les repas qu'elle imaginait que Mme Coppen préparait. On ne lui avait pas dit que la femme de ménage était en prison pour avoir agressé un policier avec une bouteille de gin.

"Vous devrez faire attention maintenant, Joe", a réprimandé Mme Hearty à une occasion alors qu'elle entrait dans la cuisine et regardait la table sur laquelle Bindle rassemblait des matériaux pour ce qu'il a décrit comme un "haut 'ole stoo". ". "Si Lizzie devait vous surprendre en train de faire tout ce gâchis, elle——" termina Mme Hearty dans une série de respirations sifflantes.

Un soir, alors que le menu de Bindle se composait de corned-beef, de piccalilli et de bière, suivis de crêpes de sa propre fabrication, le coup tomba.

Le corned-beef, les piccalilli et la bière étaient excellents et il les avait appréciés ; mais les crêpes devaient être son chef d'[oe]uvre. Son objectif principal dans la sélection des crêpes était, comme il l'a expliqué à Mme Hearty, "qu'elles ne puent pas pendant la cuisson".

De sa belle-sœur, il avait obtenu une idée générale de la manière de procéder. Elle était même allée jusqu'à aider à mélanger la pâte.

La graisse bouillonnait joyeusement dans la poêle tandis qu'il versait suffisamment de liquide pour au moins trois crêpes.

"Tu n'as pas grand chose à apprendre en cuisine, vieux coq", marmonna-t-il en regardant la grosse bulle sombre autour de la pâte couleur crème.

Après environ cinq minutes, il décida que le dessous était suffisamment cuit. Puis vint le problème de savoir comment retourner la crêpe. Il avait entendu dire que des cuisiniers experts pouvaient les jeter de telle manière qu'ils retombaient dans la poêle sur l'envers ; mais il était trop sage pour prendre un tel risque, d'autant plus que la partie supérieure de la crêpe était encore à l'état liquide.

Il décida de recourir à des moyens plus prudents pour atteindre son objectif. A l'aide d'une cuillère à soupe et d'une tranche de poisson, il réussit à retourner la crêpe. Il est vrai qu'elle avait un aspect froissé et qu'une partie considérable de la pâte en vrac était tombée sur le poêle ; il considérait néanmoins cela comme un exploit.

Alors qu'il envisageait de servir la crêpe dans une assiette, on frappa à la porte d'entrée. En répondant, Bindle trouva un garçon boucher, qui insista sur le fait que plus tôt dans la journée, il avait laissé une livre de steak de bœuf au n° 7, au lieu du n° 17. Le garçon était confiant et refusa d'accepter l'assurance de Bindle selon laquelle il n'avait ni vu ni entendu parler de la viande manquante.

La dispute est devenue féroce et a fini par se développer en personnalités, principalement du garçon boucher.

Soudain, Bindle se souvint de sa crêpe. Frappant la porte au nez du garçon, il se précipita dans le couloir et ouvrit la porte de la cuisine. Pendant une seconde, il resta consterné, la crêpe semblait avoir mangé tout l'oxygène que contenait la pièce et avait émis à sa place une odeur suffocante de brûlé.

Réalisant que seule une action rapide pouvait permettre son salut, Bindle se précipita à travers la pièce, ouvrit la porte menant à l'arrière-cuisine, puis la porte de l'arrière-cuisine elle-même. Il ouvrit la fenêtre et, les yeux coulant de l'eau, s'approcha du poêle. Une ruine noircie était tout ce qui restait de sa crêpe.

Ramassant la poêle à frire, il la porta jusqu'à l'évier, où il se tenait devant la masse carbonisée. Il se rappela tout à coup qu'il avait laissé ouverte la porte de la cuisine qui donnait sur le couloir. Laissant tomber la poêle, il se précipita pour la fermer ; mais il était trop tard. Là, les épaules enveloppées dans un jupon de flanelle rouge, se tenait Mme Bindle.

"Mon Dieu!" marmonna-t-il tragiquement.

Pendant près d'une minute, elle resta comme transformée en pierre. Puis, sans un mot, elle ferma la porte derrière elle, se dirigea vers le centre de la pièce et absorba la scène de ruine et de désolation autour d'elle, Bindle reculant dans le coin le plus éloigné.

Elle regarda le poêle, généreusement écaillé par le débordement de l'enthousiasme culinaire de Bindle, et leva les yeux vers les couvre-plats décolorés au-dessus de la cheminée, dont l'éclat avait toujours été sa fierté particulière.

Sur la commode, son regard erra et fut accueilli par une multitude de plats et d'assiettes sales, de boîtes de saumon, de bouteilles de bière vides, de croûtes de pain, renforcées par une vieille botte.

La table de la cuisine retint son attention pendant une bonne demi-minute. Le journal déchiré qui le recouvrait était taché de toutes les nuances de noir, de brun et de gris, le tout étant composé d'une grande tache jaune, là où une tasse de moutarde très liquide avait échoué.

Sur cette nappe informelle était jonché un mélange d'assiettes, de couteaux et de fourchettes non lavés, de chapelure, d'épluchures de pommes de terre et d'arêtes de poisson.

Après l'avoir contemplée et toujours silencieuse, elle entreprit une inspection minutieuse, Bindle la regardant avec des yeux distendus, la peur lui serrant le cœur.

Devant l'évier, elle resta quelques secondes à regarder fixement la crêpe de Bindle. Ses lèvres avaient désormais entièrement disparu.

La crise survint lorsqu'elle ouvrit le tiroir de la commode et trouva le plat à tarte et l'assiette qu'il avait cassés mais qu'il avait oublié d'emporter. En bousillant à nouveau le paquet, elle se tourna rapidement et le lui lança de toutes ses forces.

Totalement pris au dépourvu, Bindle fit un vain effort pour esquiver ; mais le paquet l'atteignit sur le côté de la tête, et une ligne rouge au-dessus de son oreille indiquait que Mme Bindle avait prélevé le premier sang.

« Espèce de démon ! elle a pleuré. "Oh vous--!" et tombant sur la chaise près de la table, elle s'effondra.

Bientôt, la cuisine résonna au son de son rire hystérique. Bindle la regardait comme si elle était hypnotisée.

Comme pour sauver sa raison, on frappa à la porte extérieure. Il fit un pas de côté rapidement et se précipita vers la porte donnant accès au couloir. Un instant plus tard, il regardait avec soulagement le tam o' shanter bleu pâle de Mme Hearty.

"'Comment va-t-elle, Joe ?" elle a sifflé.

Puis, alors qu'il s'écartait pour permettre à Mme Hearty de le précéder dans la cuisine, Bindle retrouva la voix. "Je pense qu'elle va mieux", marmonna-t-il.

CHAPITRE XII

MME. BINDLE brise un armistice

je

"Vous êtes une compagnie agréable", a lancé Mme Bindle, alors qu'elle attaquait le feu de la cuisine, le piquant vicieusement avec un petit tisonnier en acier.

Bindle leva les yeux du journal qu'il lisait. C'était la troisième attaque contre l'incendie de la cuisine en l'espace de cinq minutes, et il reconnut les présages : une tempête se préparait.

"Je pourrais tout aussi bien être sur une île déserte avec toute la compagnie que vous êtes", a-t-elle poursuivi. "Je suis seul toute la journée, sans personne à qui parler, et quand vous rentrez à la maison, vous vous contentez de lire les nouvelles des courses de chevaux dans le journal."

« De quoi aimerais-je parler ? » demanda-t-il en laissant le papier tomber sur le sol en face de lui.

Elle renifla avec colère et jeta le tisonnier dans le cendrier.

"Je ne lisais pas sur la course", a-t-il poursuivi d'un ton pacifique. "Je lisais en plaisantant à propos d'une crique qui s'est enfuie avec la missis d'une autre crique, 'le meilleur pardessus et deux poulets.'"

"Arrête ça!" Elle se tenait au-dessus de lui, les lèvres serrées, les yeux durs et durs, comme si elle méditait la violence, puis, se retournant brusquement, elle se dirigea rapidement vers la commode et en sortit le tiroir de gauche. En sortant son bonnet, elle le mit sur sa tête et entreprit d'attacher les ficelles sous son menton.

De derrière la porte de la cuisine, elle décrocha un imperméable marron dans lequel elle se débattit.

"Tu sors ?" il a demandé.

"Oui", répondit-elle en déchirant la porte, "et peut-être que je ne reviendrai plus jamais", et avec un fracas qui secoua la maison, elle disparut.

Elle a pris un tram pour Hammersmith pour rendre visite à sa nièce, Millie Dixon. Elle était en colère; la journée avait été une journée d'ennuis et de vexations continuelles. En entrant dans la voiture, elle enfonça ses coudes profondément dans la silhouette redondante d'une femme qui essayait également d'entrer.

Une fois à l'intérieur, la femme a commencé à dire à la voiture ce qu'elle pensait des "Uns décharnés avec des visages comme une goutte de vinaigre sur le tranchant d'un couteau".

"C'est comme ça qu'on attrape le cancer", a-t-elle poursuivi en caressant le côté gauche de son ample buste. "Les gens avec des coudes comme celui-là devraient les avoir rembourrés", et Mme Bindle était consciente que la voiture était avec son antagoniste.

Mme Bindle se disputa ensuite avec le conducteur au sujet du prix du billet, qui avait augmenté d'un demi-penny, et elle finit par le menacer de le dénoncer pour ne pas l'avoir déposée entre les escales prévues.

"Elle a perdu un Bradbury et a trouvé le tarif de l'eau", remarqua le conducteur, alors qu'il se tournait une fois de plus vers les occupants de la voiture après avoir vu Mme Bindle descendre.

La grosse femme a répondu à la plaisanterie en exprimant son point de vue sur « eux qui ne savent pas comment se comporter comme des dames ».

Chez Mme Bindle, l'attrait de Joseph II était fort en elle. Lorsque sa solitude devenait trop grande pour être endurée, ou que l'atmosphère domestique montrait des signes d'une tension plus grande que la normale, ses pensées se tournaient instinctivement vers le neveu aux yeux bleus, qui bavait et roucoulait et levait ses poings potelés dans des gestes insignifiants. Alors la faim en elle serait apaisée, jusqu'à ce qu'une simple mention fortuite du nom de Bindle réveille son apitoiement sur elle-même.

Elle trouva Millie seule avec Joseph II endormi dans son lit à côté d'elle. Alors qu'elle se régalait de son regard sur le bébé aux yeux fermés, Mme Bindle était consciente d'un sentiment de déception. Elle avait envie de bavarder et de regarder dans ces yeux bleus vaporeux.

Malgré les protestations de sa tante, Millie prépara une tasse de thé, expliquant ce faisant que Charley restait tard au bureau.

"C'est un bon gâteau, Millie", dit Mme Bindle quelques minutes plus tard, alors qu'elle découpait délicatement un autre petit carré dans la tranche de gâteau fait maison posée dans l'assiette devant elle. Dans ses yeux, il y avait un regard qui était un hommage d'un bon cuisinier à un autre. "Qui t'a donné la recette ?"

"C'était grâce à Oncle Joe", a déclaré Millie. "Il disait toujours à quel point tu es une merveilleuse cuisinière, tante Lizzie, et que si tu ne nourrissais pas la chatte, il ne ronronnerait pas", a-t-elle ri. "Vous savez quelles choses drôles il dit", a-t-elle ajouté entre parenthèses - "alors j'ai pris des cours. Vous voyez", a-t-elle ajouté d'un ton étrange, "je voulais que Charley soit très heureux."

"Il y a beaucoup de ronronnements dans notre maison", fut le sombre commentaire de Mme Bindle, alors qu'elle soulevait sa tasse et sa soucoupe de la table sur le bout des doigts de sa main gauche et, avec le petit doigt maladroitement tordu, soulevait la tasse. tasse avec sa main dégagée et se mit à siroter le thé avec le raffinement victorien.

"Comment va oncle Joe ?" » demanda Millie. "J'aurais aimé qu'il vienne."

"Oh ! ne me parlez pas de votre oncle", s'écria Mme Bindle d'un air maussade. "Il est assis à la maison, fumant une pipe sale et lisant les informations sur les courses de chevaux. Je pourrais être de la saleté sous ses pieds à cause de toute l'attention qu'il me prête."

Les griefs du jour s'étaient accumulés avec Mme Bindle, et le fardeau était trop lourd pour être supporté en silence. A commencer par une mauvaise tomate parmi la livre qu'elle avait achetée ce matin-là au magasin de M. Hearty à Fulham, ses ennuis s'étaient accumulés les uns sur les autres au point qu'elle trouva Joseph II endormi.

Elle avait brûlé un de ses plus beaux mouchoirs ourlés en le repassant, le lait avait "tourné" à cause du tonnerre dans l'air et, pour couronner les drames de la matinée, elle avait brûlé une casserole à cause de l'éboueur venu à un endroit inopportun. moment.

"Il n'a jamais été un bon mari pour moi", renifla-t-elle d'un air menaçant.

"Chère tante Lizzie", dit doucement Millie, alors qu'elle se penchait en avant et posait sa main sur le bras de Mme Bindle.

"Il m'humilie devant les autres et... et parfois j'aimerais être mort, Millie, que Dieu me pardonne." Sa voix se brisa alors qu'elle étouffait un sanglot.

Les grands yeux graves de Millie étaient pleins de sympathie, mêlée d'un peu d'émerveillement. Elle ne comprenait pas comment quelqu'un pouvait trouver "Oncle Joe" autrement qu'adorable.

"Depuis que je l'ai épousé, il est le même", a poursuivi Mme Bindle, les vannes de l'apitoiement sur son sort s'ouvrant largement sous l'influence de la douceur et de la sympathie de Millie. "Il essaie de me faire paraître petite devant les autres et... et j'ai toujours été une bonne épouse pour lui."

Elle renifla à nouveau et Millie lui serra affectueusement le bras.

"Il est pareil avec M.... avec votre père", se corrigea Mme Bindle. "Pourquoi il supporte ça, je ne sais pas. Si j'étais un homme, je le frapperais, je le frapperais, et fort aussi", a-t-elle ajouté comme pour ne laisser aucun doute dans l'esprit de sa nièce quant à la nature du coup. punition qu'elle administrerait. "Je lui montrerais bien ; mais M. Hearty est si bon, patient et doux." Mme Bindle a sorti un mouchoir et a commencé à se tamponner le coin des yeux, bien qu'il n'y ait aucune trace de larmes.

"Mais, tante Lizzie," protesta gentiment Millie, "je suis sûre qu'il ne veut pas t'obliger à t'humilier." Elle sentait que sa loyauté envers son oncle Joe bien-aimé exigeait qu'elle le défende. "Vous voyez, il—il adore les blagues, et il est très gentil avec—avec tout le monde ! Charley adore oncle Joe", a-t-elle ajouté, comme si cela réglait le problème en ce qui la concernait.

"Regardez comment il se comporte à la chapelle", continua Mme Bindle, craignant que la sympathie de sa nièce ne lui soit arrachée. "Je me demande que Dieu ne le frappe pas à mort. Je suis sûr que je——"

"Frappez-le à mort !" s'écria Millie avec horreur. "Oh, tante Lizzie ! tu ne veux pas dire ça, tu ne peux pas." Elle fit une pause, semblant consacrer les douze mois de sa vie de matrone à l'examen du problème. "Je sais qu'il est très méchant parfois", ajouta-t-elle sagement, "mais il t'aime, tante Lizzie. Il pense que..."

"Amour!" s'écria Mme Bindle avec tout le mépris d'une femme qui n'a pas l'intention d'être réconfortée. "Il n'aime rien d'autre que sa nourriture et ses pauvres compagnons. Il me fait honte devant les voisins, en parlant aussi familièrement avec les hommes ordinaires. Quand je sors avec lui, il crie aux conducteurs de bus, ou siffle les policiers, ou fait un clin d'œil à... chez les coquines dans la rue." Elle s'arrêta dans le catalogue des crimes de Bindle, tandis que Millie tournait la tête pour cacher le sourire qu'elle ne pouvait pas vraiment réprimer.

Elle-même avait été avec Bindle lorsqu'il avait appelé ses amis conducteurs de bus et avait sifflé dans sa barbe en croisant un policier : « Si vous voulez connaître l'heure, demandez à un policier » ; mais il n'avait jamais fait un clin d'œil aux filles lorsqu'il était avec elle ; elle en était sûre.

"Vous voyez, tante Lizzie, il connaît tellement de gens, et ils l'aiment tous et——"

« Seulement les gens ordinaires, comme les chauffeurs et les ouvriers », rétorqua-t-on. "Quand je sors avec lui, j'ai parfois envie de sombrer dans la honte. Il les laisse l'appeler 'Joe' et bien sûr, ils ne me respectent pas." Elle renifla à nouveau d'un air menaçant.

"Je vais lui parler", dit Millie avec un petit air sage qu'elle avait pris depuis son mariage.

"Parle-lui!" s'écria Mme Bindle avec mépris. "Autant parler à un mur de briques. Je lui ai parlé jusqu'à ce que je sois fatiguée, et que fait-il ? Il se moque de moi et dit que je suis comme..." elle fit une pause, comme si elle avait du mal à se ressaisir. pour donner l'expression réelle de Bindle : « dit que je suis aussi saint qu'un onguent, si vous savez ce que cela signifie ».

"Mais il ne veut pas être méchant, tante Lizzie, je suis sûre que non", protesta loyalement Millie. "Il appelle Boy, je veux dire Charley", se corrigea-t-elle en rougissant légèrement, "toutes sortes de noms", et elle rit à son propre souvenir. "Tu ne penses pas, tante Lizzie——" elle fit une pause, consciente qu'elle approchait d'un terrain délicat. "Ne penses-tu pas que si oncle Joe et toi essayiez tous les deux et—et—" elle s'arrêta, regardant sa tante avec anxiété, la lèvre inférieure tirée vers l'intérieur et les yeux gravement écarquillés.

"Essayer et quoi ?" » demanda Mme Bindle, une dureté s'insinuant dans sa voix à l'idée que n'importe qui puisse voir une circonstance atténuante dans la manière dont Bindle la traitait.

"Je pensais que si peut-être... je veux dire," hésita Millie, "que si vous essayiez tous les deux très fort de-de, de ne pas vous faire du mal..." elle s'arrêta encore une fois.

"Je suis sûre que je ne lui ai jamais rien dit que le monde entier ne puisse entendre", rétorqua Mme Bindle avec l'onction des justes, "bien qu'il me dise toujours des choses qui me font chaud de honte, marié femme bien que je sois.

"Mais, tante Lizzie," persista Millie, serrant le bras de Mme Bindle à deux mains et regardant son visage d'un air suppliant, "ne veux-tu pas essayer, juste pour mon bien, s'il te plaît," la cajola-t-elle.

"J'ai essayé jusqu'à ce que j'en ai marre d'essayer", fut la réplique peu gracieuse. "Je travaille et travaille dur, je pince et je pince, je travaille jour et nuit pour raccommoder ses vêtements et préparer sa nourriture, et voilà ce que j'obtiens en échange. Il fait de moi la risée, parle de moi dans mon dos. Oh, Je sais!" ajouta-t-elle précipitamment, alors que Millie faisait un signe de dissidence. "Il ne peut pas me tromper. Il veut me ramener à son propre niveau de méchanceté, alors il sera heureux; mais il ne le fera pas", s'écria-t-elle, la Fille du Seigneur se manifestant. "Je me suiciderai d'abord. Il n'aura jamais ce plaisir, personne ne pourra jamais dire que je l'ai laissé m'entraîner.

"J'ai toujours fait mon devoir envers lui", a-t-elle poursuivi, revenant à la phrase élimée qui était toujours présente dans son esprit. "J'ai travaillé matin, midi et soir pour essayer de le garder respectable et voir comment il me traite. Je suis dans une situation pire qu'un domestique, je le lui dis et que fait-il ?" » a-t-elle demandé. "Il se moque de moi", s'écria-t-elle d'une voix stridente, répondant à sa propre question, "et m'humilie devant les voisins. Il fait appeler les enfants, fait..."

"Oh, tante Lizzie ! Tu ne dois pas dire ça", s'écria Millie en détresse. "Je suis sûre qu'oncle Joe ne ferait jamais une chose pareille. Il ne le pouvait pas", a-t-elle ajouté avec conviction.

"Eh bien, ils le font", rétorqua Mme Bindle, consciente du sentiment qu'elle était peut-être allée trop loin ; "c'est seulement hier qu'ils l'ont fait."

"Qu'ont ils dit?" » demanda curieusement Millie.

"Ils ont dit," elle fit une pause, comme si elle hésitait à répéter le nom que les jeunes de Fenton Street lui avaient donné. Puis, comme si elle était déterminée à convaincre Bindle de tous les péchés possibles, elle poursuivit : « Ils m'ont appelé tout le long de Fenton Street... » Elle fit une nouvelle pause.

"Oui, tante Lizzie."

"Ils ont appelé 'Mme Bindle tourne un fuseau'."

Millie se pencha rapidement pour que son sourire involontaire ne soit pas détecté.

"Ils ne l'appellent jamais", a ajouté Mme Bindle, comme si cela en soi était une preuve concluante de la culpabilité de Bindle. "Et maintenant je dois y aller, Millie", et elle se leva et se pencha une fois de plus pour regarder où Joseph II dormait du sommeil d'une conscience tranquille et d'une bonne digestion.

« Bénis son petit cœur », murmura-t-elle, oubliant pour l'instant ses propres ennuis dans la contemplation du bébé endormi. "J'espère qu'il ne grandira pas comme son oncle", ajouta-t-elle, ses pensées revenant précipitamment à leur canal habituel.

"Je vais avoir une conversation avec oncle Joe", dit Millie en suivant sa tante le long du couloir, "et puis…" elle fit une pause.

"Vous feriez parler la patte arrière d'un âne avant de lui faire une quelconque impression", fut la réplique peu gracieuse. "Bonne nuit, Millie, je suis heureuse que tu continues à cuisiner", et Mme Bindle s'est évanouie dans la nuit dans la solitude de ses propres pensées, peuplées exclusivement de Bindle et de ses défauts.

II

"Je ne l'ai pas dit à Charley, oncle Joe, alors fais attention", murmura Millie alors que Bindle accrochait son chapeau dans le couloir.

"'Je ne lui ai pas dit ce qu'il en était, Millie ?"

"C'est-ce--" elle hésita.

"Je te comprends Steve," cria-t-il avec un clin d'œil complice, "tu ne m'as pas dit 'comment tu vas' faire de ta tante Lizzie l'épouse silencieuse de Fulham."

"Maintenant, oncle Joe," réprimanda-t-elle avec des lèvres boudeuses, "tu as promis. Tu feras attention, n'est-ce pas ?" La nuit précédente, elle avait passé deux heures à entraîner Bindle dans le rôle qu'il devait jouer.

"Je suis une colombe régulière ce soir", dit-il joyeusement. "Je pourrais pondre un œuf, mais je ne sais pas de quelle couleur il devrait être."

Millie le regarda quelques secondes avec un doute perplexe, puis, avec un haussement d'épaules et une moue très appréciée de Charley, elle se tourna et ouvrit la voie vers le salon.

Charley Dixon faisait de son mieux pour faire la conversation avec sa belle-tante ; mais les méthodes monosyllabiques de Mme Bindle se sont avérées un obstacle sérieux.

"Maintenant, nous allons souper", s'écria Millie, après que Bindle eut salué Charley et regardé Mme Bindle avec un peu de doute. Il parut sur le point de faire quelque remarque ; mais apparemment il se ravisa et se tourna pour admirer un ornement sur la cheminée. Il s'en était souvenu juste à temps.

Millie s'était étalée sur le souper. Il y avait un petit poulet froid qui semblait désireux de se replier sur lui-même ; une salade dans un bol en verre, avec une fourchette et une cuillère en maillechort ornées de manches en porcelaine bleue ; une assiette de jambon bien garnie de persil ; une tarte au steak de bœuf et aux rognons, froide, également garnie de persil ; du bœuf et de la langue pressés, d'une maigreur qui annonçait la main professionnelle qui l'avait coupé.

Sur le buffet se trouvaient une infinité de tartes, blanc-manger, compotes et crème anglaise. Avec toute l'insouciance d'une jeune femme au foyer, Millie avait préparé pour quatre ce qui aurait été suffisant pour quatorze.

C'est ce fait qui a d'abord attiré l'attention de Mme Bindle. Ses yeux perçants ne manquaient de rien. Elle examina les couteaux et les cuillères, les identifiant comme des cadeaux de mariage. Elle souleva le poivrier en argent, un peu léger comme l'air, examina la texture de la nappe et palpa les serviettes avec un pouce et un index évaluateurs, et désapprouva mentalement l'allumage des deux bougies roses, dans des chandeliers d'argent aux nuances jaunes, au centre de la table.

Millie s'agitait, parfaitement consciente de ses responsabilités et rouge d'anxiété.

"J'espère… j'espère", commença-t-elle en s'adressant à sa tante. "Je—j'espère que ça te plaira."

"Vous avez dû travailler très dur, Millie", dit Mme Bindle, avec une douceur inhabituelle dans sa voix, à laquelle Millie rougit.

Bindle et Charley se mirent bientôt au travail sur la tourte au steak de bœuf et aux rognons, les pommes de terre chaudes et les haricots. Bindle avait failli tomber au premier obstacle. Dans le feu d'une dispute avec Charley au sujet du problème avec l'équipe de football de Chelsea, il avait indiscrètement mis un gros morceau de pomme de terre dans sa bouche sans se rendre compte de sa température. Un air d'agonie envahit ses traits. Il était juste en train de faire un premier mouvement en avant pour rendre la pomme de terre d'où elle venait, lorsque Charley, avec une présence d'esprit qui aurait fait monter les larmes aux yeux de Bindle, s'ils n'avaient pas déjà été là, désigna le verre de bière. devant lui.

D'un seul coup, Bindle le saisit, le porta à ses lèvres et refroidit le tubercule chauffé. Tirant son mouchoir de soie rouge de sa poche de poitrine, il essuya ses larmes au moment où Mme Bindle tournait son regard vers lui.

"Ne me fais pas rire, Charley", cria-t-il avec inspiration, "ou je vais m'étouffer", ce dont Charley rit d'une manière qui prouva qu'il était totalement dépourvu de talent histrionique.

"Je ferai autant pour toi un de ces jours, Charley," murmura Bindle, regardant avec reproche les restes de la pomme de terre qui l'avait trahi. "Mon Dieu ! Ce n'était pas ça," marmonna-t-il dans sa barbe. "Fais attention à toi et prends de la bière, Andy."

Il se tourna soudain vers Mme Bindle. Dans son cœur régnait l'espoir peu charitable qu'elle aussi pourrait être prise dans les embûches dont il venait de s'échapper ; mais Mme Bindle mangeait comme un livre d'étiquette. Elle tenait son couteau et sa fourchette à l'extrémité des manches, ses coudes bien enfoncés dans ses flancs et jouait littéralement avec sa nourriture.

Après chaque bouchée, elle portait sa serviette à ses lèvres, donnant l'impression qu'elle était en mouvement constant, soit vers, soit depuis ses lèvres.

Elle n'a pris aucun risque à table. Elle veillait à ce que chaque morceau de nourriture soit soigneusement attaché à la fourchette avant de le soulever de l'assiette, et jamais la fourchette ne portait une charge plus légère que la sienne. Après chaque voyage, le couteau et la fourchette étaient déposés dans son assiette, la serviette – Mme. Bindle l'appelait une serviette — portée à ses lèvres non sales, et elle ne toucha plus ni couteau ni fourchette jusqu'à ce que ses mâchoires aient complètement cessé de fonctionner.

Entre ses visites à la cuisine, Millie s'efforçait désespérément d'engager la conversation avec sa tante ; mais bien que Mme Bindle possédât beaucoup de monnaie religieuse et domestique, elle n'avait pas de petite monnaie verbale.

Au cours de l'après-midi, Millie et elle-même avaient épuisé leur vie domestique – et il y avait eu Joseph II. Mme Bindle ne lisait pas, ils n'avaient pas d'amis communs, elle évitait les photos et ce qu'elle voyait dans les journaux, elle le désapprouvait au point de fermer cela comme canal de conversation possible.

"Tante Lizzie", cria Millie désespérée d'avoir quelque chose à dire, "tu ne prépares pas un bon dîner."

"Je vais très bien, merci, Millie", a déclaré Mme Bindle, qui, en un quart d'heure, avait réussi à envelopper environ deux pouces carrés de jambon et trois lambeaux de laitue.

"Vous n'aimez pas le jambon, tante Lizzie", protesta l'hospitalière Millie ; "prends de la tarte."

"C'est très gentil, merci, Millie", fut la réponse timide. "J'apprécie ça", et elle entreprit de disséquer un morceau de laitue à une taille que même une bouche "pruneaux et prismes" aurait pu prendre sans inconvénient.

"Charley", cria Millie à présent. "Je ne veux pas que tu parles de football avec oncle Joe. Parle à tante Lizzie."

Un instant plus tard, elle réalisa son erreur. Bindle retourna à son assiette, Charley regarda sa tante d'un air dubitatif et la conversation resta interrompue.

"Écoutez", cria Millie qui, au bout de cinq minutes, pensa qu'elle devait soit dire quelque chose, soit crier. "C'est Joey, cours voir, Charley, il y a un chéri" - elle savait que ce n'était pas Joey.

Charley se leva consciencieusement, et une fois de plus le silence descendit sur la table.

"Tante Lizzie, vous *préparez* un mauvais repas", s'écria Millie, véritablement affligée, alors que Mme Bindle plaçait son couteau et sa fourchette à l'angle "tout est clair", même si elle avait mangé moins de la moitié de ce que contenait son assiette.

"J'ai très bien fait, merci Millie, et j'ai apprécié."

Millie soupira. Ses yeux allèrent de la table lourdement chargée au buffet, et elle gémit spirituellement. En dépit de ce que Bindle et Charley avaient fait et faisaient, il semblait y avoir tellement de choses à manger, et elle se demandait si Charley serait très opposé à manger de la viande froide, du blanc-manger et des tartelettes à la confiture pour le reste de la semaine. .

"Ce n'était pas lui, Millie", dit Charley en rentrant dans la pièce et en revenant à son assiette avec l'air déterminé à rattraper le temps qu'il avait perdu en sollicitude parentale, tandis que Bindle poussait sa propre assiette du sol. lui comme un signe que, pour le premier tour, il n'avait plus rien à dire.

"Vous êtes très calme ce soir, oncle Joe", dit Millie, l'âme de l'hospitalité en elle pleurant déjà des larmes amères.

"Moi?" s'écria Bindle en sursautant et en regardant autour de lui. "Je ne suis pas silencieux, Millie", puis il retomba dans le silence.

Charley ne semblait rien remarquer d'inhabituel. De sa manière douce et bon enfant, il espérait que Millie ne lui demanderait plus de parler à tante Lizzie.

Mme Bindle participait, comme aucun autre mot ne décrit adéquatement l'action, à une tarte à la confiture ouverte à l'aide d'une cuillère et d'une fourchette, en sirotant de temps en temps délicatement son verre de limonade ; mais elle refusa tout le reste. Elle avait préparé un excellent repas, assurait-elle à plusieurs reprises à Millie, et l'avait apprécié.

Millie a trouvé du réconfort en sillonnant Bindle avec des friandises. Il n'avait reçu aucun ordre pour lui couper l'appétit, aussi avait-il décidé, selon son propre langage, de « les laisser tous venir » — et ils sont venus, tartes et chaussons, salade de fruits et blanc-manger, crème anglaise et gelée. Le temps que le fromage et les biscuits soient arrivés, il fut obligé de se rallonger dans son fauteuil et de s'avouer vaincu.

"Pas si c'était vous qui me payiez", dit-il en secouant la tête avec regret.

Après le repas, ils retournèrent au salon. Millie montra à Mme Bindle un album de cartes postales colorées qu'ils avaient collectionnées pendant leur lune de miel, tandis que Charley errait comme un esprit agité, manquant sa pipe d'après-dîner.

"On ne va pas fumer ?" Bindle avait chuchoté d'une voix rauque en entrant dans le salon ; mais Charley secoua une tête triste et résignée.

"Elle n'aimera peut-être pas ça", murmura-t-il en retour, alors Bindle s'assit dans le coin d'un canapé moelleux et se demanda combien de temps il lui faudrait avant que Mme Bindle ne fasse un geste pour rentrer chez elle.

Millie faisait de son mieux pour que les cartes postales durent le plus longtemps possible. Charley s'était arrêté à côté d'elle dans sa promenade agitée dans la pièce et avait commencé à se remémorer des événements sans importance survenus aux endroits représentés.

Finalement, les photographies furent épuisées, et Millie et Charley commencèrent à se demander ce qui allait les remplacer, lorsque Mme Bindle se leva, annonçant qu'elle devait partir. Millie la pressait de rester et s'efforçait d'étouffer les remerciements dans son cœur, tandis que Charley commençait à compter les minutes avant de pouvoir « s'éclairer ».

L'affaire de séparation, cependant, occupait du temps, et ce n'est que vingt minutes plus tard que Bindle et Mme Bindle, accompagnés de Charley et Millie, traversèrent le petit passage étroit menant à la porte du hall.

Cinq autres minutes furent consacrées à des remarques sur le jardin et sur la façon dont ils s'étaient bien amusés, puis les derniers bonsoirs furent prononcés.

Tandis que sa nièce l'embrassait, Bindle marmonna : « Je vais bien, n'est-ce pas, Millikins ? et elle lui serra le bras d'une manière rassurante, ce à quoi il soupira de soulagement. Les tortures qu'il avait subies ce soir-là n'étaient rien, pourvu que Millie soit heureuse.

Alors que la porte du hall se fermait, Charley craqua une allumette et alluma sa pipe. De retour au salon, il se laissa tomber dans le fauteuil le plus facile et le plus inconfortable.

"Qu'est-ce qu'il y a avec oncle Joe ce soir, Millie ?" » demanda-t-il, et pour répondre, Millie se jeta sur lui, enroula ses bras autour de son cou et sanglota.

———————

"Ça a été une soirée agréable, Lizzie", a déclaré Bindle en conversation, alors qu'ils se dirigeaient vers l'arrêt de tramway le plus proche.

Mme Bindle renifla.

"Gentil jeune homme, Charley," remarqua-t-il un instant plus tard. Il était déterminé à tenir sa promesse envers Millie.

"Qu'avais-tu ce soir ?" » demanda-t-elle agressivement.

"Ça compte pour moi ?" » s'enquit-il avec surprise. "Il n'y a aucun problème avec moi, Lizzie, je me suis bien amusé."

"Oui, rester assis toute la soirée comme si le beurre ne fondait pas dans la bouche."

"Mais——" commença Bindle.

"Oh, je te connais," l'interrompit-elle. "Vous vouliez que Millie et Charley pensent que tout est de ma faute et que vous êtes un saint. Ils devraient vous voir chez vous", a-t-elle ajouté.

"Mais je n'ai pas dit de ne pas y penser", a-t-il protesté.

"Tu n'es pas comme ça à la maison", a-t-elle poursuivi. "Là, vous ne faites que blasphémer, tenir des propos obscènes et vous moquer de M. Hearty.

Oh ! Je peux voir à travers vous", a-t-elle ajouté, "et vous n'avez pas besoin de penser que vous avez trompé Millie ou Charley. Ce ne sont pas des imbéciles. vous les pensez.

Bindle gémit spirituellement. Il avait beaucoup souffert ce soir-là, ayant dû censurer mentalement chaque phrase avant de la prononcer.

"Alors regarde la façon dont tu t'es comporté. Manger comme un gormand. Tu m'as vraiment fait honte de toi. Je pouvais voir Millie regarder——"

"Mais elle regardait pour voir si j'avais assez à manger", protesta-t-il.

"Ne me le dis pas. N'importe quelle fille décemment raffinée serait dégoûtée par ta façon de te comporter. Manger des tartelettes à la confiture avec les doigts."

"Mais avec quoi devrais-je les manger ?"

Avant qu'elle ait eu le temps de répondre, le tramway s'est arrêté et, suivant son habitude habituelle, Mme Bindle a lancé une fléchette vers lui, donnant des coups de coude aux gens à droite et à gauche. On pouvait toujours lui faire confiance pour se faire suffisamment d'ennemis en entrant dans un véhicule pour durer toute une vie.

"Mais avec quoi devrais-je les manger ?" » demanda à nouveau Bindle lorsqu'ils furent assis.

« Chut ! » siffla-t-elle, consciente qu'un certain nombre de personnes la regardaient, dont plusieurs qui avaient fait connaissance avec la netteté de ses coudes.

"Mais si tu ne manges pas de tartelettes à la confiture avec tes doigts, comment vas-tu les mettre dans ta bouche ?" » demanda-t-il d'une voix rauque, qui fut facilement entendue par la plupart des occupants du tramway. "Ils ne sautent pas", a-t-il ajouté.

Une vague de sourires éclata sur les visages de la plupart de leurs compagnons de voyage.

« *Veux* -tu te taire ? siffla Mme Bindle.

« Attention à ne pas grandir comme ça, gamin », murmura un jeune homme amoureux à une jeune femme aux gros seins, dont il serrait la main entre ses doigts entrelacés.

Mme Bindle entendit la remarque et resserra encore davantage ses lèvres.

"Tu as le visage collant, mon pote ?" » demanda un petit homme assis à côté de Bindle, d'une voix de sympathie.

Bindle se tourna et lui fit un clin d'œil.

À peine étaient-ils descendus du tramway à King's Head que la retenue de Mme Bindle disparut. Tout le long du chemin jusqu'à Fenton Street, elle a injurié Bindle pour l'avoir humiliée devant d'autres personnes. Elle laissa libre cours à la colère qui avait bouillonné en elle toute la soirée. Millie devrait être informée de sa conduite. Charley devrait apprendre à le haïr, et Little Joey à exécrer la simple mention de son nom.

"Mais vous ne devriez pas piquer vos coudes dans les gens..." Bindle s'arrêta pour prononcer un mot suffisamment délicat pour les oreilles de Mme Bindle et qui, en même temps, ne laisserait aucun doute sur la partie réelle de l'anatomie. auquel il faisait référence.

"Je vais te frapper du coude si tu ne fais pas attention", fut la réponse sans compromis. "Je fais référence aux tartelettes."

Et Bindle a fabriqué un boulon pour cela.

"Maintenant, tout cela passe par le fait d'essayer de s'asseoir sur une soupape de sécurité", marmonna-t-il. "Mme B. doit exploser d'une manière ou d'une autre, sinon elle s'effondrerait."

CHAPITRE XIII

MME. LA DÉCOUVERTE DE BINDLE

je

Le mercredi soir, Mme Bindle se rendait à la chapelle pour participer au service hebdomadaire de tempérance. Comme les réunions de tempérance ont toujours engendré chez Mme Bindle l'esprit missionnaire, Bindle a choisi le mercredi pour ce qu'il appelait sa « sortie nocturne ».

S'il rentrait tôt, c'était pour rencontrer les vues prophétiques de Mme Bindle sur l'au-delà de ceux qui passaient leurs loisirs dans les palais du gin.

Au début, Mme Bindle avait montré son ressentiment en attendant le retour de Bindle ; mais comme il revenait plus tard chaque mercredi, elle avait fini par capituler, et il n'était plus nécessaire pour lui de se promener dans les rues jusqu'à deux heures du matin, pour monter à l'étage sans se demander où il comptait aller. quand il est mort.

Un mercredi soir, alors qu'il rentrait chez lui, sifflant « Bulles » à bout de forces, il observa la silhouette d'une jeune fille debout sous un lampadaire, la tête penchée, les épaules remuant convulsivement.

"'Ullo—'ullo!" il pleure. "Qu'est-ce qu'il y a maintenant ?"

Aux paroles de Bindle, elle lui lança un regard fugitif, puis, se tournant de nouveau vers les affaires en cours, elle sanglota encore plus fort.

"Qu'est-ce qui ne va pas, ma chérie ?" » Demanda Bindle, la regardant avec une expression perplexe. "Oo, ça t'a fait du mal ?"

"Je… j'ai peur", sanglota-t-elle.

"Peur ! Il n'y a aucune raison d'avoir peur quand Joe Bindle est dans les parages. De quoi as-tu peur ?"

"Je... j'ai peur de rentrer à la maison", sanglota la jeune fille.

"J'ai peur d'y aller", répéta Bindle. "Pourquoi?"

"Mmmm-mère."

"Qu'est-ce qui se passe avec elle ? Elle est malade ?"

"Elle—elle va me tuer."

« Vieil oiseau féroce », marmonna-t-il. Puis à la fille : « Avant, tu n'aurais pas dû sortir à cette heure-là, une jeune fille comme toi. Eh bien, ça commence à midi. Qu'est-ce qui ne va pas avec maman ?

"Elle va me tuer. Je n'ose pas rentrer chez moi." Elle leva les yeux vers Bindle, une silhouette pathétique, à la bouche tremblante et aux yeux effrayés. Puis, contrôlant ses sanglots, elle raconta son histoire.

Elle était allée à Richmond avec une petite amie et des garçons les avaient emmenés faire un tour à moto. L'une des voitures avait eu un problème de moteur et, au lieu d'être rentrée chez elle à dix heures, il était onze heures et demie avant qu'elle n'arrive à la gare de Putney Bridge.

"Je n'ose pas rentrer à la maison", gémit-elle en terminant son histoire. "Mère va me tuer. Elle a dit qu'elle le ferait pour la dernière fois. Je sais qu'elle le ferait", et elle se remit à pleurer, cette fois sans aucun effort pour protéger son visage taché de larmes. La peur l'avait rendue indifférente aux apparences.

"'Eh bien, je vais vous ramener à la maison", s'écria Bindle, avec l'air d'un homme qui a pris une décision importante. "Si Mme B. en prend connaissance, il y aura une sacrée dispute", marmonna-t-il.

La jeune fille semblait indécise.

"Tu ne la laisseras pas me faire du mal ?" » demanda-t-elle avec le regard attirant d'un enfant effrayé.

"Eh bien, je ne peux pas commencer à me battre avec ta mère, ma chère," dit-il avec incertitude ; "Mais je ferai de mon mieux. Ma femme est un peu une ferraille, voyez-vous, et j'ai appris à les manipuler. Bien sûr, si elle aimait les "ymns" et le "saumon", ce serait Ce serait plus facile, songea-t-il, même s'il n'y a aucune chance d'avoir une boîte de saumon à cette heure de la nuit.

La jeune fille, inconsciente de son habitude de profiter du penchant de Mme Bindle pour le saumon en conserve et les airs d'hymnes, le regarda avec des yeux écarquillés.

"Non," continua-t-il, "cette fois, il faut que ce soit le cas. 'Eh bien, viens, jeune homme, nous ne pouvons pas rester ici toute la nuit. Où vis-tu ?"

Elle indiqua d'un signe de tête le bout de la rue dans laquelle ils se trouvaient.

"Eh bien, voilà," cria-t-il en commençant, la fille le suivant. Au fur et à mesure qu'ils avançaient, ses pas devenaient de plus en plus réticents, jusqu'à ce qu'elle s'arrête finalement net.

"'Quoi de neuf maintenant ?" » demanda-t-il en regardant par-dessus son épaule.

"Je n'ose pas entrer", dit-elle en tremblant. "Je ne d-darsen pas."

"'Eh bien, viens", cria Bindle de manière persuasive. "Ta mère ne peut pas te manger. De quelle maison s'agit-il ?"

"Celui-la." Elle hocha la tête en direction d'un portail en face d'un lampadaire, la peur et la misère dans les yeux.

"Viens, ma chérie. Je ne vais pas te laisser faire du mal", et, la prenant doucement par le bras, il la conduisit vers le portail. Mais ici, la jeune fille s'arrêta encore une fois et s'accrocha convulsivement à la grille, à moitié morte d'effroi.

Ouvrant le portail, Bindle remonta le court chemin carrelé et, levant la main, saisit le heurtoir. Ce faisant, la porte s'ouvrit si brusquement qu'il se précipita en avant, presque dans les bras d'une grosse femme au visage enflammé et aux yeux furieux.

De Bindle, son regard se tourna vers la silhouette rétrécie accrochée à la grille.

"Espèce de vieux méchant !" » cria-t-elle d'une voix rauque de passion, plongeant sur Bindle, qui, esquivant agilement, se mit à couvert derrière un feuillage persistant mangé par les mites au centre du petit jardin de devant.

"Vous me laissez juste vous attraper, en gardant ma fille dehors comme ça, et vous êtes assez vieux pour être son père aussi. Quant à vous, ma dame, attendez juste que je vous rentre à l'intérieur. Je vous montrerai en rentrant à la maison. à cette heure de la nuit.

Elle a fait une autre plongée à Bindle ; mais sa masse était contre elle, et il n'eut aucune difficulté à échapper à l'attaque.

"Qu'est-ce que tu veux dire par là ?" » demanda-t-elle, alors qu'elle le regardait par-dessus le feuillage persistant, « et je n'ai pas encore dix-sept ans. Pour deux épingles, je te ferais prendre.

"'Ere, vieux 'ard, mademoiselle", s'écria Bindle, gardant un œil prudent sur son antagoniste. "Je ne suis pas ce que tu penses. Je suis une colombe, c'est ce que je suis, et tu es en train de jouer à Chase-moi-Charlie ici--"

"Attends que je t'attrape", cria-t-elle, noyant la protestation de Bindle. "Je vais te donner une colombe, en gardant ma fille dehors à toute heure. Attends juste. Je te montre, ou je ne m'appelle pas Annie Brunger."

Elle a fait un autre plongeon vers lui ; mais, d'un mouvement rapide, il plaça de nouveau le petit feuillage persistant entre eux.

"Mère mère!" La jeune fille se précipita et s'accrocha convulsivement au bras de sa mère. "Mère, ne le fais pas!"

"Attendez, ma dame", cria Mme Brunger en secouant la main de sa fille. "Je réglerai avec toi quand j'en aurai fini avec lui, la belle. Je lui montrerai !"

La porte d'entrée de la maison de droite s'ouvrit lentement et une tête au papier bouclé apparut. Deux portes plus loin, de l'autre côté, une fenêtre s'est élevée et le crâne d'un homme est apparu. Les chiens du scandale sentaient le sang.

"Mère!" La jeune fille secoua désespérément le bras de sa mère. "Mère, ne le fais pas ! Ce monsieur est venu avec moi parce que j'avais peur."

"Qu'est ce que c'est?" Mme Brunger se tourna vers sa fille, qui se tenait debout, les yeux suppliants, serrant son bras, ses propres craintes momentanément oubliées.

"Il m'a vu pleurer et m'a dit qu'il reviendrait à la maison avec moi parce que... Oh, maman, ne le fais pas !... ne le fais pas !"

Deux fenêtres de l'autre côté de la rue furent poussées bruyamment et des têtes apparurent.

"'Eh, regardez 'ici, mademoiselle", cria Bindle, saisissant son opportunité. "Ça ne sert à rien de me poursuivre autour de ce groseillier. Je t'ai dit que je ne suis pas un lion. Je viens pour arranger les choses. Une sorte de colombe, tu sais."

"Mère mère!" De nouveau, la jeune fille saisit le bras de sa mère, le secouant dans son excitation. « J'avais peur de rentrer à la maison, honnêtement, et… et il m'a vu pleurer et… et il a dit… » Les sanglots étranglèrent sa nouvelle phrase.

"Entrez, vous deux." Mme Brunger avait enfin pris conscience de l'intérêt de ses voisins. "Certaines personnes ne peuvent jamais s'occuper de leurs propres affaires", a-t-elle ajouté, comme un coup de pouce aux curieux. Tournant le dos aux deux délinquants, elle entra par la porte, le long du court passage qui menait à la cuisine, au fond, où brûlait le gaz.

Bindle la suivit avec confiance et se plaça, casquette à la main, près de la table de la cuisine, regardant autour de lui avec intérêt. La jeune fille restait cependant aplatie contre le rebord du couloir, comme si elle voulait s'effacer.

"Elsie, si tu n'entre pas, je vais te chercher", annonça la mère d'un ton menaçant.

Elsie se glissa le long du mur et contourna le montant de la porte, se dirigeant vers le coin de la pièce le plus éloigné de sa mère. Elle se tenait là, les yeux terrifiés fixés sur son parent.

"Maintenant, qu'avez-vous à dire pour vous-mêmes ?" Mme Brunger regarda tour à tour Bindle et sa fille, avec l'air de quelqu'un qui est tout à fait disposé à assumer les responsabilités de la Providence.

"Eh bien, c'était comme ça avant", dit facilement Bindle. "Je le vois," il pointa son pouce en direction de la fille, "je pleure sous un lampadaire en bas de la rue, alors je lui demande, qu'est-ce qui se passe."

Bindle fit une pause et Mme Brunger se tourna vers sa fille avec un air interrogateur.

"Je—je——" commença la jeune fille, puis elle aussi s'arrêta brusquement.

"Tu as encore été avec cette coquine de Mabel Warnes." Il y avait de l'accusation et de la conviction dans le ton de Mme Brunger. "Ne le niez pas", a-t-elle poursuivi, même si la jeune fille n'a fait aucun signe de le faire. "Je t'ai prévenu de ce que je te ferais si tu sortais à nouveau avec ce petit bagage rapide, et je le ferai, alors aide-moi mon Dieu, je le ferai." Sa voix montait avec colère.

"'Eh, regardez 'ici, mademoiselle——" commença Bindle.

"Je m'appelle Brunger, Mme Brunger", a-t-elle ajouté pour éviter toute possibilité de malentendu. "Je pensais te l'avoir dit une fois."

"Vous l'avez fait", dit joyeusement Bindle. "Maintenant, regarde ici," continua-t-il de manière convaincante, "nous ne sommes jeunes qu'une fois."

Mme Brunger renifla dédaigneusement ; et le regard qu'elle lança à sa fille la fit se rapprocher du mur.

"Une crique rare dans laquelle j'étais pour arriver tard", remarqua Bindle avec réminiscence.

"C'est encore plus dommage pour vous", fut la réplique sans compromis.

"Je ne devrais pas me demander si tu étais un peu en retard maintenant et encore quand tu étais une fille", a-t-il poursuivi en regardant Mme Brunger avec une appréciation critique - "sinon les gars ne savaient pas ce qui se passait", a-t-il déclaré. ajoutée.

"Deux noirs ne font pas un blanc", fut le commentaire obscur de Mme Brunger.

"Oui, mais une fille ne peut pas être jolie", continua Bindle, suivant le fil de son raisonnement. "Maintenant, si tu avais été comme une maman, personne n'aurait voulu la garder à l'écart."

« À qui parlez-vous ? demanda Mme Brunger ; mais il n'y avait aucun mécontentement dans sa voix.

"Seuls les plus jolis sont tenus à l'écart tardivement", continuait imperturbablement Bindle, sa confiance augmentant face aux signes d'affaiblissement de la défense. "Maintenant, avec une mère comme toi," il s'arrêta avec éloquence, "ça allait forcément arriver. Tu ne devrais pas être trop dur avec la fille, même si, remarque-toi," dit-il en se tournant vers le coupable, "Elle n'aurait pas dû sortir avec des filles contre la volonté de sa mère, et elle sera une bonne fille à l'avenir, n'est-ce pas, ma chère ?"

La jeune fille hocha vigoureusement la tête.

"Voilà, vous voyez", continua Bindle en se tournant une fois de plus vers Mme Brunger, dont le visage montrait des signes marqués de relaxation. "Maintenant, si j'étais à nouveau un jeune homme", continua-t-il en regardant tour à tour mère et fille, "eh bien, n'importe quoi pourrait arriver."

"Continuez avec vous, faites-le." La bonne humeur de Mme Brunger revenait.

"Eh bien, je suppose que je dois le faire", a déclaré Bindle avec un sourire. "Il était temps que je m'en charge."

Son annonce parut exciter la jeune fille. Jusqu'alors, elle avait été un témoin silencieux, perplexe devant la tournure étrange que prenaient les événements ; mais maintenant elle comprit que son protecteur était sur le point de la livrer à l'ennemi. Elle s'avança et saisit Bindle par le bras.

" Ne pars pas !... oh, ne pars pas ! Je... " Elle s'arrêta brusquement et regarda sa mère.

"Tu ne vas pas être trop dur avec ça ?" » dit Bindle, interprétant le regard.

Mme Brunger avait l'air indécise. Sa colère trouvait sa source dans l'instinct maternel de protection plutôt que dans la mauvaise humeur. Bindle n'a pas tardé à profiter de son indécision. Inspiré, il se tourna vers la jeune fille.

"Maintenant, ne t'inquiète pas maman, ma chérie. Elle a bien assez de choses à faire sans être dérangée par une jolie petite tête comme la tienne. Maintenant, si elle te pardonne, tu lui promettras de ne pas être en retard." encore une fois, et ne pas aller avec cette fille, qu'est-ce qu'elle n'aime pas ?

"Oh, oui, oui ! Je ne le ferai pas, mamans, honnêtement." Elle regarda sa mère d'un air suppliant et vit quelque chose de rassurant sur son visage, car un instant plus tard, elle s'accrochait presque farouchement au bras de sa mère.

"Vous devez venir un samedi soir voir mon mari", dit Mme Brunger quelques minutes plus tard, tandis que Bindle tâtonnait avec le loquet de la porte du hall. "Il est dans *The Daily Age* et n'est à la maison que le samedi soir."

"Oh, fais-le, *s'il te plaît* !" s'écria la jeune fille, les sourires ayant chassé tout sauf les marques de larmes de son visage, et Bindle promit qu'il le ferait.

"Maintenant, si Mme B. était au courant de ces petites histoires", marmonna-t-il en se dirigeant vers Fenton Street, "il y aurait une sacrée bagarre. Mme B. est une bonne femme et ", étant une bonne femme, elle est vouée à penser au pire", et il ouvrit la porte qui menait à son "Petit coin d'Eaven".

II

"Bon après-midi, Mme Stitchley."

"Bonjour, Mme Bindle. J'espère que je ne suis pas venu à un moment inopportun."

"Non, entrez s'il vous plaît", dit Mme Bindle avec presque bonhomie, alors qu'elle s'écartait pour admettre son appelant, puis, fermant la porte d'entrée derrière elle, elle ouvrit celle qui menait au salon.

"Voulez-vous attendre ici une minute, Mme Stitchley, et je remonterai le store ?" dit-elle.

Mme Stitchley souriait et souriait, tandis que Mme Bindle se frayait un chemin, avec une dextérité étonnante, à travers le labyrinthe de choses dont la pièce était remplie, en direction de la fenêtre.

Un instant plus tard, elle remonta le store vert foncé, qui était toujours maintenu fermé pour que le tapis ne se décolore pas, et la lumière du soleil pénétra dans la pièce. Il révéla un mélange désolant de chaises, de tabourets, de cadres de photographie, de tableaux et d'ornements anti-macassés, qui étaient tous très chers au cœur de Mme Bindle.

« Ne voulez-vous pas vous asseoir, Mme Stitchley ? » demanda Mme Bindle d'un ton primaire. Mme Stitchley était invétérée dans sa fréquentation de la chapelle d'Alton Road ; Bindle l'avait un jour qualifiée de « og de chapelle ».

"Merci, ma chère, merci", dit Mme Stitchley, dont les manières respiraient la gentillesse.

Elle regarda autour d'elle d'un air dubitatif, et ce fut Mme Bindle qui régla les choses en lui indiquant une chaise en peluche estampée, dont le siège s'élevait dur et haut au centre. Au-dessus du dos se trouvait un antimacassar écru, noué avec un ruban bleu pâle. Après un moment d'hésitation, Mme Stitchley lui confia sa personne.

"Cela fait longtemps que je ne vous ai pas vu, Mme Bindle." Ils s'étaient rencontrés trois soirs auparavant à la chapelle.

Mme Bindle sourit faiblement. Elle a toujours soupçonné Mme Stitchley de boire clandestinement, malgré le fait qu'elle appartenait à la chapelle Temperance Society. Le nez rouge de Mme Stitchley, associé à la passion qu'elle possédait pour mâcher des clous de girofle, avait rendu son confrère méfiant.

"Quelle belle chambre", Mme Stitchley regarda autour d'elle avec appréciation, "si distinguée et si raffinée".

Mme Bindle eut un sourire narquois.

"Je disais à Stitchley hier matin au petit déjeuner - il était 'amateur' de saucisses, il les aimait tellement - 'Mme Bindle' pour le goût, dis-je, *et* le raffinement.'"

Mme Bindle, qui s'était assise en face de son visiteur, retroussa le menton et croisa les mains devant elle, avec l'air de celle qui ne reçoit que ce qu'elle sait être son dû.

Il y eut une légère pause.

"Oui", a déclaré Mme Stitchley avec un soupir, "j'ai toujours été du genre à être raffinée *et* respectable."

Mme Bindle ne dit rien. Elle se demandait pourquoi Mme Stitchley avait appelé. Même si elle n'aurait pas pu l'exprimer avec des mots, ni même lui permettre de prendre forme dans ses pensées, elle savait que Mme Stitchley était une femme pour qui les commérages représentaient le souffle de vie.

"Maintenant, vous vous demandez pourquoi je suis venue, ma chère", a poursuivi Mme Stitchley, qui devenait toujours plus amicale à mesure que ses appels s'allongeaient, "mais c'est un dooty. J'ai dit à Stitchley ce matin, 'Il y a ce pauvre , chère Mme Bindle, vivant dans l'innocence de la façon dont elle a été vilipendée. "" Mme Stitchley était parfois un peu lâche dans la façon dont elle construisait ses phrases et les mots qu'elle sélectionnait.

Les lèvres de Mme Bindle commencèrent à prendre une ligne dure.

"Je ne comprends pas, Mme Stitchley", dit-elle.

"C'est juste ce que je dis à Stitchley : 'Elle ne sait pas, la pauvre agneau', dis-je, 'comment elle a été trompée, 'comment elle est...'" Mme Stitchley fit une pause, sans aucun sens dramatique. ; mais à cause d'un violent hoquet qui l'avait prise.

"Excusez-moi, maman, Mme Bindle", se corrigea-t-elle ; "Mais j'ai toujours été du genre à avoir des crampes, et quand ce n'est pas des crampes, c'est des spasmes. Stitchley me disait hier encore, non, ce n'était pas le cas, c'était la veille, que——"

"Tu ne veux pas me dire ce que tu allais faire ?" dit Mme Bindle. Elle savait depuis longtemps à quel point les méthodes de narration de Mme Stitchley étaient décousues.

"Bien sûr, bien sûr", et elle hocha la tête jusqu'à ce que l'ornement de jais de son bonnet noir semble devenir paralysé. "Eh bien, ma chère, c'est comme ça. Comme je le disais à Stitchley ce matin, 'je ne vois pas la pauvre Mme Bindle trompée par ce monstre.' Je vois à travers ce soir-là, transformer votre "joyeuse fête" en... " elle fit une pause pour une comparaison - " en ce que vous l'avez transformé en ", ajouta-t-elle avec inspiration.

"Oh ! la méchanceté de ce monde, Mme Bindle. Oh ! le péché et l'erreur." Elle leva ses yeux bleus troubles et larmoyants et regarda le moucherolle en papier jaune, et une fois de plus, l'ornement en jais commença à frissonner.

"S'il vous plaît, dites-moi ce que c'est, Mme Stitchley", a déclaré Mme Bindle, consciente du sentiment d'un désastre imminent.

« Le méchant homme, la créature cruelle et sans cœur ; mais ils sont tous pareils, comme je le dis à Stitchley, et lui avec une femme comme vous, Mme Bindle, de continuer avec une jeune Jézabel comme celle-là, pour… »

"Continuez avec une jeune Jézabel !"

Les manières de Mme Bindle avaient complètement changé. Sa droiture semblait s'être accentuée et l'air sombre autour de sa bouche s'était transformé en un air menaçant. Ses yeux, durs comme deux morceaux d'acier, semblaient transpercer le cerveau de son visiteur. "Que veux-tu dire?" » a-t-elle demandé.

Instinctivement, Mme Stitchley recula.

"Comme je le dis à Stitchley..." commença-t-elle lorsque Mme Bindle intervint.

"Peu importe M. Stitchley," dit-elle sèchement. "Dites-moi ce que vous voulez dire."

Mme Stitchley avait l'air blessée. Les choses ne se passaient pas exactement comme elle l'avait prévu. Dans la vente du scandale, elle était une artiste et elle construisait ses périodes en vue de leur effet dramatique sur son auditeur.

"Oui", a-t-elle poursuivi avec réminiscence, "'e a été un bon 'usbindt' en tant que Stitchley. Je n'ai jamais galopé avec d'autres femmes. 'E a toujours dit : 'Matilda, ma chère, il n'y aura jamais d'autre femme pour moi.' Ses paroles mêmes, Mme Bindle, je *vous l'assure* , "et Mme Stitchley se lissait comme un paon mangé par les mites.

"Vous disiez…" commença Mme Bindle.

« Bien sûr, bien sûr », dit Mme Stitchley ; "Mais nous avons tous nos croix à porter. Le Seigneur vous donnera de la force, Mme Bindle, tout comme il m'a donné de la force lorsque Stitchley a eu la jambe. "Le Seigneur donne et le Seigneur reprend", a-t-elle ajouté énigmatiquement. .

"Mme Stitchley," dit Mme Bindle en se levant d'un air décidé, "j'insiste pour que vous me disiez ce que vous voulez dire."

" Ah ! ma chérie, " dit Mme Stitchley avec une émotion dans la voix qu'elle gardait habituellement pour les funérailles, " je savais comment ça se passerait. Je dis à Stitchley : " Stitchley, " dis-je, " ce pauvre, ma chère femme souffrira. Elle est faite pour souffrir. Elle est l'un de ces agneaux doux et tendres, qui sont foulés aux pieds par la dent du serpent de la convoitise de l'homme, mais elle portera sa croix. Ce sont mes propres mots, Mme Bindle," ajouta-t-elle, indifférente au mélange de métaphores.

Mme Bindle regarda son visiteur, impuissante. Son visage était très blanc ; mais elle réalisa que la bavarderie de Mme Stitchley était inébranlable.

"J'ai emmené une jeune fille à deux heures du matin, puis j'ai été invité par sa mère - et son père à son travail tous les soirs - et ce n'est pas le matin. dix-sept ans, et tous les voisins avec la tête à la fenêtre, et ils criaient et demandaient à leur mère de ne pas le faire, et ils disaient "Attends que je t'attrape, mon fille," et je l'appelle un vieux méchant. " E devrait être arrêté. Je dis à Stitchley, " Stitchley ", dis-je, " cet homme devrait être arrêté, et " c'est uniquement à cause de Lord George. " Ce n'est pas le cas. "

"Que veux-tu dire?" Mme Bindle a fait un effort pour se contrôler. "Qui a ramené quelqu'un à la maison à deux heures du matin ?"

"Pauvre agneau", coassa Mme Stitchley, regardant Mme Bindle, dont les qualités peu semblables à celles d'un agneau n'étaient jamais plus marquées qu'à ce moment-là. " Espèce de pauvre agneau. Vous êtes trompée, Mme Bindle, cruellement et méchamment vilipendée. Votre 'usbindt a des relations avec une jeune fille qui aurait pu être' sa fille. Oh ! la méchanceté de ce monde, le... "

"Je n'y crois pas."

Mme Stitchley repartit. Ces mots semblaient presque la frapper au visage. Elle cligna des yeux avec incertitude en regardant Mme Bindle, l'incarnation d'une épouse indignée et d'une fureur vengeresse.

« J'ai bien peur de devoir y aller, ma chère, » dit Mme Stitchley ; "mais j'ai senti que je devais te le dire."

"Pas avant que vous ne m'ayez tout dit", dit Mme Bindle avec décision, alors qu'elle se dirigeait vers la porte, "et vous ne quittez pas cette pièce avant d'avoir expliqué ce que vous voulez dire."

Mme Stitchley se retourna sur sa chaise alors que Mme Bindle traversait la pièce, la surprise et la peur dans les yeux.

"Seigneur, pitié de moi!" elle a pleuré. "Ne vous comportez pas comme ça, Mme Bindle. Cela n'en vaut pas la peine."

Ensuite, Mme Bindle a fait comprendre très clairement à Mme Stitchley qu'elle avait besoin de la vérité, de toute la vérité et rien que la vérité, sans circonlocutions, verbiages ou métaphores obscurcissantes inutiles.

Au bout de cinq minutes, elle avait réduit son visiteur à un état de complaisance en larmes.

Au début, ses règles se sont arrêtées ; mais elle reprit bientôt son rythme et se balança avec un plaisir évident.

"Ma belle-sœur, pas comme elle est ma belle-sœur, le père de Stitchley s'est marié deux fois, est deuxième étant veuve avec cinq de ses propres parents, et pas vingt-neuf ans. à l'époque, imprudent, je l'appelle. Comme je le disais, Mme Coggles, son nom suffit à vous faire souffrir, et l'état dans lequel vous êtes, ma chère... " Mme Stitchley la souleva. les yeux au plafond comme si les mots lui manquaient.

"Eh bien," continua-t-elle après une pause momentanée, pendant laquelle Mme Bindle la regarda sans bouger un muscle, "comme je le disais, Mme Coggles" - elle frissonna légèrement en prononçant le nom - "elle vit à Arloes. Road, n°9, des liens roses sur ses rideaux, et cette robe flashy. conclut-elle, comme si la charité chrétienne lui était venue en aide.

" Elle m'a tout raconté. Elle allait se coucher, elle était en retard à cause d'Ector, il a sept ans, il a dix mois et il est toujours au sein, dégoûtant, je l'appelle, avin. " Ce qu'elle pensait être des convulsions, et " en entendant la dispute et " du brouhaha, elle va à la porte et voit tout, et c'est la vérité de l'Évangile, Mme Bindle, si je devais être frappé comme Sulphira. "

Elle a ensuite commencé à donner un récit très élaboré et orné de l'aventure de Bindle d'environ six semaines auparavant. Elle accompagnait son histoire d'une multitude de détails, dont la plupart étaient inexacts, associés à l'assurance que le Seigneur et Mme Stitchley feraient sans aucun doute tout ce qui était en leur pouvoir pour aider Mme Bindle dans son heure d'épreuve.

Finalement, Mme Stitchley se retrouva à emprunter le petit chemin carrelé qui menait au portail extérieur des Bindle, avec dans son cœur un sentiment de grande injustice.

"Jamais même mordre ou souper", marmonna-t-elle en se détournant du portail, en prenant soin de le laisser ouvert, "et je lui ai raconté tout ce que je lui ai dit. J'ai rencontré de la méchanceté. de mon temps, mais on ne m'a jamais refusé une tasse de thé, et je me suis fatigué de quelque chose de cruel pour aller le dire, je ne m'étonne pas qu'il ait pris cette petite fille.

Cette nuit-là, elle s'est confiée à son mari. «Stitchley», dit-elle, «il n'y a jamais de fumée sans feu, notez mes paroles», et Stitchley, levant les yeux de son journal, lui demanda pourquoi elle gazait; mais elle ne fit aucun commentaire, se contentant de souligner, une fois de plus, qu'il devait noter ses paroles.

Cet après-midi-là, Mme Bindle travailla avec une vigueur inhabituelle même chez elle. Elle attaqua le feu de la cuisine, jeta dans l'évier un fer plat qui avait la témérité de devenir trop chaud, des planches récurées qui ne nécessitaient aucun récurage, du linoléum lavé impeccable, du plomb noir là où noircir, c'était comme peindre le lys. Bref, elle semblait déterminée à épuiser ses énergies et sa colère sur les choses impuissantes et inanimées qui l'entouraient.

De temps en temps sortait de ses lèvres fermées un bruit de personne qui a du mal à retenir ses sentiments refoulés.

Enfin, après avoir nettoyé tout ce qui était nettoyable, elle prépara une tasse de thé qu'elle but debout. Puis, ôtant son tablier et prenant son bonnet dans le tiroir de la commode, elle le plaça sur sa tête et ajusta les ficelles sous son menton.

Sans attendre aucun autre vêtement, elle quitta la maison et se dirigea directement vers Arloes Road.

Deux fois, elle parcourut toute la longueur, soumettant à un examen minutieux la maison occupée par les Brunger, notant les fenêtres avec beaucoup de soin et n'y trouvant pas grand-chose à critiquer. Puis elle retourna à Fenton Street.

Le fait d'avoir vu la scène réelle de la perfidie de Bindle semblait corroborer le récit de Mme Stitchley. Cependant, avant que la tempête puisse éclater, Mme Bindle avait l'intention de se rassurer doublement en « l'attrapant », comme elle l'imaginait dans son propre esprit.

Cette nuit-là, elle choisit pour sa soirée la lecture du chapitre de la Bible qui raconte les plaies d'Egypte. Temporairement, elle se voyait dans le rôle d'une Providence indignée, tandis que pour le rôle de Pharaon, elle avait choisi Bindle, qui, ignorant sa fin imminente, expliquait à Ginger à L'autruche jaune qu'un bigame devrait être libéré parce que "' Il faut être fou pour l'avoir fait.

III

Mme Bindle attendait l'arrivée du samedi soir avec une tristesse qui poussa Bindle à la regarder plus d'une fois avec curiosité. « Il y a quelque chose sur le bouton, » marmonna-t-il prophétiquement ; mais comme Mme Bindle ne faisait aucun signe et, de plus, comme elle lui présentait ses plats préférés, il laissa la spéculation s'absorber dans l'appétit et le plaisir.

Il était caractéristique de Mme Bindle que, Bindle étant plus que d'habitude sous un nuage, elle devait faire très attention à la préparation de ses repas. C'était sa façon de souligner la différence entre eux ; lui le mari égaré, elle la femme parfaite.

"Je ne serai pas là pour dîner ce soir, Lizzie", annonça Bindle avec désinvolture le soir de ce que Mme Bindle avait déjà décidé d'être son jour de colère. Il ramassa son chapeau melon en prévision d'une de ses sorties éclair.

"Où vas-tu?" » demanda-t-elle, espérant le piéger dans un mensonge.

"Quand tu te lèves et dis que tu vas à la chapelle", remarqua-t-il en se dirigeant vers la porte, "je dis de ne pas y penser du tout, étant un homme de confiance; alors quand je me lève, idem et " dit que je ne vais pas à la chapelle, tu n'aurais pas dû dire non plus, la sauce de Mme B. Wot pour l'oie est... "

"Tu es un mauvais homme au cœur noir, Bindle, et tu le sais."

L'intensité du sentiment avec lequel ces mots étaient prononcés le surprit.

"Tu ne penses pas que tu peux jeter de la poussière——" Elle s'arrêta brusquement, puis conclut : "Tu ferais mieux d'être prudent."

"Je le suis, Mme B.," répondit-il gaiement, "prudent *aussi* prudent."

Bindle avait pris l'habitude de « passer » chez les Brunger le samedi soir et, à cette fin, il faisait ce qu'il décrivait comme « un lavage et un brossage ». Cela s'est traduit par un changement complet de vêtements, ainsi que par le « rinçage » habituel à l'évier de la cuisine. Cela en soi a confirmé l'histoire de Mme Stitchley.

"Eh bien, attendez", dit Bindle en ouvrant la porte de la cuisine. « Gardez vos feux allumés », et sur ce, il disparut.

Bindle avait appris de son expérience passée que plus sa sortie était dramatique, moins il y avait de chances que Mme Bindle marque le point dialectique final.

Ce soir, cependant, elle avait d'autres sujets de réflexion et d'action plus importants. A peine la porte de la cuisine fut-elle fermée que, se dirigeant rapidement vers la commode, elle ouvrit un tiroir et en sortit son imperméable marron foncé et son bonnet. D'un mouvement rapide et adroit, elle tira sur l'un et attacha les ficelles de l'autre sous son menton. Puis, sans attendre de se regarder dans le miroir au-dessus de la cheminée, elle passa dans le couloir et sortit par la porte du couloir.

Elle arriva juste à temps pour voir Bindle disparaître au coin de la rue. Sans un instant d'hésitation, elle le suivit.

Inconscient que Mme Bindle, comme Nemesis, suivait ses pas, Bindle continua son chemin jusqu'à finalement tourner dans Arloes Road. En arrivant au deuxième lampadaire, il poussa un sifflement singulièrement aigu. Alors qu'il ouvrait le portail qui menait à une jolie petite maison, la porte d'entrée s'ouvrit et une jeune fille courut dans le chemin et lui serra le bras. Il était évident qu'elle avait écouté le signal. Un instant plus tard, ils entrèrent ensemble dans la maison.

Pendant quelques secondes, Mme Bindle resta debout au bout de la route, regardant la porte qui s'était fermée derrière eux. Son visage était blanc et figé, et une ligne grise et sombre marquait l'endroit où ses lèvres avaient disparu. Elle avait remarqué que la jeune fille était jolie, avec des cheveux blonds qui pendaient autour de sa tête en petites mèches dévergondées et, de plus, qu'ils étaient liés par une large bande de ruban vert clair.

"Le méchant!" » marmonna-t-elle entre ses dents serrées, alors qu'elle se retournait et revenait sur ses pas. "Je vais lui montrer."

De retour à Fenton Street, elle monta directement à l'étage et entreprit de construire des toilettes élaborées. Un peu plus d'une heure plus tard, la porte d'entrée se referma derrière elle et Mme Bindle poursuivit son chemin, boutonnant ses gants douloureusement serrés, consciente qu'elle était vestimentairement un triomphe de plénitude.

IV

« Et comme Nibs a été une bonne fille toute la semaine ? Bindle s'arrêta alors qu'il portait un verre de bière à ses lèvres.

"Oui, mamans, n'est-ce pas ?" Elsie Brunger est intervenue sans laisser à sa mère le temps de répondre.

Mme Brunger hocha la tête. Cette question l'avait saisie au moment où sa bouche était pleine de plie frite et de pommes de terre.

"C'est le ticket", a déclaré Bindle avec approbation. "Je ne sors pas tard pour rentrer chez moi avec le lait, ou" - il fit une pause impressionnante - "J'ai une autre fille, tu vois?"

À ce moment-là, Mme Brunger avait réduit la plie et les pommes de terre à des proportions conversationnelles.

"Elle m'a aussi beaucoup aidé à la maison", dit-elle par-dessus un chemisier en soie blanche qui semblait déterminée à montrer à quel point Mme Brunger était réellement présente.

Elsie regarda triomphalement à travers la table du dîner à Bindle.

"C'est une bonne fille", dit Bindle avec approbation.

"Vous lui avez fait beaucoup de bien, M. Bindle," dit Mme Brunger, "et moi et George sommes reconnaissants, n'est-ce pas, George ?"

M. Brunger, un homme au visage lourd, aux yeux tristes et ternes et à la peau jaunâtre, hocha la tête. C'était un homme pour qui la parole était difficile, mais cette fois-ci, sa parole était restreinte par une arête de poisson logée quelque part à proximité de la racine de sa langue.

"C'est merveilleux que toutes les filles m'apprécient", a remarqué Bindle. " Poursuivez-moi autour des groseilliers, ils le font ; pensez à m'attraper. "

"Continuez, faites-le", a ri Mme Brunger. "Comment pouvais-je le savoir ?"

« J'ai dit que j'étais une colombe. Tu m'as entendu, n'est-ce pas, Fluffy ? » demanda-t-il en se tournant vers Elsie.

"Je ne m'appellerai pas Fluffy", cria-t-elle avec une fausse indignation. "Tu sais que je n'aime pas ça."

"L'homme qui fait ce qu'une femme dit qu'elle aime ne va pas avoir beaucoup de confiture", remarqua Bindle d'un ton oraculaire.

"Maintenant, partons, mère", remarqua M. Brunger, parlant pour la première fois.

"Oh, papa ! tu n'aimes pas tes dominos ?" s'écria Elsie en se levant d'un bond et en lui faisant un câlin. "Très bien, maman et moi allons bientôt sonner le 'Tout va bien'. Venez, mon oncle, majordome. Ceci à Bindle.

Au milieu de beaucoup de bavardages et de rires, la table fut débarrassée, la nappe rouge s'étala à la place du blanc et la boîte à dominos descendit de la cheminée de la cuisine. Les affaires sérieuses de la soirée avaient commencé.

M. Brunger n'avait qu'une soirée par semaine à la maison et il aimait la partager entre sa famille et son jeu préféré, accordant la majeure partie de son attention au jeu.

Autrefois, il avait pris l'habitude de demander à un ami ou à une connaissance de le rejoindre ; mais, depuis l'arrivée de Bindle, il était devenu entendu que le même quatuor se réunirait chaque samedi soir.

Mme Brunger faisait semblant de faire du crochet. Le produit avait une chose en commun avec le tissage de Pénélope, en ce sens qu'il ne semblait jamais faire de progrès appréciables vers son achèvement.

M. Brunger se consacrait aux rigueurs du jeu, et Elsie flottait entre les deux joueurs, éclatant, mais n'osant jamais, donner les conseils que ses connaissances supérieures rendaient précieux.

Bindle a amusé tout le monde, à l'exception de M. Brunger, qui était trop absorbé par les parallélogrammes osseux devant lui pour être conscient d'autre chose.

Elsie aurait aussi bien pensé à manquer son dîner du dimanche que ces samedis soirs, et Mme Brunger découvrit bientôt qu'une arme nouvelle et puissante lui avait été mise dans la main.

"Très bien, tu te couches samedi à sept heures", disait-elle, ce qui était inévitablement suivi d'un "Oh, mamans !" de contrition et de docilité.

"Dehors ! Vous êtes battu, mon oncle", s'écria Elsie en frappant dans ses mains et en appréciant le regard de mortification feinte avec lequel Bindle regardait les dominos devant lui.

M. Brunger se pencha en arrière sur sa chaise, une expression de léger triomphe modifiant son visage aux joues lourdes. Il était remarquable de voir avec quelle constance M. Brunger était vainqueur.

À ce moment-là, un rat-tat-tat bruyant et péremptoire retentit dans le couloir.

"Maintenant, je me demande qui c'est." Mme Brunger posa son crochet sur la table et se leva.

"N'amène personne ici, maman", ordonna M. Brunger, craignant que sa soirée ne soit gâchée, alors qu'il commençait à mélanger les dominos. Il n'y avait pas de musique plus chère à son âme que leur clic-clac lorsqu'ils se frôlaient.

Mme Brunger quitta la pièce et, fermant soigneusement la porte derrière elle, traversa le court couloir et ouvrit la porte.

"Je suis venu pour mon mari !"

Sur le pas de la porte se tenait Mme Bindle, sombre comme le destin. Son visage était blanc, ses yeux durs et sa bouche à peine indiquée par une ligne d'ombre entre ses lèvres serrées. Ces mots semblaient rendre Mme Brunger muette.

« Votre… votre mari ? répéta-t-elle longuement.

"Oui, mon 'usband." La diction de Mme Bindle perdait de sa pureté et de sa précision sous le stress d'une grande émotion. "Je sais qu'il est là. Ne le niez pas. Je l'ai vu venir. Oh, méchante femme!"

Mme Brunger cligna des yeux, perplexe. Elle fut surprise par la soudaineté de l'assaut ; mais son humeur s'élevait sous cette attaque insultante et non provoquée.

"Comment tu m'appelles ?" » a-t-elle demandé.

"Prendre le mari légitime d'une femme..." commença Mme Bindle, lorsqu'elle fut interrompue par Mme Brunger.

"Ici, entrez", criait-elle, consciente qu'à l'intérieur de la maison seuls ceux des deux côtés pouvaient entendre, tandis que sur le pas de la porte, leur conversation serait la propriété de toute la rue.

Mme Bindle suivit Mme Brunger dans le salon. Pendant un instant, les deux femmes restèrent silencieuses, tandis que Mme Brunger trouvait les allumettes, allumait le gaz et baissait le store.

"Maintenant, qu'est-ce que tu as ? Quel est ton problème ?" » demanda Mme Brunger avec une passion réprimée. "Finissons-en."

"Je veux mon mari", répéta Mme Bindle, un peu décontenancée par la férocité de l'assaut.

"Et qu'est-ce que j'ai à voir avec votre mari, j'aimerais le savoir ?"

"Il est là. Vous l'encouragez, vous l'éloignez de..." Mme Bindle fit une pause.

"L'éloigner de quoi ?" demanda Mme Brunger.

"De moi!"

"Je l'emmène loin, n'est-ce pas ? — je l'emmène loin, je pense que tu as dit ?" Mme Brunger a placé une main sur chaque hanche et a poussé son visage vers l'avant, ce qui a involontairement fait reculer Mme Bindle.

"Oh ! tu n'as pas besoin d'avoir peur. Je ne vais pas te frapper. L'emmener loin, c'est ce que tu as dit." Mme Brunger fit une pause dramatique et se pencha légèrement en arrière, comme pour avoir une vue plus complète de son antagoniste. "Eh bien, il doit être un imbécile à courte vue pour vouloir s'éloigner d'une chose comme toi. Je courrais à toute vitesse si j'étais lui."

Le mépris mordant de ces mots, le ton insultant et méprisant avec lequel ils étaient prononcés, parurent un instant étourdir Mme Bindle ; mais seulement pour un répit.

Se rétablissant rapidement, elle lança contre son antagoniste un flot d'accusations et de reproches.

Elle a raconté comment un fidèle de la chapelle d'Alton Road avait été témoin du retour de Bindle la nuit de l'altercation dans le jardin de devant. Elle accusa la mère et la fille de crimes impensables, apportant à son secours des citations bibliques.

Elle a confondu Fulham et Hammersmith avec Sodome et Gomorrhe. Elle fit appel à une Providence omnivoyante pour purger le quartier en général, et Arloes Road en particulier, de sa population pestilentielle.

Elle a retracé la descendance de Mme Brunger à travers des générations d'infamie et de péché. Elle l'a menacée de punition dans ce monde et dans l'autre. Elle a parlé de la négligence et de la méchanceté de Bindle et l'a jeté dehors dans l'obscurité grinçante des dents. Elle le foula aux pieds, fit en sorte que la Providence le rejette, lui et ses associés, et les livre tous à la damnation éternelle et ardente.

Peu à peu, elle s'est plongée dans une frénésie d'invectives hystériques. De petites pointes de mousse se formèrent aux commissures de sa bouche. Son bonnet avait glissé à l'envers et pendait par ses cordons autour de son cou. Son gant droit, couleur biscuit, était fendu sur la paume.

Mme Bindle avait perdu tout contrôle d'elle-même.

"Il est là ! Il est là ! Je l'ai vu venir ! Espèce de Jézabel ! Tu le caches ; mais je le trouverai. Je le trouverai. Tu—tu——"

Avec un cri sauvage et hystérique, elle s'est précipitée vers la porte, l'a déchirée, s'est précipitée dans le couloir et a fait irruption dans la cuisine.

"Alors je t'ai attrapé avec le Jez——" Elle s'arrêta comme pétrifiée.

M. Brunger venait de jouer son dernier domino et se rasseyait triomphalement sur sa chaise. Elsie, un bras autour du cou de son père, riait avec dérision de Bindle, qui regardait avec une inquiétude comique cinq dominos debout sur le côté face à lui.

Les trois têtes se retournèrent brusquement et trois paires d'yeux écarquillés fixèrent la silhouette échevelée au visage blanc, debout, les regardant avec la lumière de la folie dans les yeux.

"Oo-euh!" haleta Elsie, tandis que ses bras se resserraient autour du cou de son père, l'étranglant presque.

"Grrrrmp", s'étrangla M. Brunger en laissant tomber sa pipe sur ses genoux.

Bindle sursauta, renversant sa chaise dans le mouvement. Ses yeux étaient flamboyants, ses lèvres étaient serrées et ses mains étaient convulsivement serrées à ses côtés.

"Tu... tu sors d'ici !" les mots semblaient jaillir de lui involontairement, "ou——"

Pendant un instant de perplexité, Mme Bindle le regarda, avec dans ses yeux un regard où la surprise et la peur semblaient lutter pour prendre le dessus. Son regard se tourna vers la jeune fille effrayée serrant son père autour du cou, puis revint vers Bindle. Elle se retourna aussi brusquement qu'elle était entrée, repoussa Mme Brunger qui se tenait derrière elle et trébucha aveuglément dans le passage menant à la rue.

Mme Brunger la suivit et ferma la porte d'entrée derrière elle. Lorsqu'elle retourna à la cuisine, Bindle avait pris sa chaise et repris sa place. Ses mains tremblaient légèrement et il était très blanc.

"Elle... elle ne va pas bien ces derniers temps," marmonna-t-il d'une voix rauque. "JE--"

"Maintenant, maman, où est la bière ? J'ai un peu soif ;" et après ce discours inhabituellement long, M. Brunger se mit à mélanger les dominos avec une vigueur presque alarmante, tandis qu'Elsie, les yeux émerveillés et un peu pâle, assise sur le bras du fauteuil de son père, regardait secrètement Bindle.

Cette nuit-là, en rentrant chez lui, Bindle trouva posés sur la table de la cuisine une bouteille de bière, un verre, deux morceaux de pain et de beurre, un morceau de fromage et un petit plat d'oignons marinés.

"Eh bien, je suis époustouflé !" murmura-t-il, à la vue de cette attention inhabituelle. "Les merveilles ne cesseront jamais", et il entreprit de dévisser le bouchon de la bouteille de bière.

L'incident des Brunger ne fut plus jamais évoqué entre eux ; mais Mme Bindle ne se donna aucun repos jusqu'à ce qu'elle ait démasqué la cause de tous ses ennuis.

Mme Stitchley était persuadée de voir la raison pour laquelle elle devait se retirer de l'Alton Road Chapel Temperance Society, la raison étant un demi-quart de bouteille de gin, dans laquelle elle avait été surprise en train de s'imprégner d'un spectacle de lanterne magique, et c'était Mme Stitchley. . Bindle qui l'a attrapée.

LA FIN

www.ingramcontent.com/pod-product-compliance
Lightning Source LLC
LaVergne TN
LVHW040017200726
843493LV00005B/1294